52개 메뉴를 활용한

RExcel 기초통계분석

정기문 저

자유아카데미

머 리 말

SAS와 SPSS는 가장 널리 사용되는 통계패키지임에는 틀림없으나 교육기관, 특히 소규모의 기관이나 개인 사용자의 경우에는 매년 지급해야 하는 사용료가 큰 부담이 아닐 수 없다. 이로 인해서 통계패키지가 불법적으로 사용되거나, 더 나아가서는 아예 사용할 기회조차 가질 수 없는 문제가 현실에서 빈번히 나타나고 있다. 대학교의 통계학과에 소속된 저자 또한 이러한 문제에 자유로울 수 없었으나, 다행스러운 점은 무료로 사용을 할 수 있는 통계분석용 프로그램인 R이 소개되어 통계학과를 중심으로 사용되기 시작했다는 것이다.

R 프로그램은 누구나 무료로 사용가능하고 그래픽 기능이 매우 뛰어나다는 장점이 있으나, 프로그램을 사용하기 위해서는 코드를 하나하나 직접 입력해야 하기 때문에 통계학을 활용하고자 하는 비통계학 전공 대학생과 연구자는 물론이고, 통계학과 학부생 또한 사용하는 데 어려움을 느끼고 있는 것이 사실이다. 이러한 점이 많은 통계학자들이 생각하는 것만큼 R이 통계학 전공자 또는 비전공자에게 많이 접근하지 못하고 있는 주된 이유라고 할 수 있다. 그런데 저자는 최근에 "R Through Excel(2009)"이라는 책을 통해서 통계분석용 소프트웨어로 개발된 RExcel을 접하게 되었는데, 소개된 통계분석용 소프트웨어인 RExcel은 이미 전 세계적으로 널리 보급되어 사용 중인 Excel 환경에서 R 프로그램을 사용할 수 있도록 메뉴로 제공하고 있다. 따라서 사용자들은 프로그램 코드를 직접 입력하지 않고, 이미 익숙한 Excel 환경에서 메뉴 중심으로 통계분석을 수행할 수 있으며, 이 또한 R 프로그램과 마찬가지로 무료로 사용할 수 있다. 그러나 아직까지 이러한 유익한 통계분석용 소프트웨어인 RExcel을 소개한 책이 국내에 소개되지 않았기 때문에 아주 제한된 사용자만이 RExcel을 활용하고 있는 것으로 생각된다.

이 책에서 소개하고자 하는 RExcel은 다음과 같은 몇 가지 큰 장점을 갖고 있는 통계분석용 소프트웨어라고 할 수 있다. 첫째, 매년 사용료를 지급해야 하는 SAS, SPSS와는 달리 무료로 사용할 수 있다. 둘째, 메뉴를 사용하여 통계분석을 매우 쉽게 수행할 수 있다. 셋째, Excel 환경에서 사용하기 때문에 Excel과 R을 동시에 사용할 수 있다. 넷째, Excel 환경에서 사용되는 메뉴 중심의 프로그램이기 때문에 분석용 자료의 입력 및 조작이 매우 간편하다.

이 책은 통계학 전공자와 비전공자들이 RExcel을 활용하여 기초통계분석을 수행할 수 있도록 총 52개 메뉴를 바탕으로 크게 "RExcel 다루기"와 "RExcel을 활용한 기초통계분석"의 부분으로 구성되었다. 특히 준비된 하나의 자료파일을 사용하여 처음부터 끝까지 설명함으로써 RExcel을 다루고, 이를 활용하여 기초통계분석을 수행하는데 독자들이 쉽게 이해할 수 있도록 하였다. 또한, 책의 마지막 부분에는 이 책에서 사용되는 52개 메뉴를 정리하여 독자들이 기초통계분석을 위해 필요한 메뉴의 사용법을 쉽게 찾아볼 수 있도록 하였다.

이 책은 통계학 전공자와 비전공자들에게 사용권에 자유롭고 Excel과 함께 사용할 수 있는 메뉴 중심의 통계분석용 소프트웨어인 RExcel을 소개하고 있으며, 더불어 RExcel을 활용하여 기초통계분석을 수행할 수 있도록 RExcel의 기본적인 내용을 중심으로 다루었다. 그럼에도 불구하고 RExcel을 필요로 하는 독자들 편에서는 많이 부족하고 미흡한 점이 있다고 생각된다. 미진한 부분에 대해서는 앞으로 독자들과 함께 수정 및 보완하고자 한다. 더불어 이 책의 출판을 도와주신 자유아카데미 여러분의 수고에 진심으로 감사를 드린다.

끝으로 이 책은 2011학년도 경성대학교 학술연구비지원에 의하여 저술되었음을 밝힌다.

2011년 9월

정 기 문

차 례

제 I부 RExcel 다루기

제 1부 RExcel 다루기

제 1장

REXcel의 사용

1.1 RExcel의 시작

다른 통계패키지와 마찬가지로 RExcel이라는 통계소프트웨어를 사용하기 위해서는 RExcel 프로그램을 컴퓨터에 설치하여야 한다. 먼저, RExcel를 설치하기 위해서는 다음의 주소에 접속하여 설치파일을 내려 받아야 한다. 그림 1.1은 RExcel을 설치하기 위해서 방문한 **http://rcom.univie.ac.at**의 첫 화면이다.

http://rcom.univie.ac.at

그림 1.1 REXcel의 설치파일 내려 받기-1

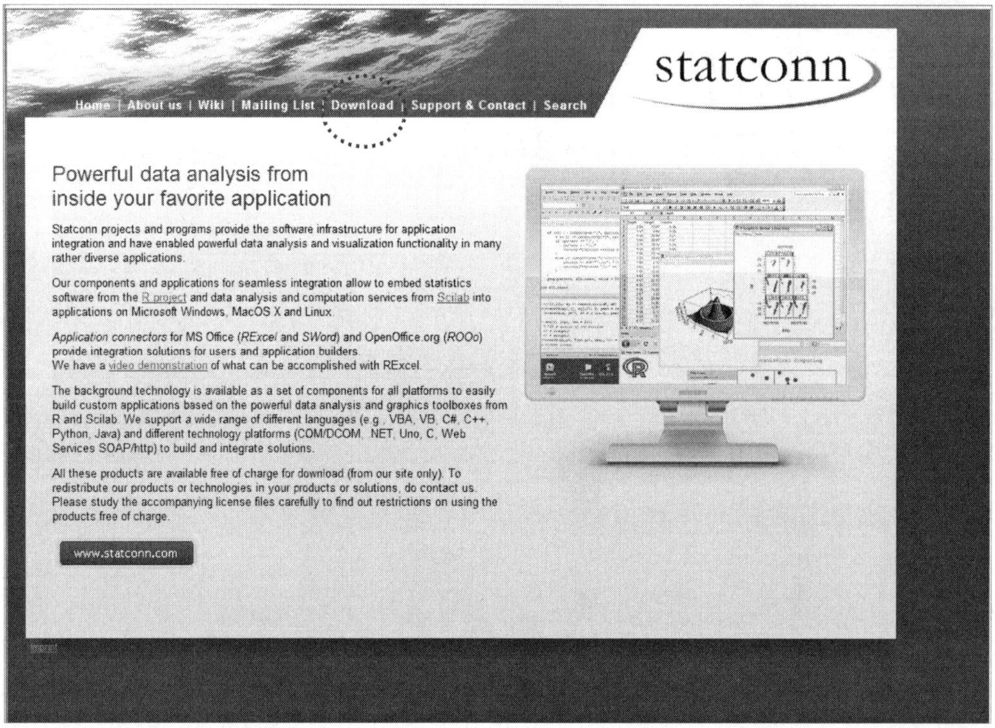

그림 1.1의 홈페이지 메뉴에서 상단의 **Download**를 선택하면 그림 1.2와 같은 화면으로 이동되는데, 여기서 RExcel 설치파일을 내려 받으면 된다. 그림 1.2의 중앙부분에서 **download RAndFriendsSetup***를 선택한다. 그러면 **RAndFriendsSetup*.exe** 파일을 저장할 수 있으며, 이 파일을 실행시키면 RExcel 프로그램을 설치할 수 있다. RExcel 프로그램이 성공적으로 설치되면 컴퓨터의 바탕화면에 다음과 같은

RExcel 실행 아이콘이 생성되는 것을 알 수 있다. RExcel을 사용하기 위해서 다음과 같은 RExcel 실행 아이콘을 실행시키면 된다.

그림 1.2 REXcel의 설치파일 내려 받기-1

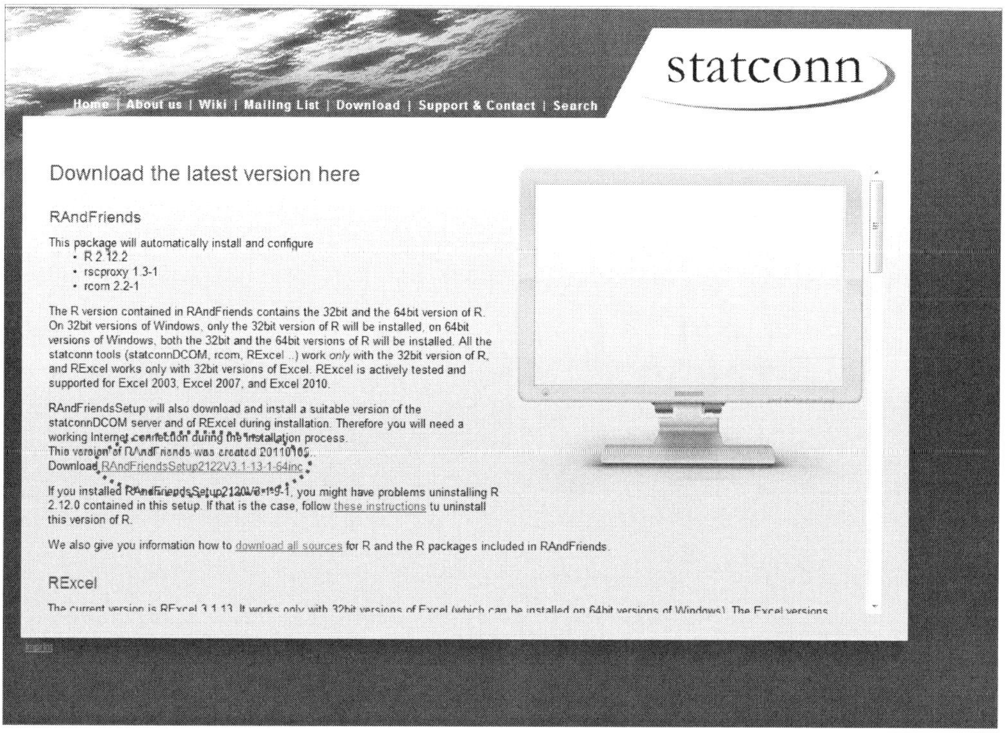

1.2 RExcel의 화면구성

RExcel이 성공적으로 설치된 후 실행시키면 그림 1.3과 같은 초기화면을 볼 수 있다. 그림 1.3을 살펴보면 기존의 엑셀 워크시트의 오른쪽 부분에 **추가기능** 메뉴가 새롭게 추가되어 있는 것을 알 수 있다. **추가기능** 메뉴를 선택하면 그림과 같이 RExcel의 기능을 사용할 수 있는 RExcel 메뉴를 볼 수 있는데, 이와 같은 메뉴를 사용하여 R 소프트웨어를 사용할 수 있다는 것이 기존의 R 소프트웨어가 갖고 있는 단점, 즉 프로그램을 입력해야 하기 때문에 사용하는데 불편하다는 점을 해결한 것이다. 그리고 그림 1.4에서 볼 수 있는 것처럼 **Script** 창, **Output** 창 그리고 **Message** 창으로 구성된 **R Commander** 창이 함께 제공된다.

먼저, RExcel의 초기화면에는 RExcel에서 사용할 수 있는 **File**, **Data**, **Statistics**, **Graphs** 등의 메뉴들이 상단부분에 나타나 있다. 그리고 엑셀과 동일한 워크시트가 제공되는 것을 알 수 있는데, 이 워크시트를 이용해서 R 자료를 생성하고, 생성되어 있는 R 자료를 확인할 수 있다.

그림 1.3 REXcel의 초기화면

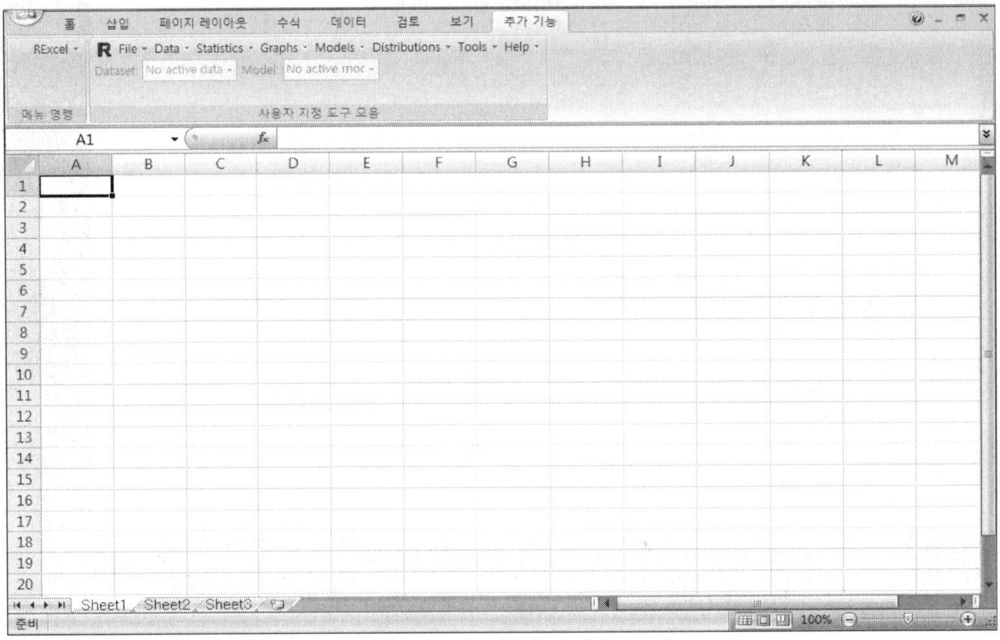

RExcel 메뉴와 워크시트를 이용하면 엑셀 자료와 기존의 R 자료를 분석용 자료로 읽어 들일 수 있으며, 필요하다면 사용자가 원하는 형태의 자료로 쉽게 조작할 수도 있다. 뿐만 아니라 RExcel 메뉴에서 제공되는 다양한 형태의 통계분석 메뉴를 활용하여 사용자가 원하는 통계분석을 수행할 수 있고, R의 강력한 기능 중의 하나인 그래프 작성도 메뉴를 통해서 쉽게 수행할 수 있다. 이때 주의할 점은 여러 개의 R 자료를 동시에 불러와서 RExcel을 사용하는 경우가 대부분이기 때문에 RExcel의 초기화면에 있는 **Dataset** 창에 항상 분석하고자 하는 특정 R 자료파일을 선택하여 active 파일로 지정하여야 한다. 예를 들면 그림 1.5의 RExcel 초기화면의 **dataset** 창에는 **Data**라는 메시지가 나타나 있는데, 이는 R 자료 **Data**가 active 파일로 지정되어 있음을 의미하는 것이고, 이 자료를 사용하여 분석을 수행하게 되는 것이다. 또한 그림 1.3의 RExcel의 초기화면의 **dataset** 창에는 **No active data**라는 메시지가 나타나 있는데, 이는 불러온 R 자료가 하나도 없어서 active 파일로 지정된 R 자료가 없다는 것이다.

한편, 그림 1.4에 있는 R Commander 창은 Script 창, Output 창 그리고 Message 창으로 구성되어 있다. Output 창에는 RExcel의 메뉴를 통해서 얻게 되는 통계분석 결과들을 보여주는 창이다. 따라서 RExcel를 활용한 통계자료분석은 이 Output 창에 나타나 있는 결과를 이용하면 된다.

그림 1.4 R Commander 창

1.3 RExcel 사용의 예

2장부터 본격적으로 RExcel의 사용방법을 설명하기에 앞서 간단한 RExcel의 사용 예를 소개하고자 한다. 먼저, 그림 1.5와 같이 통계분석을 수행하고자 하는 자료를 엑셀의 워크시트에 입력한다. 물론, 이미 엑셀파일로 입력되어 저장된 경우에는 엑셀의 불러오기 메뉴를 사용하여 워크시트로 불러오면 된다. RExcel은 엑셀과 동일한 워크시트를 사용하며, 기존의 R 프로그램과는 다르게 자료를 눈으로 확인하면서 메뉴를 사용하여 손쉽게 통계분석을 수행할 수 있다. 워크시트에는 분석용 자료의 변수이름과 관측값들로 구성되어 있는 분석용 자료가 위치하게 된다. 만약 자료 중에 학생들의 평균평점 자료인 GPA 변수에 대하여 평균, 중위수, 표준편차 등의 기술통계량을 산출하고 싶으면, 그림 1.6과 같이 **Statistics**의 **Summaries**의 **Numerical summaries** 메뉴를 선택하면 된다.

그림 1.5 자료가 입력된 REXcel화면

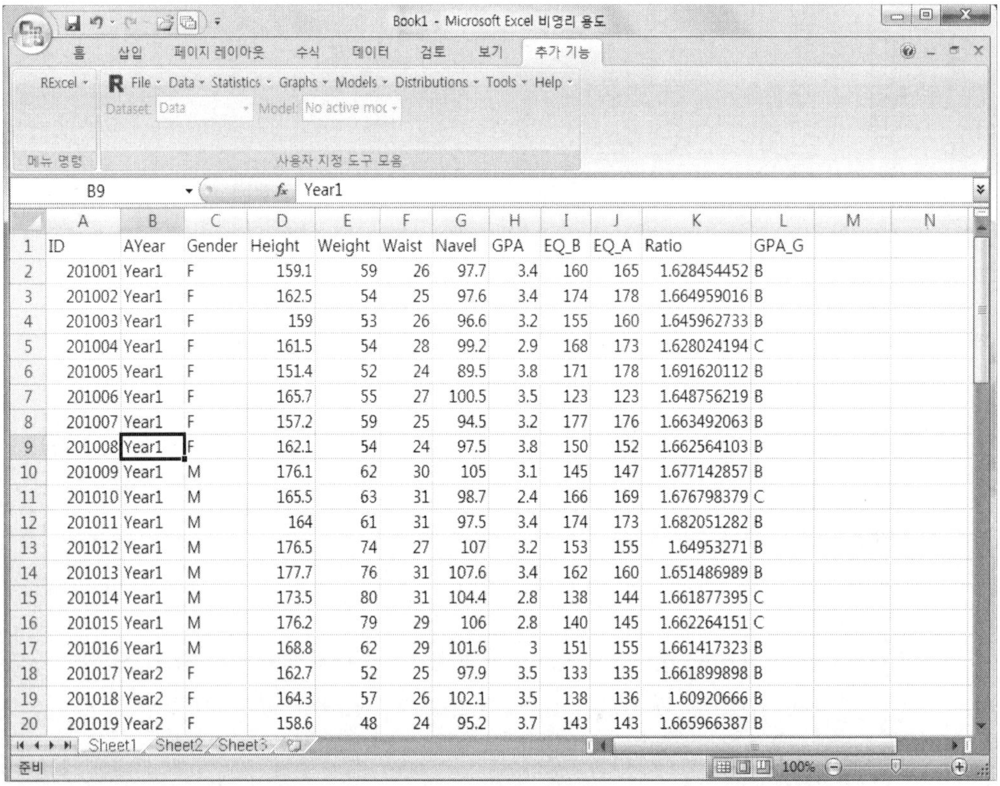

ID	AYear	Gender	Height	Weight	Waist	Navel	GPA	EQ_B	EQ_A	Ratio	GPA_G
201001	Year1	F	159.1	59	26	97.7	3.4	160	165	1.628454452	B
201002	Year1	F	162.5	54	25	97.6	3.4	174	178	1.664959016	B
201003	Year1	F	159	53	26	96.6	3.2	155	160	1.645962733	B
201004	Year1	F	161.5	54	28	99.2	2.9	168	173	1.628024194	C
201005	Year1	F	151.4	52	24	89.5	3.8	171	178	1.691620112	B
201006	Year1	F	165.7	55	27	100.5	3.5	123	123	1.648756219	B
201007	Year1	F	157.2	59	25	94.5	3.2	177	176	1.663492063	B
201008	Year1	F	162.1	54	24	97.5	3.8	150	152	1.662564103	B
201009	Year1	M	176.1	62	30	105	3.1	145	147	1.677142857	B
201010	Year1	M	165.5	63	31	98.7	2.4	166	169	1.676798379	C
201011	Year1	M	164	61	31	97.5	3.4	174	173	1.682051282	B
201012	Year1	M	176.5	74	27	107	3.2	153	155	1.64953271	B
201013	Year1	M	177.7	76	31	107.6	3.4	162	160	1.651486989	B
201014	Year1	M	173.5	80	31	104.4	2.8	138	144	1.661877395	C
201015	Year1	M	176.2	79	29	106	2.8	140	145	1.662264151	C
201016	Year1	M	168.8	62	29	101.6	3	151	155	1.661417323	B
201017	Year2	F	162.7	52	25	97.9	3.5	133	135	1.661899898	B
201018	Year2	F	164.3	57	26	102.1	3.5	138	136	1.60920666	B
201019	Year2	F	158.6	48	24	95.2	3.7	143	143	1.665966387	B

그림 1.6과 같이 메뉴를 선택하면 그림 1.7과 같은 《**Numerical summaries**》 대화상자가 나타나는데, 이 대화상자에서 간단히 분석하고자 하는 변수인 GPA를 선택하면 된다. 대화상자에 나타나 있는 다른 세부적인 내용에 대해서는 6장에서 자세하게 다루기로 한다.

그림 1.6 REXcel의 메뉴 사용

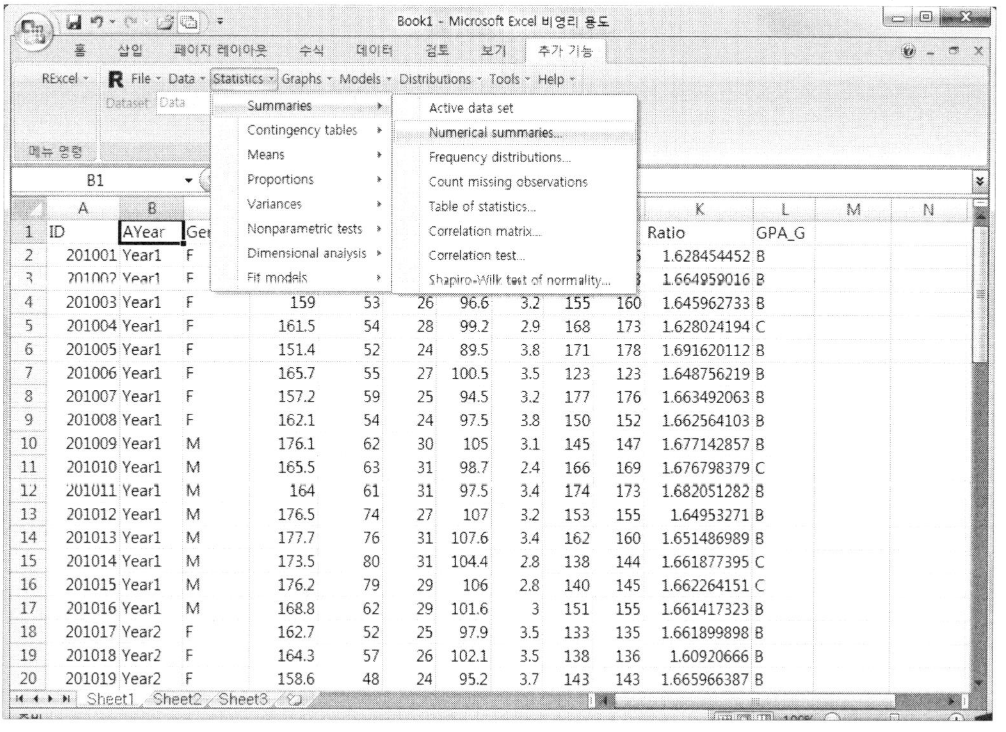

그림 1.7 《**Numerical summaries**》 대화상자

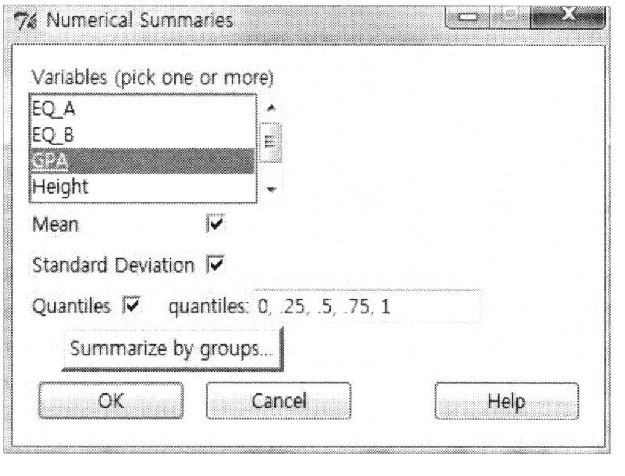

그림 1.8은 그림 1.6의 **Numerical summaries** 메뉴를 선택하여 얻게 되는 결과인데, R Commander의 결과 창에는 산출하고자 했던 학생들의 평균평점 GPA에 대하여 평균, 중위수, 표준편차, 사분위수, 최대값, 최소값 등의 기술통계량이 구해져 있음을 알 수 있다.

위에서 소개한 것처럼 매우 간단하게 분석용 자료를 불러와서 원하는 통계분석을 메뉴를 사용하여 쉽게 분석할 수 있는 통계소프트웨어가 바로 RExcel이라고 할 수 있다.

그림 1.8 REXcel의 **Numerical summaries** 메뉴 사용

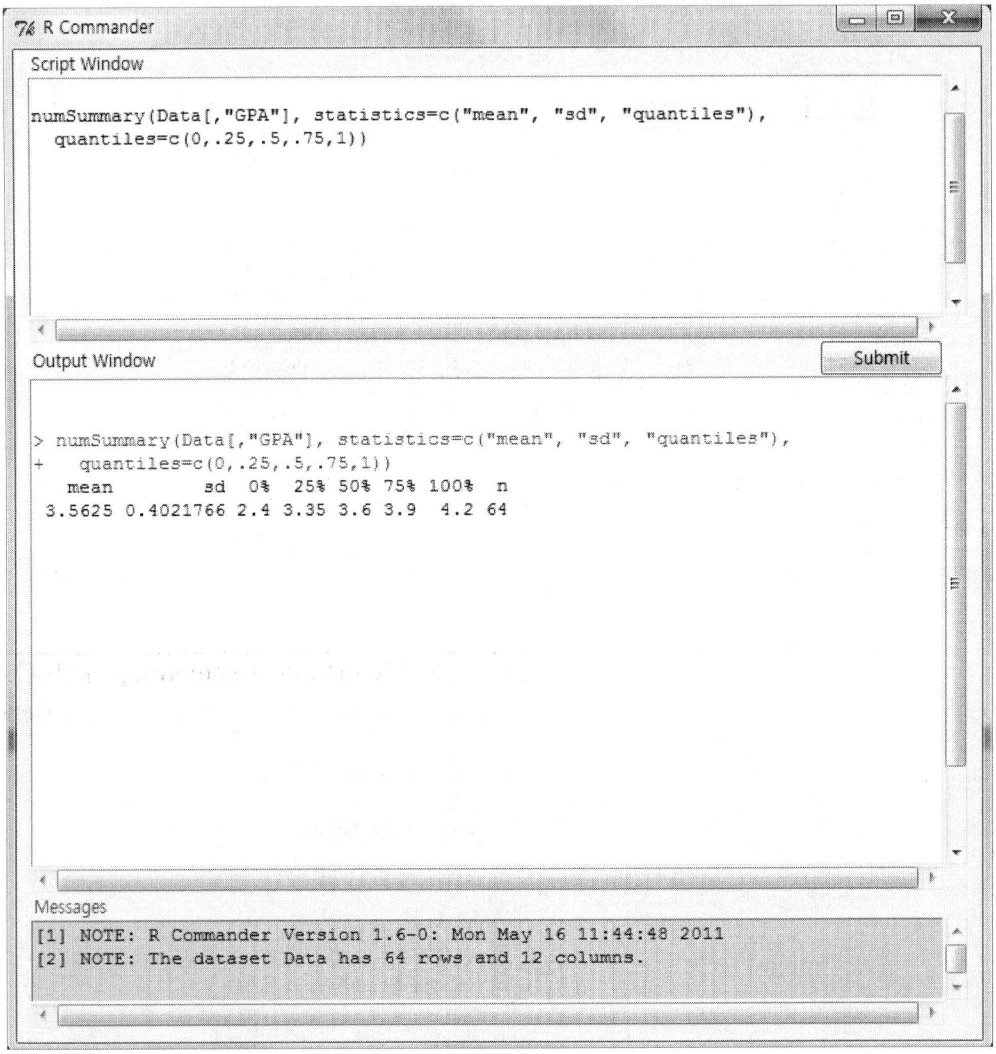

또 다른 REXcel의 사용 예를 살펴보자. R 프로그램의 장점 중의 하나가 탁월한 그래프 작성 기능이라고 할 수 있는데, 실제로 프로그램을 코딩해서 그래프를 작성하여야 하기 때문에 초보자에게는 번거로운 작업임에 틀림없다. 그러나 REXcel의 경우에는 간단히 메뉴를 선택하여 제공되는 그래프를 초보자들도 쉽게 작성할 수 있다는 장점이 있다. 예를 들어 산점도 행렬을 작성하는 과정을 간단하게 살펴보도록 하자. 그림 1.9와 같이 **Scatter matrix** 메뉴를 사용하면 세 개 이상의 변수들 사이의 산점도를 살펴볼 수 있는 산점도 행렬을 쉽게 작성할 수 있다. 즉, 키(Height), 배꼽높이(Navel)와 키를 배꼽높이로 나눈 비(Ratio) 사이에 선형관계가 존재하는지를 알 수 있는 산점도 행렬을 작성하기 위해서는 그림 1.10과 같이 **《Scatteplot matrix》** 대화상자에서 산점도 행렬을 작성하고자 하는 변수인 키(Height), 배꼽높이(Navel)와 키를 배꼽높이로 나눈 비(Ratio)를 지정하고 **OK**를 선택하면 된다. 그러면 그림 1.11과 같은 산점도 행렬을 얻을 수 있다.

그림 1.9 REXcel의 **Scatter matrix** 메뉴 사용

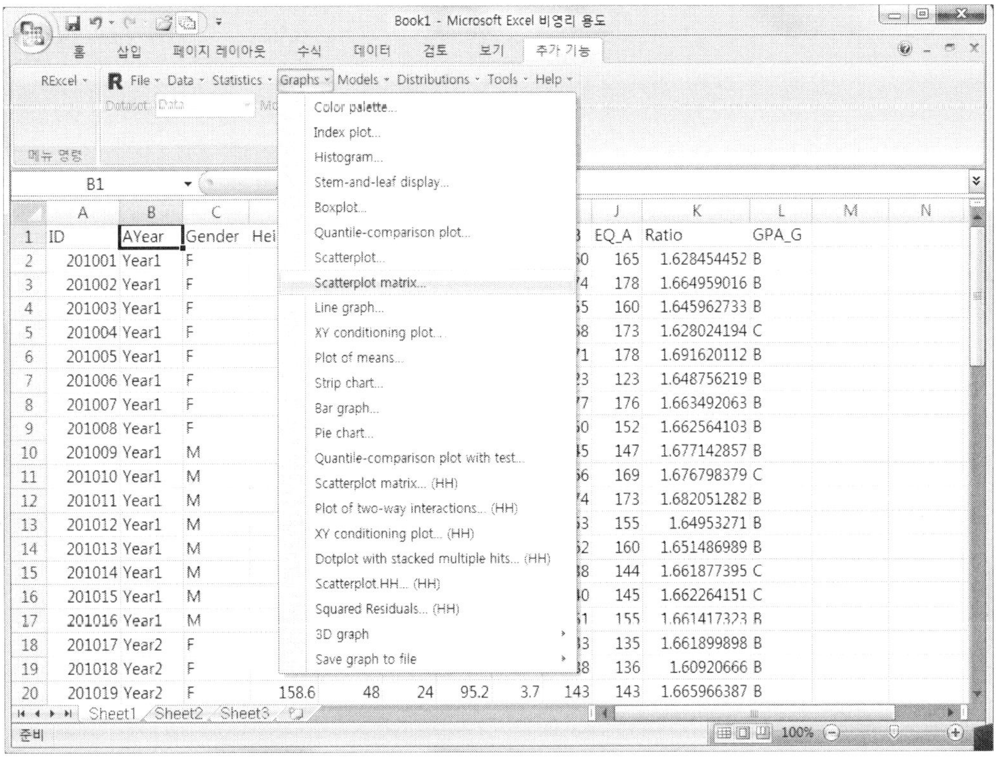

그림 1.10 《*Scatteplot matrix*》 대화상자

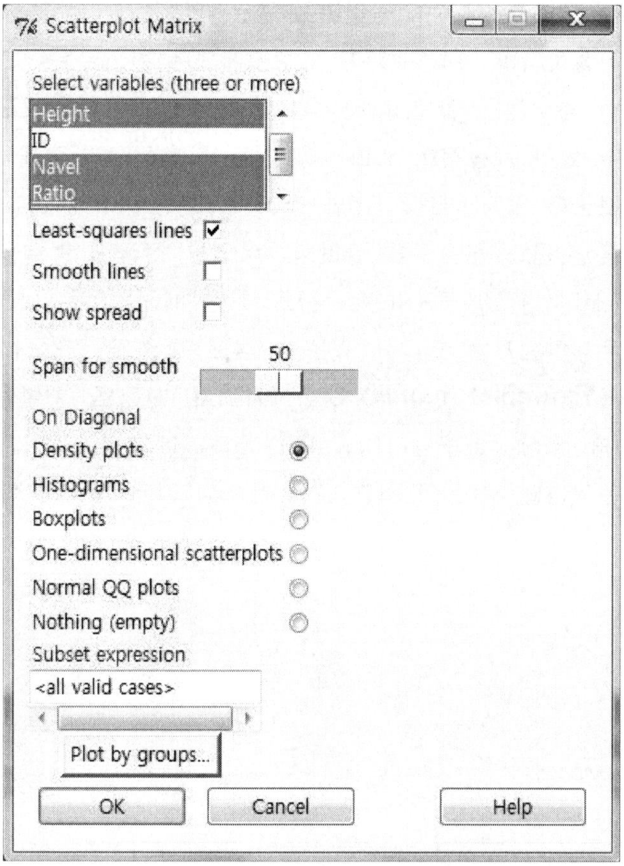

지금까지 간단히 살펴본 RExcel의 사용 예에서 알 수 있는 것처럼 통계분석을 수행하기 위해서 비교적 복잡한 프로그램 코드를 입력하여야 하는 R 프로그램에 비해서 RExcel 프로그램은 매우 간단하게 메뉴를 선택하여 통계분석을 수행할 수 있다는 장점이 있다. 따라서 프로그램의 활용성 뿐만 아니라 접근성 또한 높은 프로그램이라고 할 수 있다. 또한 RExcel은 광범위하게 사용되는 엑셀 워크시트 상에서 모든 작업이 이루어지기 때문에 자료의 입력과 출력 그리고 자료의 조작 등에서 엑셀의 장점을 충분히 활용하면서 R을 사용할 수 있다는 점도 RExcel의 중요한 특징 중의 하나라고 할 수 있다.

그림 1.11 키(Height), 배꼽높이(Navel)와 비(Ratio)의 산점도 행렬

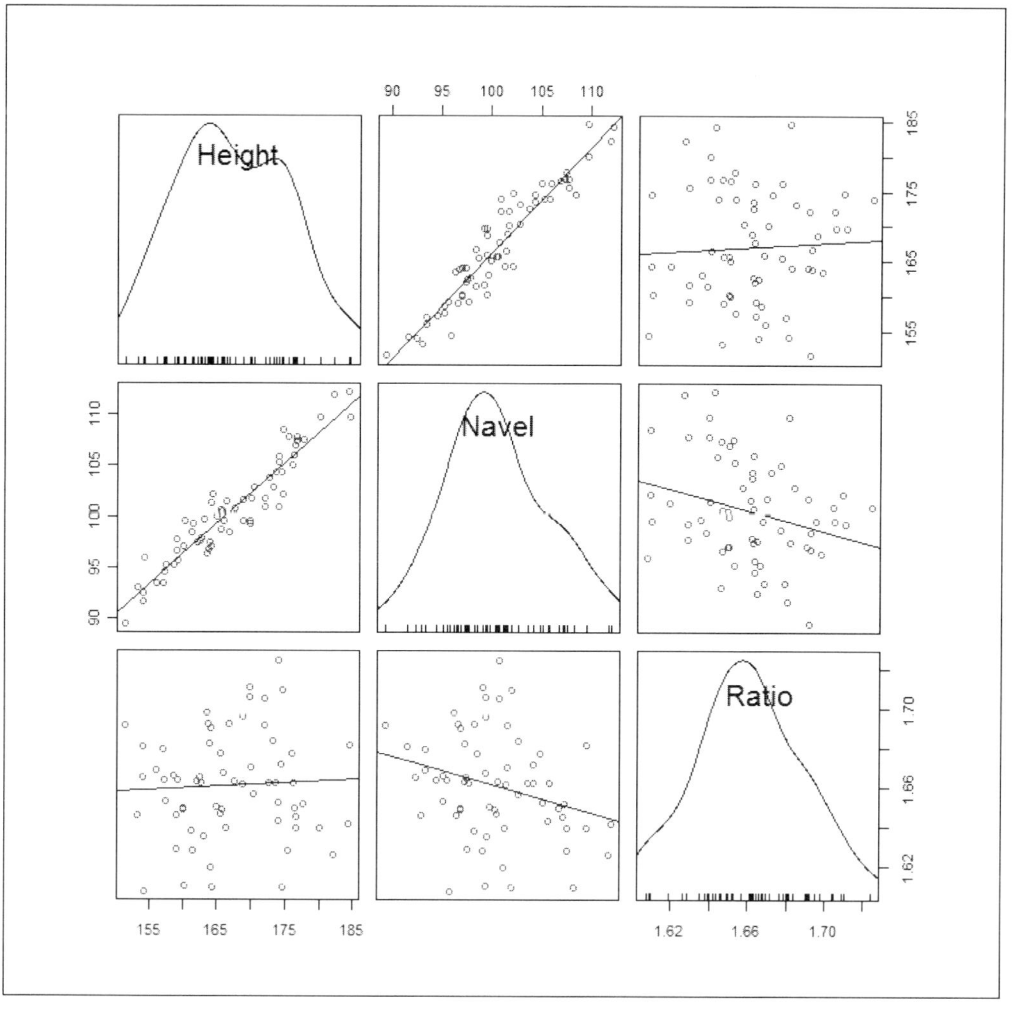

제 2장

RExcel 자료의 생성

2.1 자료 설명
2.2 R 자료 생성하기
2.3 R 자료 저장하기
2.4 R 자료 불러오기
2.5 R 자료를 워크시트로 읽고 엑셀파일로 저장하기

2.1 자료 설명

RExcel을 이용하여 자료를 분석하기 위해서는 분석에 필요한 자료를 R 자료의 형태로 불러오거나 RExcel에서 직접 입력하여야 한다. 입력하고자 하는 자료의 양이 적은 경우에는 RExcel에서 직접 입력할 수 있으나, 대부분의 경우는 자료의 양이 직접 입력하기에는 크거나, 엑셀, 엑세스, SPSS, SAS 등의 소프트웨어를 사용하여 입력되어 있을 것이다. 따라서 분석용 자료를 RExcel에서 사용할 수 있는 R 자료의 형태로 불러와야 하는데, 가장 간편한 방법은 대부분의 소프트웨어와 엑셀은 자료의 호환이 가능하기 때문에 먼저 엑셀 파일로 저장한 후에 이 파일을 엑셀 워크시트에서 불러오는 것이다.

본 교재에서 사용되는 자료는 A, B, C, D의 4개 파일로 구성되어 있는데, 각 파일은 1, 2, 3, 4학년에 대한 자료를 각각 포함하고 있다. 그리고 각 학년별 자료에는 학생들의 일반특성(번호[ID], 학년[AYear], 성별[Gender])과 신체특성(키[Height], 몸무게[Weight], 허리[Waist]) 그리고 평균평점(GPA)과 감성지수(EQ1, EQ2)에 대한 정보를 포함하고 있다. 이러한 4개의 자료를 이용하여 RExcel에서 파일을 관리하고, RExcel를 활용하여 통계자료를 분석하는 방법에 대하여 소개하고자 한다. 따라서 이들 자료의 특성을 잘 이해하는 것은 이 교재를 효과적으로 활용하기 위해서 매우 중요하다고 할 수 있겠다. 표 2-1에는 본 교재에서 사용하고자 하는 자료의 일반적인 특성에 대하여 설명하고 있다. 그리고 표 2-2부터 표 2-5에는 각 학년별 원 자료가 나타나 있으므로 이를 이용하여 실습용 자료를 생성하여 실습에 사용하면 된다.

표 2-1 자료의 특성

변수명	속성	내용	자료의 형태
ID	번호	일련번호	문자/수치
AYear	학년	Year1, Year2, Year3, Year4	문자/수치
Gender	성별	F:여학생 M:남학생	문자
Height	키	측정된 키(cm)	수치
Weight	몸무게	측정된 몸무게(kg)	수치
waist	허리둘레	측정된 허리둘레(inch)	수치
GPA	평균평점	평균평점	수치
EQ1	감성지수1	프로그램 연수 전의 감성지수	수치
EQ2	감성지수2	프로그램 연수 후의 감성지수	수치

표 2-2 자료 A: 1학년 학생들의 자료

ID	AYear	Gender	Height	Weight	Waist	Navel	GPA	EQ1	EQ2
201001	1	F	159.1	59	26	97.7	3.4	160	165
201002	1	F	162.5	54	25	97.6	3.4	174	178
201003	1	F	159	53	26	96.6	3.2	155	160
201004	1	F	161.5	54	28	99.2	2.9	168	173
201005	1	F	151.4	52	24	89.5	3.8	171	178
201006	1	F	165.7	55	27	100.5	3.5	123	123
201007	1	F	157.2	59	25	94.5	3.2	177	176
201008	1	F	162.1	54	24	97.5	3.8	150	152
201009	1	M	176.1	62	30	105	3.1	145	147
201010	1	M	165.5	63	31	98.7	2.4	166	169
201011	1	M	164	61	31	97.5	3.4	174	173
201012	1	M	176.5	74	27	107	3.2	153	155
201013	1	M	177.7	76	31	107.6	3.4	162	160
201014	1	M	173.5	80	31	104.4	2.8	138	144
201015	1	M	176.2	79	29	106	2.8	140	145
201016	1	M	168.8	62	29	101.6	3	151	155

표 2-3 자료 B: 2학년 학생들의 자료

ID	AYear	Gender	Height	Weight	Waist	Navel	GPA	EQ1	EQ2
201017	2	F	162.7	52	25	97.9	3.5	133	135
201018	2	F	164.3	57	26	102.1	3.5	138	136
201019	2	F	158.6	48	24	95.2	3.7	143	143
201020	2	F	170.3	63	26	102.8	3.5	153	160
201021	2	F	156	55	26	93.5	3.8	144	150
201022	2	F	154	48	25	92.5	3.6	175	174
201023	2	F	164.1	56	25	97.1	3.2	166	173
201024	2	F	161.3	58	27	98.5	4.1	165	164
201025	2	M	169.7	72	32	99.5	4	180	185
201026	2	M	165.9	58	29	99.5	3.1	166	172
201027	2	M	180	77	34	109.8	2.9	135	140
201028	2	M	174.7	71	31	102.2	3.9	143	148
201029	2	M	172.5	74	33	103.8	3.7	139	146
201030	2	M	174.6	60	30	108.5	3.2	142	146
201031	2	M	163	56	28	99.7	3.2	152	159
201032	2	M	168.7	75	29	99.5	2.7	146	144

표 2-4 자료 C: 3학년 학생들의 자료

ID	AYear	Gender	Height	Weight	Waist	Navel	GPA	EQ1	EQ2
201033	3	F	166.4	61	24	101.5	4.1	143	140
201034	3	F	159.2	63	25	95.7	3.9	136	134
201035	3	F	164.2	50	26	101.4	4	137	139
201036	3	F	160	60	23	97	3.7	155	162
201037	3	F	154.3	47	24	96	3.9	156	156
201038	3	F	160.1	53	27	97.1	3.8	154	154
201039	3	F	153.2	45	25	93.1	3.6	138	139
201040	3	F	160.2	50	25	99.5	3.8	139	136
201041	3	M	172	80	30	100.9	3.4	140	141
201042	3	M	174.5	67	29	104.4	3.6	150	155
201043	3	M	167.6	70	31	100.8	3.5	165	163
201044	3	M	172	79	28	101.7	3.7	155	152
201045	3	M	182.1	77	35	112	3.5	142	140
201046	3	M	184.6	78	27	109.8	3.4	165	172
201047	3	M	174	62	29	100.9	3	133	133
201048	3	M	165.6	75	28	100.6	3.7	138	142

표 2-5 자료 D: 4학년 학생들의 자료

ID	AYear	Gender	Height	Weight	Waist	Navel	GPA	EQ1	EQ2
201049	4	F	165	50	27	100	3.9	144	150
201050	4	F	169.7	58	24	99.2	4.1	153	156
201051	4	F	163.5	48	25	96.3	3.9	138	135
201052	4	F	157.5	50	27	95.3	4.2	150	147
201053	4	F	166.7	55	24	98.5	4.1	164	164
201054	4	F	163.8	52	26	96.8	3.8	135	142
201055	4	F	157	50	26	93.5	4	156	158
201056	4	F	154.1	60	27	91.7	3.9	144	144
201057	4	M	176.7	80	32	107.8	3.8	162	168
201058	4	M	174	66	32	105.9	3.6	139	139
201059	4	M	174	75	30	105.3	3.9	170	174
201060	4	M	184.2	84	33	112.2	4.1	149	153
201061	4	M	175.5	77	32	107.8	4	166	166
201062	4	M	176.7	70	29	107.4	3.8	162	163
201063	4	M	170	71	30	101.8	3.8	165	169
201064	4	M	173.1	69	30	102.8	3.6	169	174

▌▌▌▌▌▌▌ 통계자료의 형태와 변수

통계분석을 위해 수집된 통계자료(statistical data)는 일반적으로 질적자료(qualitative data)와 양적자료(quantitative data)로 나눌 수 있다. 질적자료는 관측 결과가 수치자료가 아닌 범주형태(categorical type)의 자료로서 성별, 혈액형, 종교, 전공 등의 자료가 이에 해당되며, 수치 연산을 할 수 없는 자료이다. 반면에 양적자료는 관측 결과가 수치형태(numerical type)인 경우로 성적, 키, 몸무게, 지능지수 등의 자료로서 연산이 가능한 자료를 말한다. 일반적으로 양적자료는 연속형 자료로서 연속형변수(continuous variable)로 정의되고, 질적자료는 이산형 자료로서 이산형변수(discrete variable)로 정의된다.

2.2 R 자료 생성하기

RExcel을 이용하여 자료를 분석하기 위해서는 분석에 필요한 자료를 R 자료로 생성하여야 한다. R 자료를 생성하는 방법은 크게 RExcel에서 직접 입력하여 R 자료를 생성하는 방법과 기존에 저장되어 있는 자료를 엑셀 워크시트로 불러와서 생성하는 방법이 있다. RExcel에서 직접 자료를 입력하는 경우는 입력하고자 하는 자료의 양이 적은 경우이고, 대부분은 엑셀, 엑세스, SPSS, SAS 등의 소프트웨어를 사용하여 입력이 되어 있는 자료를 엑셀 워크시트로 불러와서 R 자료를 생성하게 될 것이다. 물론 자료의 양이 적은 경우도 엑셀 워크시트에서 입력하는 것이 더 수월하기 때문에, 결국은 RExcel에서 직접 자료를 입력하기보다는 엑셀 워크시트를 이용하여 입력하거나, 기존의 자료 파일을 엑셀 워크시트로 불러와서 R 자료를 생성하게 된다고 할 수 있다. 아마 독자들도 두 번째 방법을 사용하여 R 자료를 생성하게 되는 경우가 대부분일 것으로 생각한다.

(1) 엑셀 워크시트에서 생성하기

엑셀 워크시트에서 R 자료를 생성하기 위해서는 먼저 엑셀 워크시트에서 자료를 입력하여야 한다. 그리고 엑셀에 입력된 자료를 그림 2.1과 같이 선택한 후에 다음과 같이 RExcel의 메뉴를 선택함으로써 R 자료를 생성할 수 있다.

위와 같이 **Dataframe** 메뉴를 선택해서 나타나는 **《Put dataframe in R》** 대화상자의 **dataframe in R**에 생성하고자 하는 R 자료의 이름을 입력하고 **OK**버튼을 선택하면 된다. 예를 들어 표 2-2에 있는 1학년 자료인 자료 A를 **DataA**라는 R 자료로 생성하기 위해서는 먼저, 엑셀 워크시트에 자료 A를 입력한 후 그림 2.1과 같이 자료를 선택한다. 그리고 **Dataframe** 메뉴를 선택해서 나타나는 **《Put dataframe in R》** 대화상자의 **dataframe in R**에 **DataA**라고 입력하고, **OK**버튼을 선택하면 된다. 그러면 R 자료가 생성되는데, 그림 2.2에서 볼 수 있는 것처럼 RExcel 화면의 **Dataset**부분에 **DataA**라고 나타나 있으면 R 자료가 잘 생성된 것이다. RExcel에서 사용되는 자료 파일이 없는 경우에는 이 **Dataset**부분에 **NO active data**라는 메시지가 나타나 있다. 이렇게 생성된 자료는 RExcel 메뉴를 활용하여 통계적인 분석을 수행할 수 있게 된다.

그림 2.1 엑셀 워크시트 자료의 선택

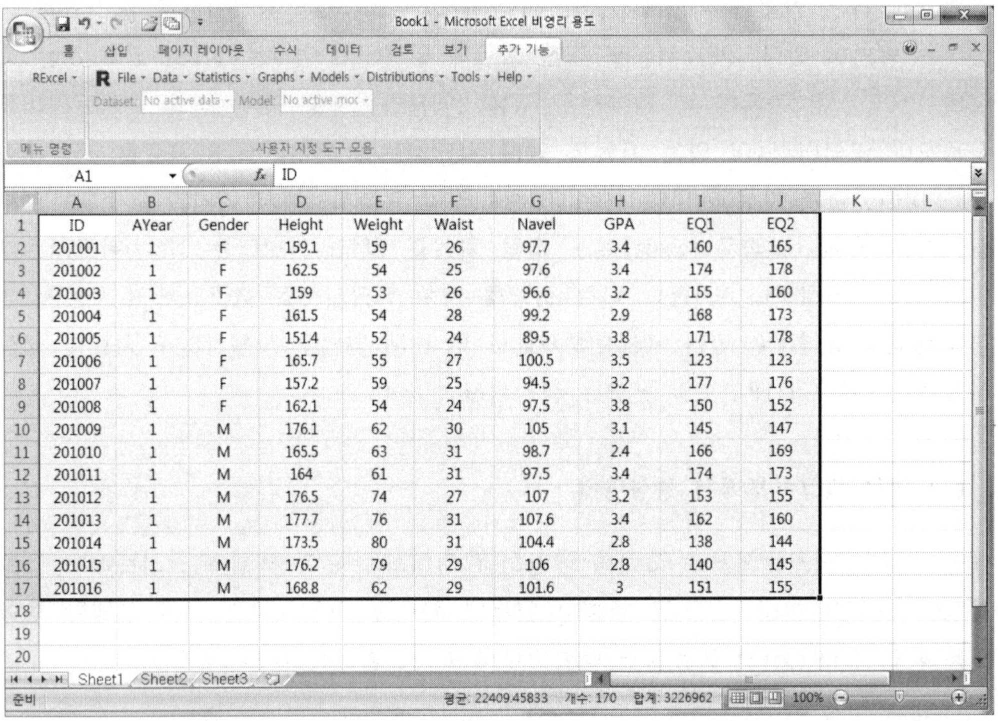

ID	AYear	Gender	Height	Weight	Waist	Navel	GPA	EQ1	EQ2
201001	1	F	159.1	59	26	97.7	3.4	160	165
201002	1	F	162.5	54	25	97.6	3.4	174	178
201003	1	F	159	53	26	96.6	3.2	155	160
201004	1	F	161.5	54	28	99.2	2.9	168	173
201005	1	F	151.4	52	24	89.5	3.8	171	178
201006	1	F	165.7	55	27	100.5	3.5	123	123
201007	1	F	157.2	59	25	94.5	3.2	177	176
201008	1	F	162.1	54	24	97.5	3.8	150	152
201009	1	M	176.1	62	30	105	3.1	145	147
201010	1	M	165.5	63	31	98.7	2.4	166	169
201011	1	M	164	61	31	97.5	3.4	174	173
201012	1	M	176.5	74	27	107	3.2	153	155
201013	1	M	177.7	76	31	107.6	3.4	162	160
201014	1	M	173.5	80	31	104.4	2.8	138	144
201015	1	M	176.2	79	29	106	2.8	140	145
201016	1	M	168.8	62	29	101.6	3	151	155

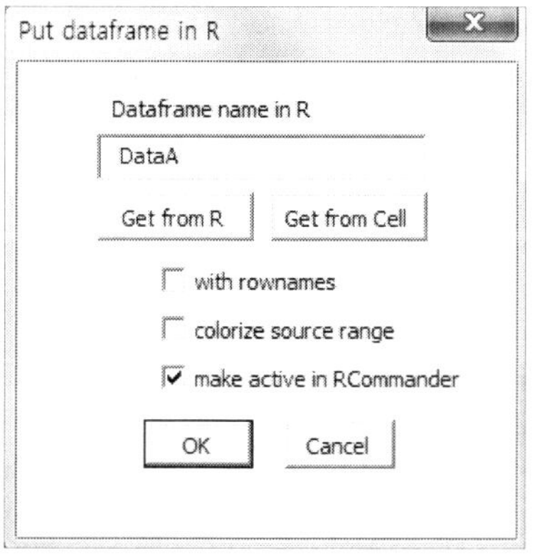

그림 2.2 REXcel 자료의 생성

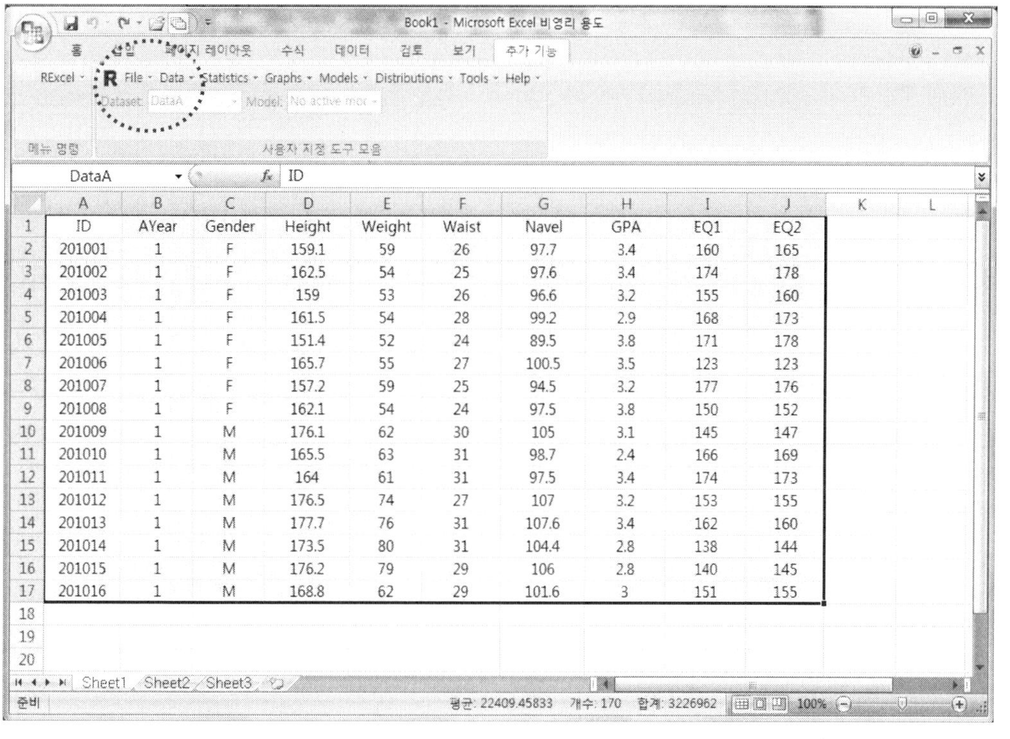

ID	AYear	Gender	Height	Weight	Waist	Navel	GPA	EQ1	EQ2
201001	1	F	159.1	59	26	97.7	3.4	160	165
201002	1	F	162.5	54	25	97.6	3.4	174	178
201003	1	F	159	53	26	96.6	3.2	155	160
201004	1	F	161.5	54	28	99.2	2.9	168	173
201005	1	F	151.4	52	24	89.5	3.8	171	178
201006	1	F	165.7	55	27	100.5	3.5	123	123
201007	1	F	157.2	59	25	94.5	3.2	177	176
201008	1	F	162.1	54	24	97.5	3.8	150	152
201009	1	M	176.1	62	30	105	3.1	145	147
201010	1	M	165.5	63	31	98.7	2.4	166	169
201011	1	M	164	61	31	97.5	3.4	174	173
201012	1	M	176.5	74	27	107	3.2	153	155
201013	1	M	177.7	76	31	107.6	3.4	162	160
201014	1	M	173.5	80	31	104.4	2.8	138	144
201015	1	M	176.2	79	29	106	2.8	140	145
201016	1	M	168.8	62	29	101.6	3	151	155

엑셀자료를 R 자료로 불러오는 다른 예를 살펴보자. 표 2-3에 있는 2학년 자료 B를 **DataB**라는 R 자료로 생성하기 위해서는 먼저, 엑셀 워크시트에 자료 B를 입력한 후 그림 2.3과 같이 불러오고자 하는 자료를 선택한다. 그리고 **Dataframe** 메뉴를 선택해서 나타나는 **《Put dataframe in R》** 대화상자의 **dataframe in R**에

DataB라고 입력하면 된다. 그러면 그림 2.4에서 볼 수 있는 것처럼 RExcel 화면의 **Dataset**부분에 **DataB**라고 나타나게 되고, 이 자료를 RExcel 메뉴를 활용하여 통계적인 분석을 수행할 수 있게 된다.

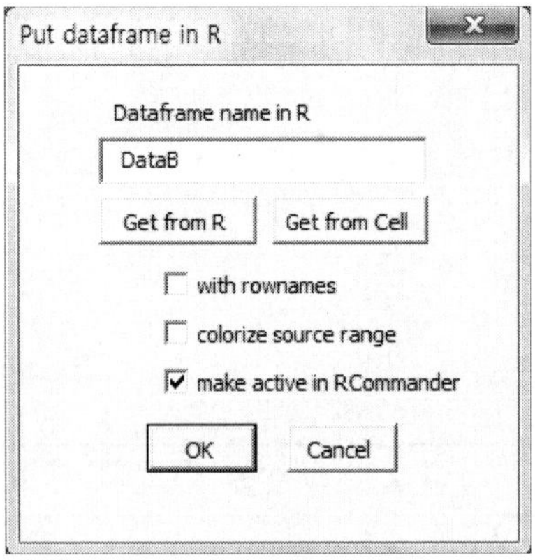

그림 2.3 엑셀 워크시트 자료의 선택

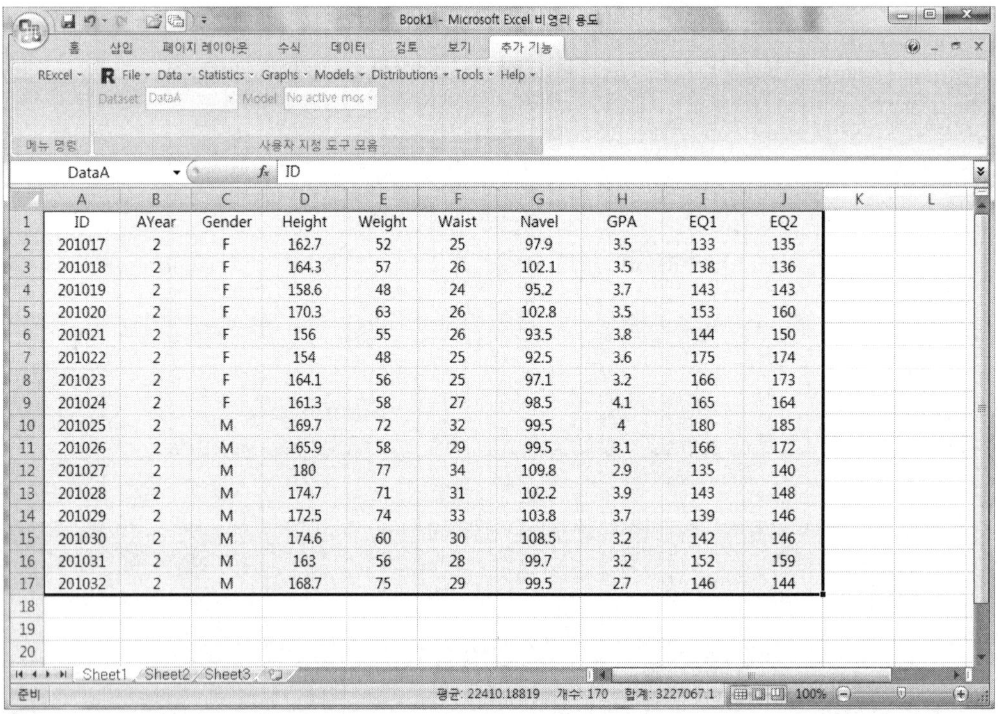

	A	B	C	D	E	F	G	H	I	J
1	ID	AYear	Gender	Height	Weight	Waist	Navel	GPA	EQ1	EQ2
2	201017	2	F	162.7	52	25	97.9	3.5	133	135
3	201018	2	F	164.3	57	26	102.1	3.5	138	136
4	201019	2	F	158.6	48	24	95.2	3.7	143	143
5	201020	2	F	170.3	63	26	102.8	3.5	153	160
6	201021	2	F	156	55	26	93.5	3.8	144	150
7	201022	2	F	154	48	25	92.5	3.6	175	174
8	201023	2	F	164.1	56	25	97.1	3.2	166	173
9	201024	2	F	161.3	58	27	98.5	4.1	165	164
10	201025	2	M	169.7	72	32	99.5	4	180	185
11	201026	2	M	165.9	58	29	99.5	3.1	166	172
12	201027	2	M	180	77	34	109.8	2.9	135	140
13	201028	2	M	174.7	71	31	102.2	3.9	143	148
14	201029	2	M	172.5	74	33	103.8	3.7	139	146
15	201030	2	M	174.6	60	30	108.5	3.2	142	146
16	201031	2	M	163	56	28	99.7	3.2	152	159
17	201032	2	M	168.7	75	29	99.5	2.7	146	144

그림 2.4 RExcel 자료의 생성

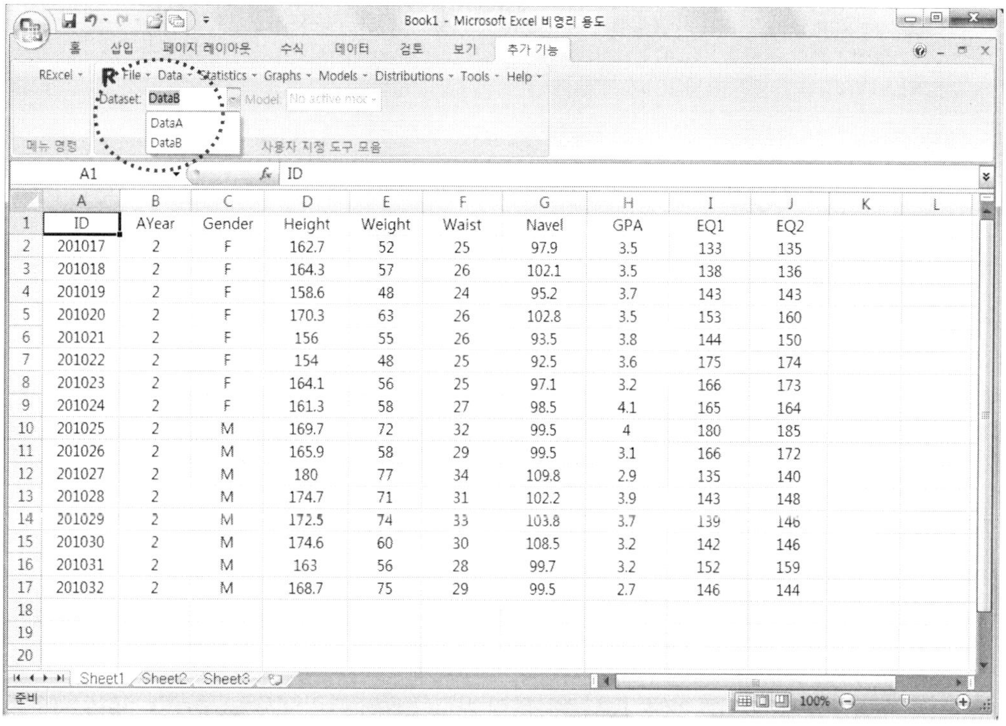

	ID	AYear	Gender	Height	Weight	Waist	Navel	GPA	EQ1	EQ2
2	201017	2	F	162.7	52	25	97.9	3.5	133	135
3	201018	2	F	164.3	57	26	102.1	3.5	138	136
4	201019	2	F	158.6	48	24	95.2	3.7	143	143
5	201020	2	F	170.3	63	26	102.8	3.5	153	160
6	201021	2	F	156	55	26	93.5	3.8	144	150
7	201022	2	F	154	48	25	92.5	3.6	175	174
8	201023	2	F	164.1	56	25	97.1	3.2	166	173
9	201024	2	F	161.3	58	27	98.5	4.1	165	164
10	201025	2	M	169.7	72	32	99.5	4	180	185
11	201026	2	M	165.9	58	29	99.5	3.1	166	172
12	201027	2	M	180	77	34	109.8	2.9	135	140
13	201028	2	M	174.7	71	31	102.2	3.9	143	148
14	201029	2	M	172.5	74	33	103.8	3.7	139	146
15	201030	2	M	174.6	60	30	108.5	3.2	142	146
16	201031	2	M	163	56	28	99.7	3.2	152	159
17	201032	2	M	168.7	75	29	99.5	2.7	146	144

(2) RExcel에서 직접 생성하기

자료의 양이 적은 경우에는 RExcel에서 직접 자료를 입력하기도 하는데, 이를 위해서는 다음과 같이 RExcel의 메뉴를 선택함으로써 R 자료를 생성할 수 있다.

위와 같이 **New data set** 메뉴를 선택해서 나타나는 《**New Data Set**》대화상자에서 생성하고자 하는 R 데이터의 이름을 입력하고 **OK** 버튼을 선택하면 **R자료편집기** 창이 나타나는데, 이를 사용하면 쉽게 자료를 입력하여 R 자료를 생성할 수 있다. 다음은 **R자료편집기** 창의 처음 화면인데, 초기 화면에서 변수의 이름은 *var1*, *var2*, *var3*, … 등으로 나타나 있다. 이렇게 주어져 있는 변수의 이름을 변경하기 위해서는 마우스로 변수의 이름 부분을 선택하여 얻어지는 **변수편집기** 창에서 이름을 변경하고 변수의 유형을 선택하면 된다.

예를 들어 표 2-4에 있는 3학년 자료인 자료 C를 **DataC**라는 R 자료로 생성하기 위해서는 먼저, ***New data set*** 메뉴를 선택해서 나타나는 **《*New Data Set*》**대화상자에서 다음과 같이 **DataC**라고 입력하고, **OK**버튼을 선택하면 된다.

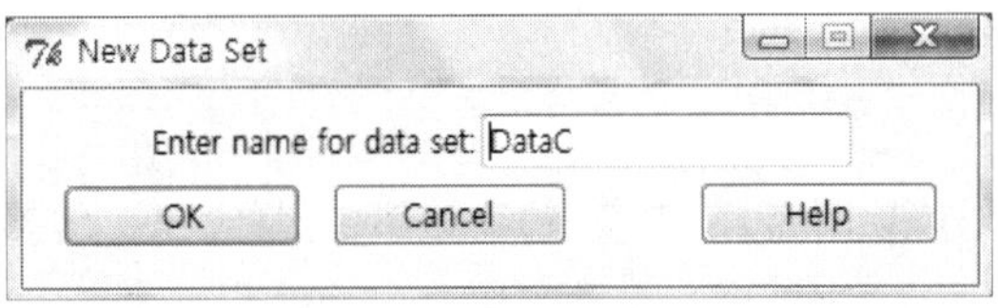

그러면 위와 같이 자료를 입력할 수 있는 **R자료편집기** 창이 나타나는데, 여기서 변수의 이름과 유형을 지정하고 자료를 입력하면 된다. 먼저, 변수의 이름과 유형을 지정하기 위해서 디폴트로 주어져 있는 변수의 이름인 var1 부분을 선택하여 얻어지는 **변수편집기** 창에서 변수의 이름과 유형을 지정한다. 예를 들어 var1은 다음과 같이 **변수편집기** 창에서 학번을 의미하는 ***ID***로 지정하면 된다.

AYear, Gender, Height, Weight, Waist, GPA, EQ1, EQ2라는 변수의 이름과 유형도 같은 방법으로 **변수편집기** 창에서 지정하면 된다. 그러면 다음과 같이 자료 편집기 창에서 원하는 변수가 모두 지정된 것을 확인 할 수 있다.

이제 표 2-4의 자료를 입력하면 되는데, RExcel 화면의 **Dataset**부분에 **DataC**라고 나타나 있으면 R 자료가 잘 생성된 것이고, 이렇게 생성된 자료는 RExcel 메뉴를 활용하여 통계적인 분석을 수행할 수 있게 된다. 이 때 RExcel의 워크시트에는 자료 **DataC**가 나타나 있지 않는데, 이 자료를 워크시트로 불러오는 방법은 2.5절에서 설명될 것이니 참고하기 바란다.

(3) 텍스트 파일을 R 자료로 생성하기

한글워드프로세서나 메모장 등을 사용하여 텍스트 파일로 저장되어 있는 자료를 R 자료로 생성하기 위한 방법은 두 가지가 있다. 첫 번째 방법은 RExcel을 사용하는 것이고, 두 번째 방법은 엑셀을 사용하는 것인데, 이에 대하여 살펴보자.

RExcel을 사용하여 텍스트 파일 읽기

한글워드프로세서나 메모장 등을 사용하여 텍스트 파일로 저장되어 있는 자료를 R

엑셀 자료로 불러오기 위해서는 다음과 같이 RExcel의 메뉴를 선택하면 된다.

예를 들어 표 2-5의 4학년 자료인 **DataD**가 다음과 같이 **DataD.txt** 파일로 저장이 되어 있다고 하자. 그리고 이 텍스트 파일을 **DataD**라는 R 자료로 생성하는 방법을 살펴보도록 하자.

```
ID AYear Gender Height Weight Waist Navel GPA EQ1 EQ2
201049 Year4 F 165 50 27 100 3.9 144 150
201050 Year4 F 169.7 58 24 99.2 4.1 153 156
201051 Year4 F 163.5 48 25 96.3 3.9 138 135
201052 Year4 F 157.5 50 27 95.3 4.2 150 147
201053 Year4 F 166.7 55 24 98.5 4.1 164 164
201054 Year4 F 163.8 52 26 96.8 3.8 135 142
201055 Year4 F 157 50 26 93.5 4 156 158
201056 Year4 F 154.1 60 27 91.7 3.9 144 144
201057 Year4 M 176.7 80 32 107.8 3.8 162 168
201058 Year4 M 174 66 32 105.9 3.6 139 139
201059 Year4 M 174 75 30 105.3 3.9 170 174
201060 Year4 M 184.2 84 33 112.2 4.1 149 153
201061 Year4 M 175.5 77 32 107.8 4 166 166
201062 Year4 M 176.7 70 29 107.4 3.8 162 163
201063 Year4 M 170 71 30 101.8 3.8 165 169
201064 Year4 M 173.1 69 30 102.8 3.6 169 174
```

먼저, 텍스트 파일을 R 자료로 불러오기 위해서 RExcel의 메뉴 ***import data***의 ***from text file***를 선택하면 다음과 같이 텍스트 파일을 읽을 수 있는 《**Read Text Data**》 대화상자가 나타난다. 이 대화상자에서 생성될 R 자료의 이름을 입력하고, 자료의 첫줄에 변수의 이름이 있다면 ***Variables names in file***에 이를 지정하면 된다. 그리고 자료 파일의 분리 방법(**Field Separator**)에서 공백, 콤마 등을 지정한다.

위와 같이 **《Read Text Data》** 대화상자에서 필요한 내용을 입력하고 지정한 후에 **OK** 버튼을 선택하면 다음과 같은 **《열기》** 대화상자가 나타나는데, 여기에서 불러오고자 하는 텍스트 파일인 **DataD.txt** 파일을 선택하면 된다. 그러면 REXcel 화면의 **Dataset**부분에 **DataD**라고 나타나고, 이렇게 생성된 자료는 REXcel 메뉴를 활용하여 통계적인 분석을 수행할 수 있게 된다. 이 때 REXcel의 워크시트에는 자료 **DataD**가 나타나 있지 않은 것을 볼 수 있는데, 이 R 자료를 워크시트 상으로 불러오는 방법은 2.5절의 설명을 참고하기 바란다.

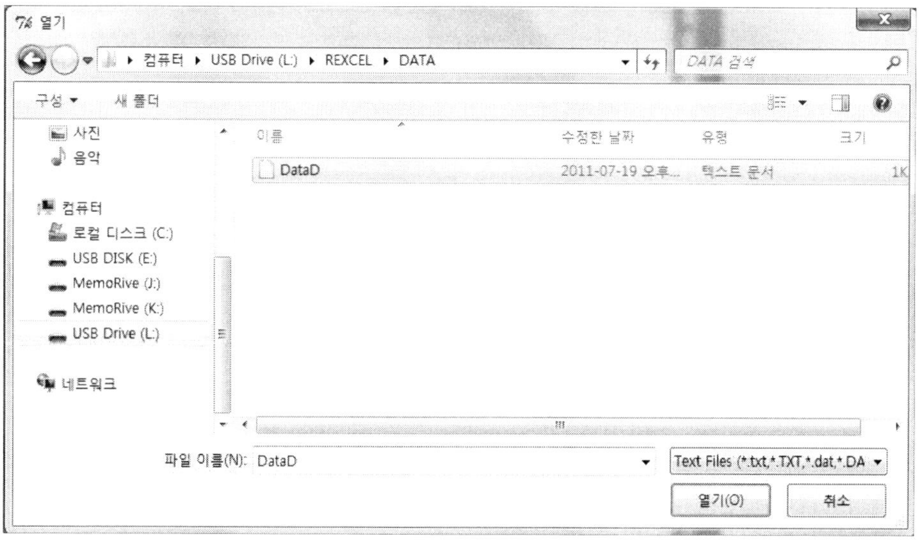

엑셀을 사용하여 텍스트 파일 읽기

앞에서는 텍스트 파일로 저장되어 있는 자료를 R엑셀 자료로 불러오기 위해서 RExcel 메뉴를 사용하는 방법에 대하여 설명하였는데, 여기서는 엑셀에서 제공되는 메뉴를 사용하는 방법에 대하여 설명하고자 한다.

앞의 예에서와 마찬가지로 텍스트 파일로 저장되어 있는 표 2-5의 4학년 자료인 **DataD.txt**를 엑셀을 사용하여 **DataD**라는 R 자료로 생성하는 방법을 설명하도록 하자. 먼저, 다음과 같이 RExcel의 엑셀 메뉴 중 **열기** 메뉴를 선택하여 나타나는 **《열기》** 대화상자에서 다음과 같이 열려는 파일의 종류를 **텍스트 파일**로 선택하여 불러오고자 하는 **DataD.txt**를 지정한다.

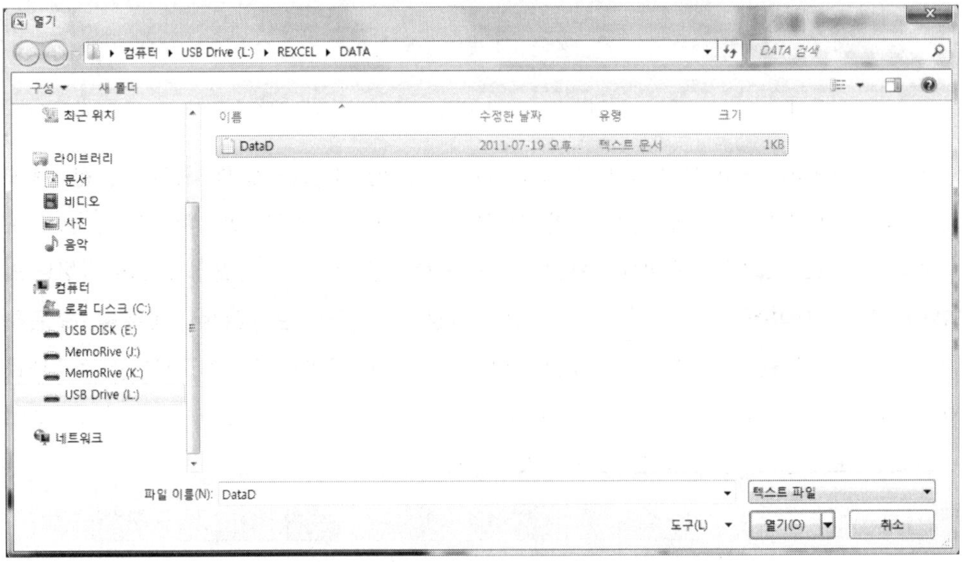

이제 **《열기》** 대화상자의 **열기** 버튼을 선택하면 다음과 같이 텍스트 파일을 엑셀로 쉽게 불러올 수 있는 **《텍스트 마법사》** 대화상자가 나타나는데, 이를 활용하면 쉽게 텍스트 파일인 **DataD**를 엑셀로 불러올 수 있다. 결국, 텍스트 파일을 엑셀로 불러왔기 때문에 앞에서 **DataA**와 **DataB** 자료를 생성할 때 설명했던 방법으로 R 자료 **DataD**를 생성하면 된다.

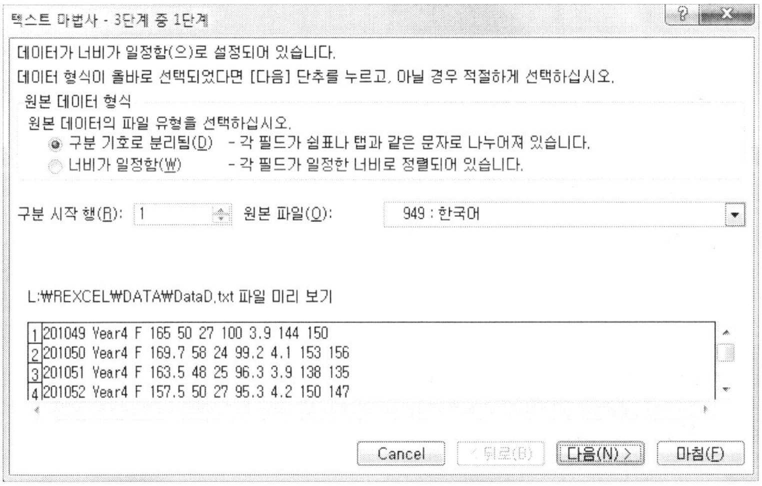
텍스트 마법사 - 3단계 중 1단계
데이터가 너비가 일정함(으)로 설정되어 있습니다.
데이터 형식이 올바로 선택되었다면 [다음] 단추를 누르고, 아닐 경우 적절하게 선택하십시오.
원본 데이터 형식
원본 데이터의 파일 유형을 선택하십시오.
구분 기호로 분리됨(D) - 각 필드가 쉼표나 탭과 같은 문자로 나누어져 있습니다.
너비가 일정함(W) - 각 필드가 일정한 너비로 정렬되어 있습니다.
구분 시작 행(R): 1
원본 파일(O): 949 : 한국어
L:₩REXCEL₩DATA₩DataD.txt 파일 미리 보기
1 201049 Year4 F 165 50 27 100 3.9 144 150
2 201050 Year4 F 169.7 58 24 99.2 4.1 153 156
3 201051 Year4 F 163.5 48 25 96.3 3.9 138 135
4 201052 Year4 F 157.5 50 27 95.3 4.2 150 147
Cancel
< 뒤로(B)
다음(N) >
마침(F)

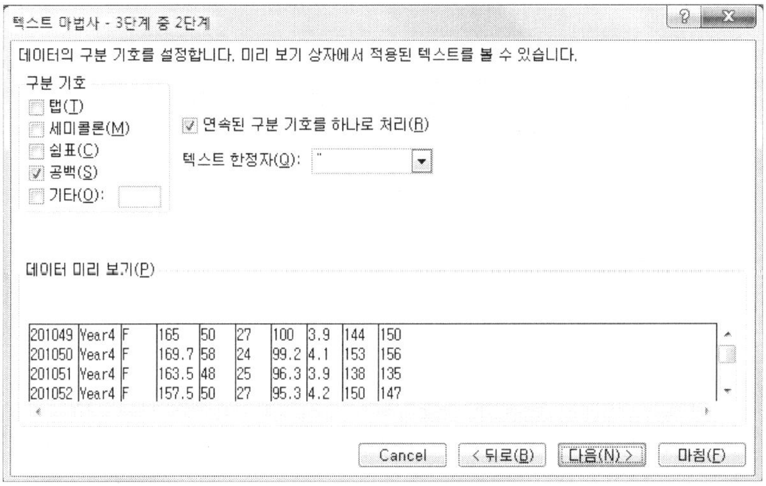
텍스트 마법사 - 3단계 중 2단계
데이터의 구분 기호를 설정합니다. 미리 보기 상자에서 적용된 텍스트를 볼 수 있습니다.
구분 기호
탭(T)
세미콜론(M)
쉼표(C)
공백(S)
기타(O):
연속된 구분 기호를 하나로 처리(R)
텍스트 한정자(Q): "
데이터 미리 보기(P)
201049 Year4 F 165 50 27 100 3.9 144 150
201050 Year4 F 169.7 58 24 99.2 4.1 153 156
201051 Year4 F 163.5 48 25 96.3 3.9 138 135
201052 Year4 F 157.5 50 27 95.3 4.2 150 147
Cancel
< 뒤로(B)
다음(N) >
마침(F)

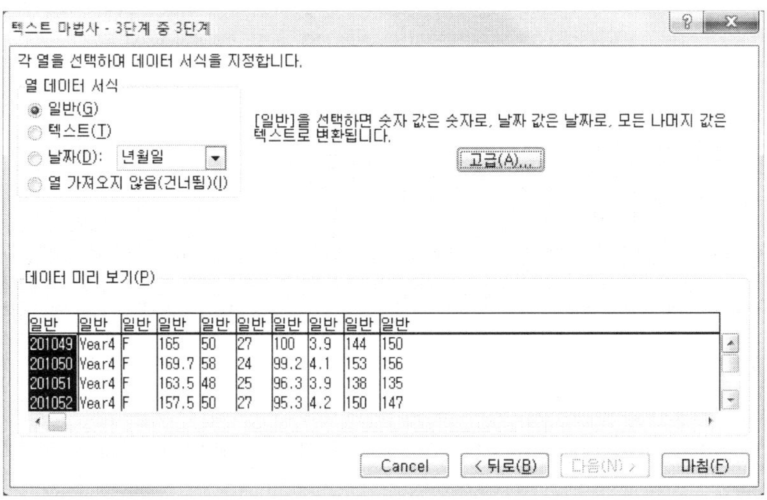
텍스트 마법사 - 3단계 중 3단계
각 열을 선택하여 데이터 서식을 지정합니다.
열 데이터 서식
일반(G)
텍스트(T)
날짜(D): 년월일
열 가져오지 않음(건너뜀)(I)
[일반]을 선택하면 숫자 값은 숫자로, 날짜 값은 날짜로, 모든 나머지 값은 텍스트로 변환됩니다.
고급(A)...
데이터 미리 보기(P)
일반 일반 일반 일반 일반 일반 일반 일반 일반 일반
201049 Year4 F 165 50 27 100 3.9 144 150
201050 Year4 F 169.7 58 24 99.2 4.1 153 156
201051 Year4 F 163.5 48 25 96.3 3.9 138 135
201052 Year4 F 157.5 50 27 95.3 4.2 150 147
Cancel
< 뒤로(B)
다음(N) >
마침(F)

(4) SAS와 SPSS 자료를 R 자료로 생성하기

SAS와 SPSS에서 생성된 자료를 R 자료로 생성하기 위한 가장 간편한 방법은 각 소프트웨어에서 제공되는 저장 방법을 사용하여 엑셀자료로 저장한 후에 저장된 엑셀 파일을 RExcel 워크시트로 불러와서 앞에서 소개한 방법으로 R 자료로 생성하는 것이다. 즉, 어떤 자료도 일단 엑셀로 자료를 불러오면 R 자료로 쉽게 생성할 수 있기 때문에 SPSS와 SAS에서 생성된 자료를 엑셀자료로 저장하면, 앞에서 설명한 방법으로 이를 쉽게 R 자료로 생성할 수 있을 것이다. 결국, 다음과 같은 단계를 거쳐서 SPSS와 SAS의 분석용 자료도 RExcel에서 제공되는 메뉴를 활용하여 통계분석을 수행하기 위한 R 자료로 쉽게 생성할 수 있다.

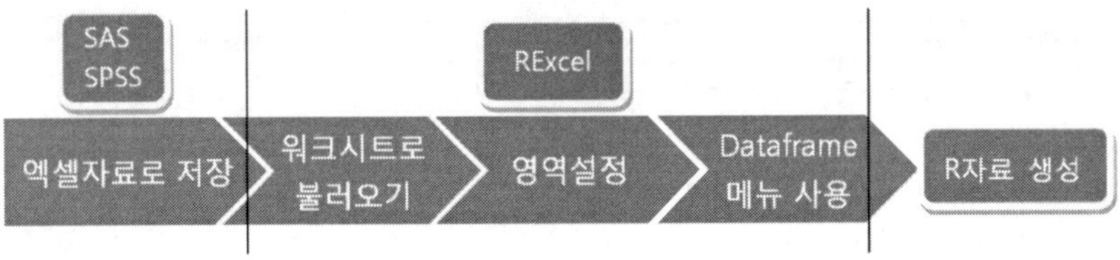

2.3 R 자료 저장하기

2.2절에서 설명한 방법으로 생성된 R 자료는 RExcel을 완전히 종료하고 난 후 RExcel을 다시 실행시킬 경우에는 더 이상 이 자료를 사용할 수 없다. 따라서 생성된 R 자료를 나중에 다시 사용하고자 하는 경우에는 꼭 저장을 하여야 한다. RExcel에서 R 자료를 저장하기 위해서는 다음의 메뉴를 선택하면 된다.

위와 같은 ***Save R Workspace as*** 메뉴를 선택해서 나타나는 **《다른 이름으로 저장》** 대화상자에서 저장하고자 하는 파일의 이름을 입력하면 쉽게 R 자료를 저장할 수 있다. 예를 들어 2.2절에서 만든 R 자료 ***DataA***를 저장해 보도록 하자. 먼저, R 자료 ***DataA***를 생성하기 위해서 RExcel를 실행시킨 후 엑셀자료 ***DataA.xls***를 불러온 다음 그림 2.5와 같이 영역을 설정한다. 그리고 ***Dataframe*** 메뉴를 선택해서 나타나는 **《Put dataframe in R》** 대화상자의 **dataframe name in R**에 **DataA**라고 입력하고, **OK** 버튼을 선택한다. 그러면 그림 2.6에서 볼 수 있는 것처럼 RExcel 화면의 **Dataset**부분에 **DataA**라고 나타나 있음을 알 수 있고, 이는 R 자료 **DataA**가 잘 생성된 것임을 의미하는 것이다.

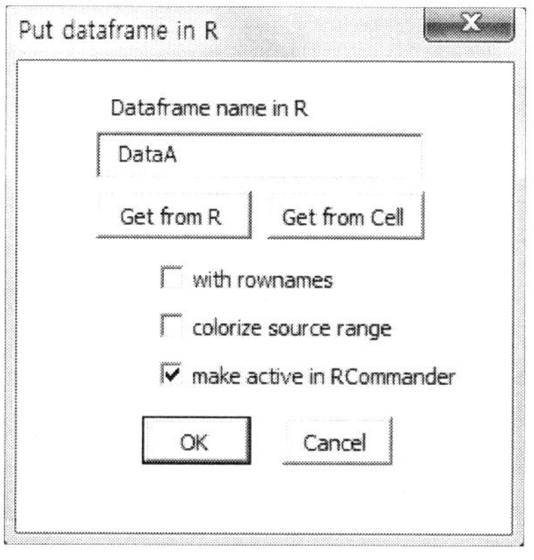

그림 2.5 엑셀 워크시트 자료의 선택

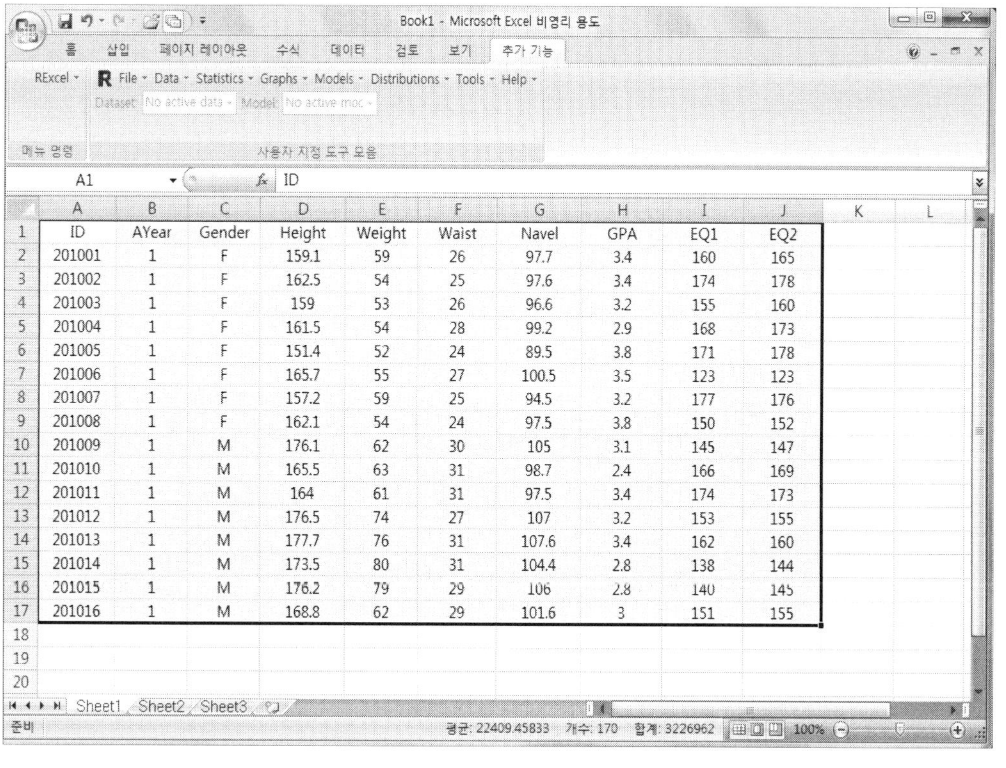

ID	AYear	Gender	Height	Weight	Waist	Navel	GPA	EQ1	EQ2
201001	1	F	159.1	59	26	97.7	3.4	160	165
201002	1	F	162.5	54	25	97.6	3.4	174	178
201003	1	F	159	53	26	96.6	3.2	155	160
201004	1	F	161.5	54	28	99.2	2.9	168	173
201005	1	F	151.4	52	24	89.5	3.8	171	178
201006	1	F	165.7	55	27	100.5	3.5	123	123
201007	1	F	157.2	59	25	94.5	3.2	177	176
201008	1	F	162.1	54	24	97.5	3.8	150	152
201009	1	M	176.1	62	30	105	3.1	145	147
201010	1	M	165.5	63	31	98.7	2.4	166	169
201011	1	M	164	61	31	97.5	3.4	174	173
201012	1	M	176.5	74	27	107	3.2	153	155
201013	1	M	177.7	76	31	107.6	3.4	162	160
201014	1	M	173.5	80	31	104.4	2.8	138	144
201015	1	M	176.2	79	29	106	2.8	140	145
201016	1	M	168.8	62	29	101.6	3	151	155

그림 2.6 RExcel 자료의 생성

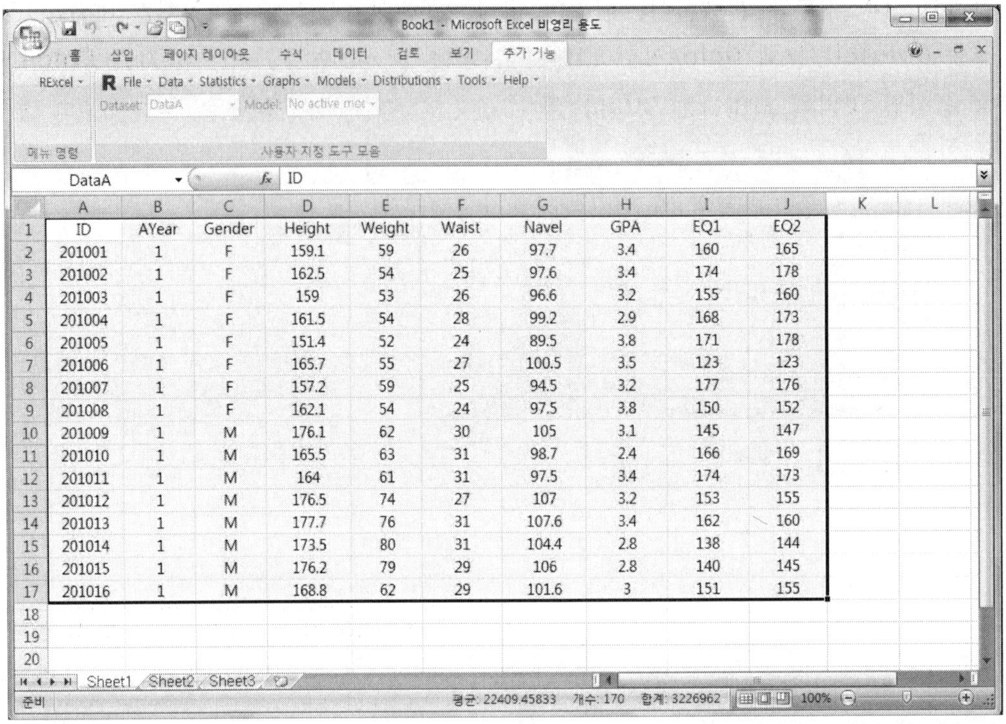

ID	AYear	Gender	Height	Weight	Waist	Navel	GPA	EQ1	EQ2
201001	1	F	159.1	59	26	97.7	3.4	160	165
201002	1	F	162.5	54	25	97.6	3.4	174	178
201003	1	F	159	53	26	96.6	3.2	155	160
201004	1	F	161.5	54	28	99.2	2.9	168	173
201005	1	F	151.4	52	24	89.5	3.8	171	178
201006	1	F	165.7	55	27	100.5	3.5	123	123
201007	1	F	157.2	59	25	94.5	3.2	177	176
201008	1	F	162.1	54	24	97.5	3.8	150	152
201009	1	M	176.1	62	30	105	3.1	145	147
201010	1	M	165.5	63	31	98.7	2.4	166	169
201011	1	M	164	61	31	97.5	3.4	174	173
201012	1	M	176.5	74	27	107	3.2	153	155
201013	1	M	177.7	76	31	107.6	3.4	162	160
201014	1	M	173.5	80	31	104.4	2.8	138	144
201015	1	M	176.2	79	29	106	2.8	140	145
201016	1	M	168.8	62	29	101.6	3	151	155

그림 2.7 R 자료의 저장

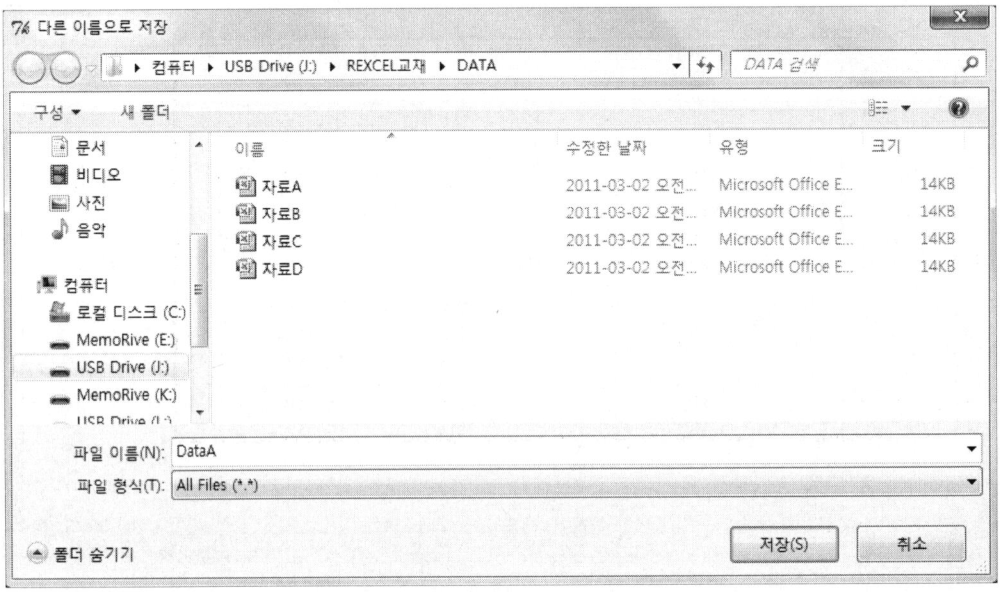

이제 생성된 R 자료를 나중에 다시 사용할 수 있도록 저장해 보자. 이를 위해서 **Save R Workspace as** 메뉴를 선택해서 나타나는 그림 2.7과 같은 **《다른 이름으로 저장》** 대화상자의 **파일이름**에 저장하고자 하는 이름인 **DataA**를 입력한 후 **저장** 버튼을 선택한다.

R 자료를 저장하는데 있어서 주의해야 할 점은 항상 저장하고자 하는 자료가 RExcel의 초기화면에 있는 Dataset 창에 유일하게 존재하여야 한다는 것이다. 따라서 R 자료파일로 저장하기 전에 먼저 2.5절에서 설명하는 방법으로 엑셀파일로 저장 한 후에 R 자료파일로 저장하고자 하는 자료만을 RExcel에서 불러온 후 **Save R Workspace as** 메뉴를 사용하여 저장하면 된다.

2.4 R 자료 불러오기

2.3절에서는 자료 파일을 R 자료로 저장하는 방법에 대해 설명하였다. 이렇게 저장된 R 자료를 RExcel에서 사용하기 위해서는 RExcel에서 사용할 수 있도록 불러와야 한다. 저장된 R 자료를 RExcel로 불러오기 위해서는 RExcel에서 다음과 같이 **Load data set** 메뉴를 선택하면 된다.

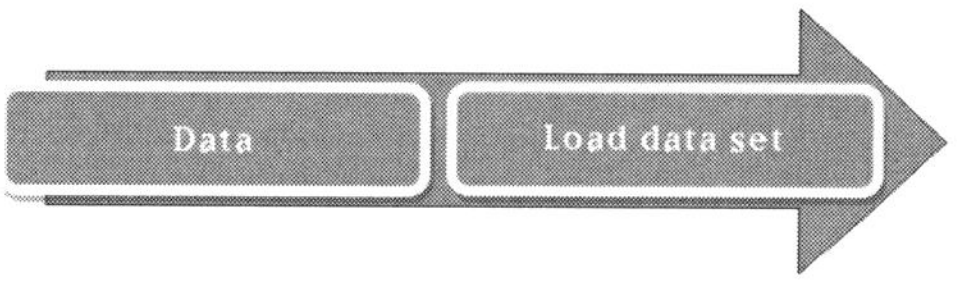

예를 들어 RExcel를 완전히 종료한 후에 다시 실행을 시킨 다음, 2.3절에서 저장한 R 자료 **DataA**를 사용이 가능한 R 자료로 불러오기 위해서는 그림 2.8과 같이 **Load data set** 메뉴를 선택해서 얻게 되는 **《열기》** 대화상자에서 열고자 하는 파일인 **DataA**를 선택한 다음 **열기** 버튼을 선택하면 된다. 그러면 그림 2.9처럼 RExcel 화면의 **Dataset** 부분에 **DataA**라고 나타나게 되는데, 이는 이 자료를 사용하여 RExcel 메뉴를 활용하여 통계적인 분석을 수행할 수 있다는 것이다.
이 때 RExcel의 워크시트에는 실제 자료가 나타나 있지 않은 것을 볼 수 있는데, 불러 온 R 자료를 워크시트 상으로 불러오는 방법은 다음 2.5절에서 자세히 설명을 하였으니 참고하기 바란다.

그림 2.8 R 자료 불러오기

그림 2.9 R 자료 불러오기

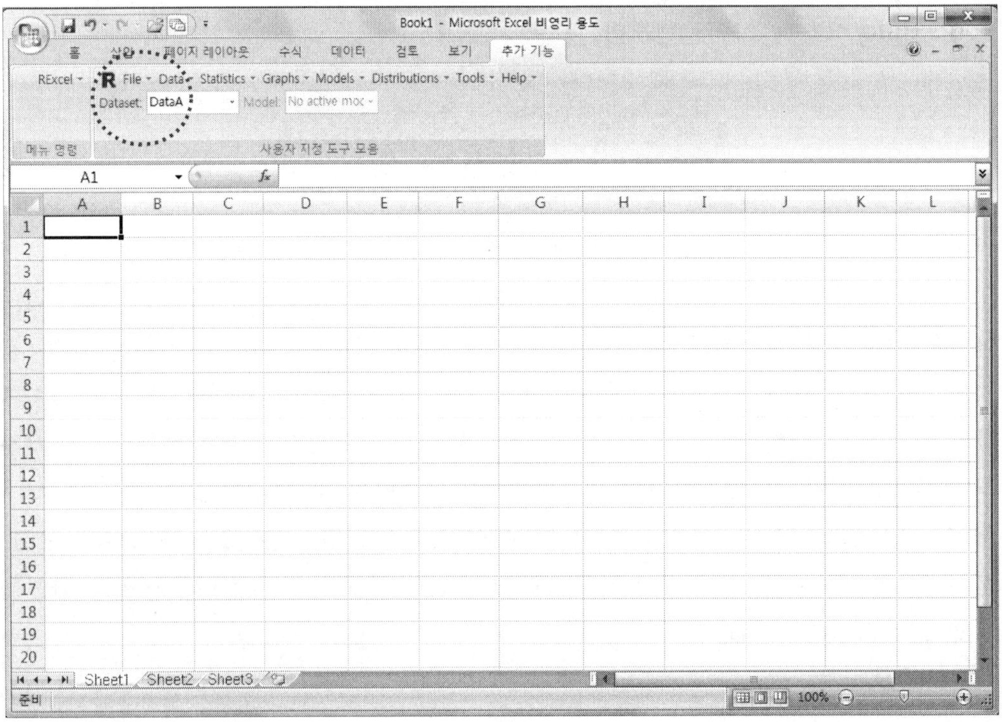

2.5 R 자료를 워크시트로 읽고 엑셀파일로 저장하기

저장된 R 자료파일은 2.4절에서 설명한 **Load data set** 메뉴를 이용하여 불러올 수 있고, 불러온 자료를 RExcel에서 제공되는 다양한 메뉴를 사용하여 통계분석을 수행할 수 있다. 그러나 워크시트 상에서 원래의 자료 자체를 볼 수는 없다. 따라서 불려진 R 자료를 워크시트 상으로 불러올 필요가 있는데, 이를 위해서는 RExcel에서 다음의 메뉴를 선택함으로써 시작할 수 있다.

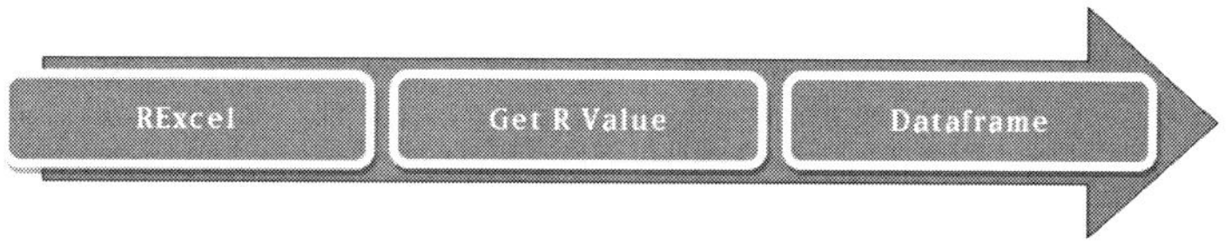

예를 들어 RExcel를 완전히 종료한 후 다시 실행시킨 다음 2.4절에서 설명한 방법으로 저장되었던 R 자료 ***dataA***를 불어오는 경우에 RExcel 화면의 Dataset부분에 ***DataA***라고 나타나게 되고, 이 자료를 사용할 수 있다. 그러나 RExcel 워크시트에는 그림 2.9와 같이 원 자료가 나타나 있지 않아서 원 자료를 볼 수도 없고, 엑셀 파일로도 저장을 할 수 없다는 문제가 있다.

이 때, 위의 ***Dataframe*** 메뉴를 선택해서 얻게 되는 《***Get dataframe from R***》 대화상자에서 ***Get from R*** 탭을 선택한다. 그러면 《***Select dataframe***》 대화상자가 나타나고, 이 때 《***Select dataframe***》 대화상자에서 목록버튼인 화살표버튼을 클릭하여 파일 리스트 중에서 원하는 파일의 이름인 ***DataA***를 선택하고 **OK** 버튼을 클릭하면, 그림 2.10과 같이 RExcel의 워크시트에 원하는 자료를 불러올 수 있게 된다.

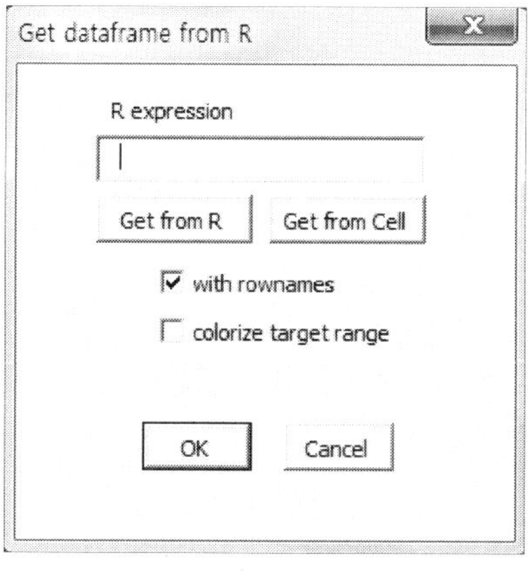

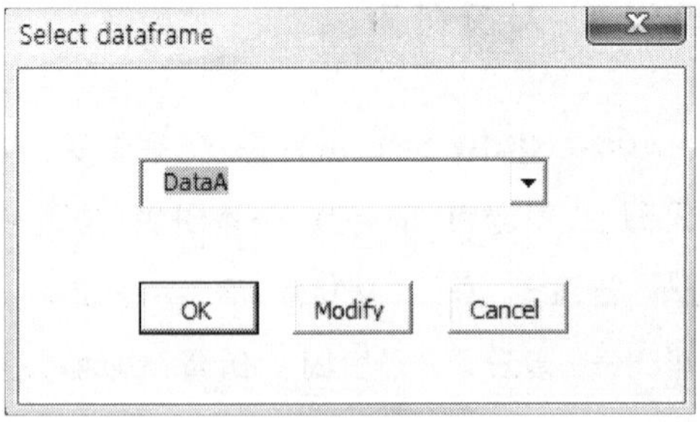

그림 2.10 불러온 R 자료를 워크시트로 읽기

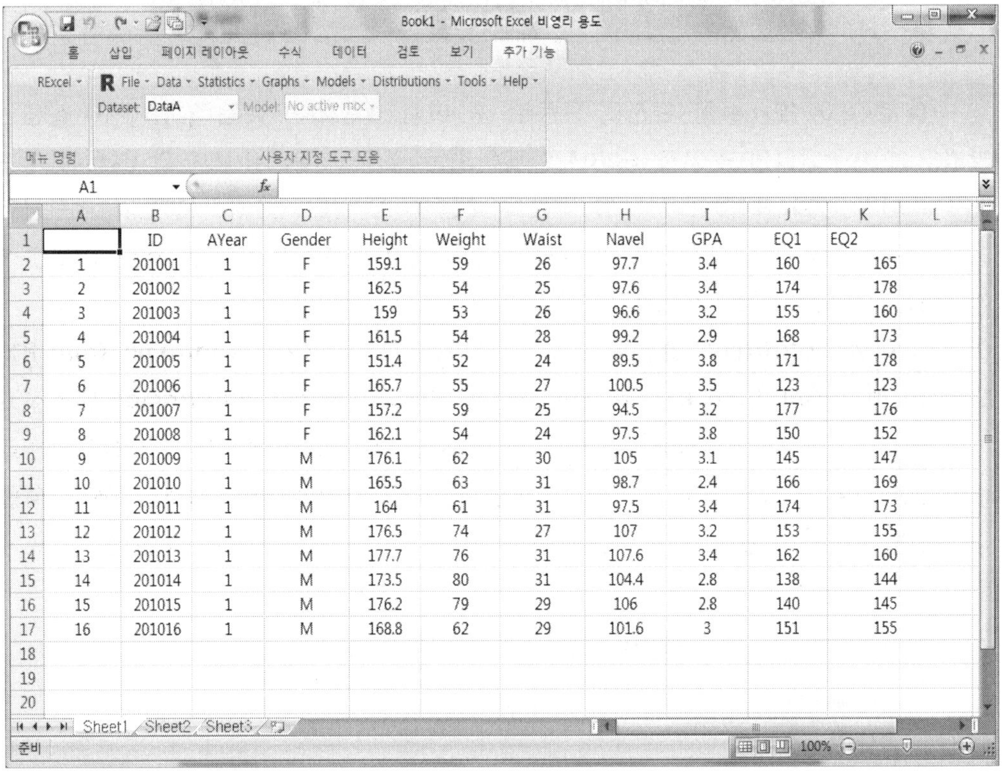

	A	B	C	D	E	F	G	H	I	J	K	L
1		ID	AYear	Gender	Height	Weight	Waist	Navel	GPA	EQ1	EQ2	
2	1	201001	1	F	159.1	59	26	97.7	3.4	160	165	
3	2	201002	1	F	162.5	54	25	97.6	3.4	174	178	
4	3	201003	1	F	159	53	26	96.6	3.2	155	160	
5	4	201004	1	F	161.5	54	28	99.2	2.9	168	173	
6	5	201005	1	F	151.4	52	24	89.5	3.8	171	178	
7	6	201006	1	F	165.7	55	27	100.5	3.5	123	123	
8	7	201007	1	F	157.2	59	25	94.5	3.2	177	176	
9	8	201008	1	F	162.1	54	24	97.5	3.8	150	152	
10	9	201009	1	M	176.1	62	30	105	3.1	145	147	
11	10	201010	1	M	165.5	63	31	98.7	2.4	166	169	
12	11	201011	1	M	164	61	31	97.5	3.4	174	173	
13	12	201012	1	M	176.5	74	27	107	3.2	153	155	
14	13	201013	1	M	177.7	76	31	107.6	3.4	162	160	
15	14	201014	1	M	173.5	80	31	104.4	2.8	138	144	
16	15	201015	1	M	176.2	79	29	106	2.8	140	145	
17	16	201016	1	M	168.8	62	29	101.6	3	151	155	
18												
19												
20												

지금까지 설명한 방법으로 R 워크시트에 불러진 R 자료는 엑셀의 메뉴로부터 쉽게 엑셀파일로 저장이 가능하고, 언제든지 엑셀에서 저장된 자료를 불러올 수 있다. 따라서 이렇게 저장된 엑셀파일을 R 자료로 읽어서 R 자료파일로 저장하면 원 자료파일인 엑셀파일 없이도 RExcel에서 통계분석을 수행할 수 있다.

한편, active 파일로 지정되어 있는 R 자료를 워크시트로 불러오기 위해서는 다음과 같이 단순히 오른쪽 마우스 버튼을 클릭하여 **Get Active Dataframe** 메뉴를 선택해도 된다.

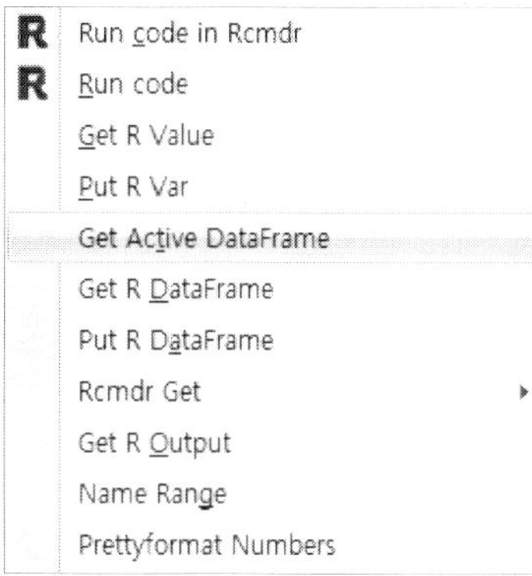

𝓡 실습 2-1

❶ 생성된 R 자료 DataB를 저장장치(C 또는 USB)에 저장하여라.
❷ 생성된 R 자료 DataC를 저장장치(C 또는 USB)에 저장하여라.
❸ 생성된 R 자료 DataD를 저장장치(C 또는 USB)에 저장하여라.

RExcel 자료의 생성과 관련된 메뉴

RExcel 메뉴	사용 목적
RExcel → Put R Var → Dataframe	엑셀 워크시트를 사용하여 R 자료 생성하기
Data → New data set	R 자료편집기를 사용하여 R 자료 생성하기
Data → Import data → From Text File	텍스트 파일의 R 자료 생성
File → Save R Workspace as	R 자료 저장하기
Data → Load data set	R 자료 불러오기
RExcel → Get R Value → Dataframe	R 자료를 워크시트로 읽기

제 3장

R 자료파일의 관리

3.1 자료 파일 합치기
3.2 케이스 선택하기
3.3 변수 선택하기
3.4 Active자료의 변수확인
3.5 요약변수를 갖는 자료의 생성
3.6 여러 개 변수를 하나의 새로운 변수로 생성하기

3.1 자료 파일 합치기

2개 이상의 R 자료파일을 합치고자 할 때 **Merge data sets** 메뉴를 이용한다. 현재 RExcel 초기화면의 **Dataset** 창에 있는 자료파일을 합쳐서 새로운 파일을 만들 수 있다. 자료파일을 합치는 것은 관측치를 추가하는 경우와 변수를 추가하는 두 가지 방법이 있다. 먼저 관측치를 추가하는 방법을 살펴보자. 관측치를 합치고자 하는 경우에는 기본적으로 합치고자 하는 두 자료파일이 동일한 변수를 가지고 있어야 하는데, 그렇지 않은 경우에는 대응되지 않는 변수를 처리하는 방법을 지정해주어야 한다. R 자료파일의 관측치를 합치기 위해서는 다음의 메뉴를 선택한다.

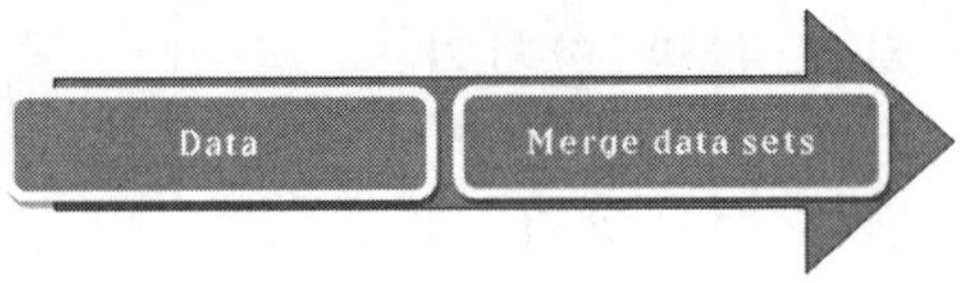

예를 들어 1학년 학생들의 자료파일 **DataA**와 2학년 학생들의 자료파일인 **DataB**의 관측치를 합쳐서 1학년과 2학년 학생들의 자료파일 **DataAB**를 구성해보자. 먼저, **Load data set** 메뉴를 사용하여 합치고자 하는 두 R 자료파일인 **DataA**와 **DataB**를 불러오도록 한다. 성공적으로 잘 불러왔다면 RExcel 초기화면의 **Dataset** 창에 두개의 R 자료파일인 **DataA**와 **DataB**가 나타나게 된다. 이제, 두 파일의 관측치를 합치기 위해서 **Merge data sets** 메뉴를 선택하면, 다음과 같은 《**Merge data sets**》 대화상자가 나타난다.

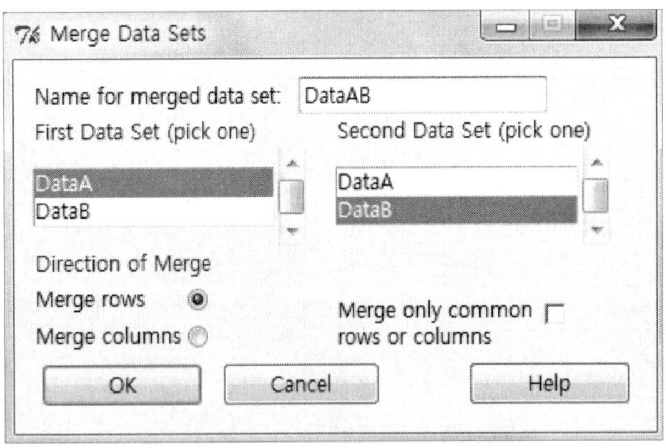

이 때, 두 파일의 관측치를 합친 후의 자료파일의 이름인 **DataAB**를 **Name for merged data set**에 입력하고, 합치고자 하는 두 파일을 **First Data Set**과 **Second**

Data Set에서 각각 선택한다. 그리고 관측치를 합치고자 하기 때문에 **Merge rows**를 선택한 다음 **OK**를 클릭하면 된다. 그러면 REXcel 초기화면의 **Dataset** 창에 새롭게 생성된 R 자료파일인 **DataAB**가 나타나게 된다. 물론, **Load data set** 메뉴를 사용하여 그림 3.1과 같이 REXcel의 워크시트로 자료를 불러올 수 있으며, 이 때 1학년과 2학년 학생들의 자료파일이 합쳐져 있는 것을 확인할 수 있다.

그림 3.1 두 R 자료파일 합치기

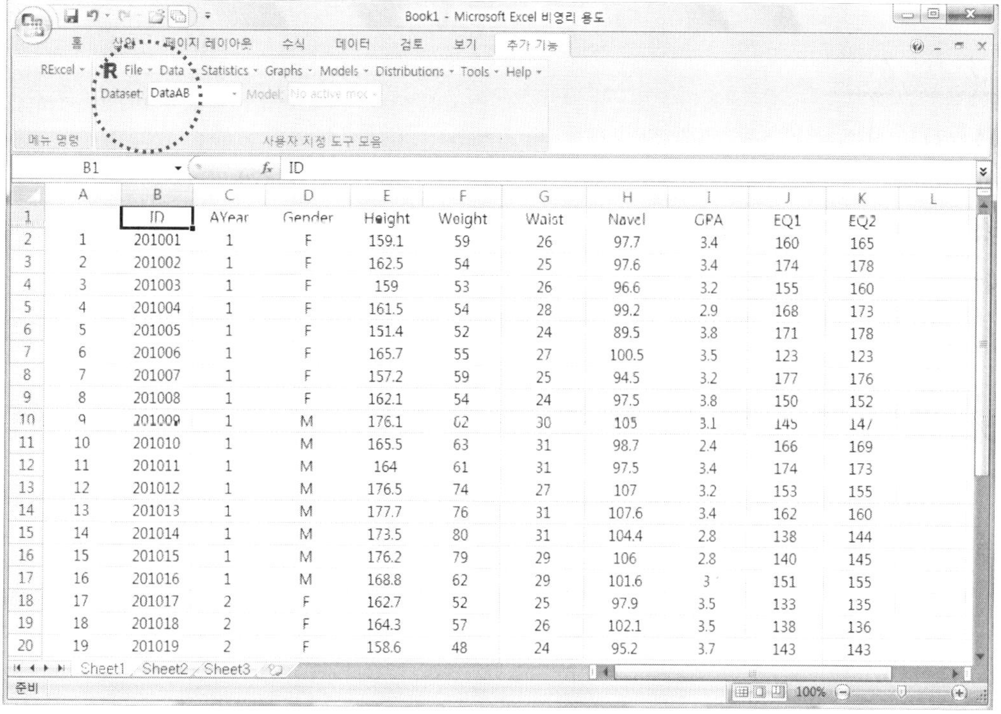

	A	B	C	D	E	F	G	H	I	J	K
1		ID	AYear	Gender	Height	Weight	Waist	Navel	GPA	EQ1	EQ2
2	1	201001	1	F	159.1	59	26	97.7	3.4	160	165
3	2	201002	1	F	162.5	54	25	97.6	3.4	174	178
4	3	201003	1	F	159	53	26	96.6	3.2	155	160
5	4	201004	1	F	161.5	54	28	99.2	2.9	168	173
6	5	201005	1	F	151.4	52	24	89.5	3.8	171	178
7	6	201006	1	F	165.7	55	27	100.5	3.5	123	123
8	7	201007	1	F	157.2	59	25	94.5	3.2	177	176
9	8	201008	1	F	162.1	54	24	97.5	3.8	150	152
10	9	201009	1	M	176.1	62	30	105	3.1	145	147
11	10	201010	1	M	165.5	63	31	98.7	2.4	166	169
12	11	201011	1	M	164	61	31	97.5	3.4	174	173
13	12	201012	1	M	176.5	74	27	107	3.2	153	155
14	13	201013	1	M	177.7	76	31	107.6	3.4	162	160
15	14	201014	1	M	173.5	80	31	104.4	2.8	138	144
16	15	201015	1	M	176.2	79	29	106	2.8	140	145
17	16	201016	1	M	168.8	62	29	101.6	3	151	155
18	17	201017	2	F	162.7	52	25	97.9	3.5	133	135
19	18	201018	2	F	164.3	57	26	102.1	3.5	138	136
20	19	201019	2	F	158.6	48	24	95.2	3.7	143	143

만약 관측치가 아닌 변수를 합치고자 하는 경우에는 《**Merge data sets**》 대화상자에서 **Merge rows**가 아닌 **Merge columns**를 선택하면 되는데, 그림 3.2를 참조하면 이해에 도움이 된다. 결국, 자료파일을 합치는 경우에 그림 3.2와 같이 관측치를 추가하는 경우와 변수를 추가하는 경우에 따라 각각 《**Merge data sets**》 대화상자에 서로 다른 옵션을 선택하여야 한다는 점에 주의하여야 한다.

그림 3.2 파일 합치기의 형태

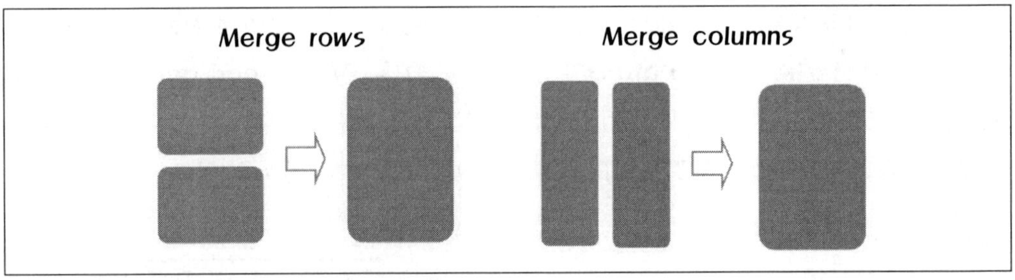

R 실습 3-1

❶ R 자료 DataC와 DataD의 관측치를 합쳐서 DataCD를 생성하여라.

❷ 생성된 R 자료 DataCD를 저장장치(C 또는 USB)에 저장하여라.

❸ R 자료 DataAB와 DataCD의 관측치를 합쳐서 전체자료인 Data를 생성하여라.

❹ 생성된 R 자료 Data를 저장장치(C 또는 USB)에 저장하여라.

3.2 케이스 선택하기

기존의 R 자료파일로부터 특정 케이스만 선택하여 그것만으로 이루어진 새로운 R 자료파일을 생성하고자 하는 경우에는 **Subset active data set** 메뉴를 사용할 수 있다. 즉, 전체 자료 중 특정 케이스만을 선택하여 새로운 자료파일을 생성하고자 할 때는 다음의 메뉴를 선택하면 된다.

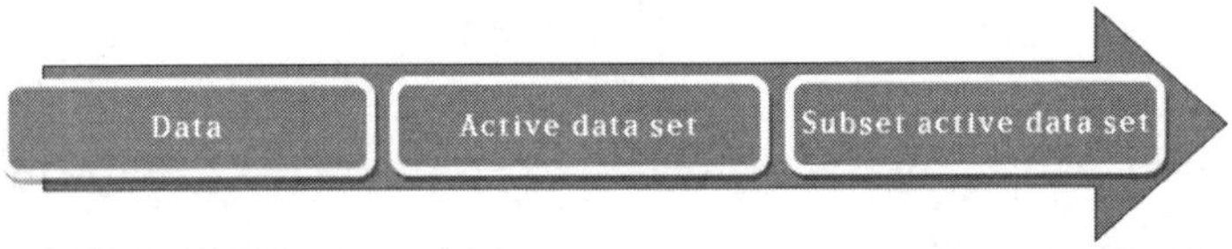

예를 들어 3.1절에서 생성하였던 R 자료 **Data**로부터 여학생들로만 이루어진 자료파일 **DataF**를 만들어 보자. 먼저, R 자료 **Data**를 불러와야 하는데, 만약 이미 불러온 상태라면 RExcel 초기화면의 **Dataset** 창에서 **Data**를 선택하여 active 파일로 지정한다. 그리고 특정 케이스로만 이루어진 데이터 파일을 생성하기 위해서 **Data** 메뉴의 **Subset active data set**메뉴를 선택하면, 다음과 같은 《**Subset Data Set**》 대화상자가 나타난다. 이 때, **Subset expression**에 **Gender=="F"**라고 입력한 후 새롭게 생성되는 자료파일의 이름인 **DataF**를 **Name for new data set**에 입력하고 **OK**를 클릭하면 된다. 그러면 REXcel 초기화면의 **Dataset** 창에 새롭게 생성된 R 자료파일인 **DataF**가 나타나게 된다. 그림 3.3은 새롭게 생성된 **DataF**의 자료인데, 원했던 것처럼 여학생들로만 이루어진 자료임을 알 수 있다.

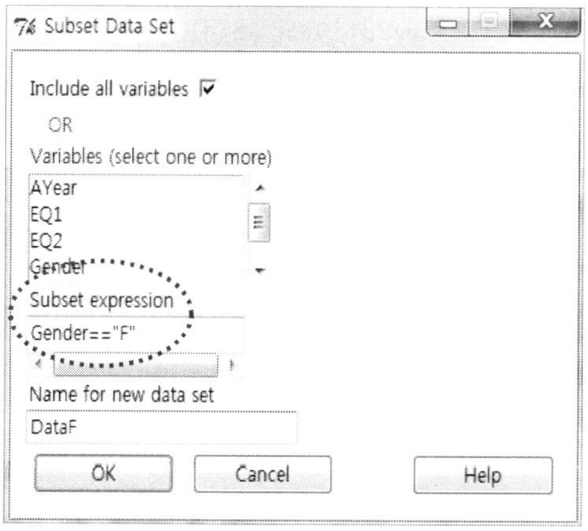

그림 3.3 여학생들만 선택된 자료

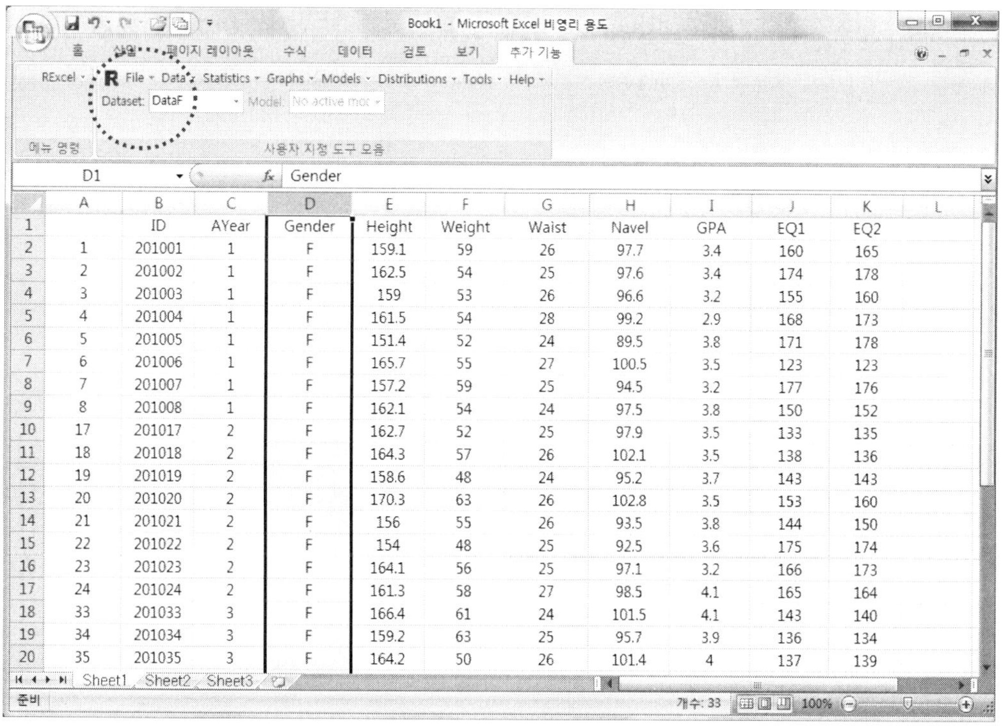

	A	B	C	D	E	F	G	H	I	J	K
1		ID	AYear	Gender	Height	Weight	Waist	Navel	GPA	EQ1	EQ2
2	1	201001	1	F	159.1	59	26	97.7	3.4	160	165
3	2	201002	1	F	162.5	54	25	97.6	3.4	174	178
4	3	201003	1	F	159	53	26	96.6	3.2	155	160
5	4	201004	1	F	161.5	54	28	99.2	2.9	168	173
6	5	201005	1	F	151.4	52	24	89.5	3.8	171	178
7	6	201006	1	F	165.7	55	27	100.5	3.5	123	123
8	7	201007	1	F	157.2	59	25	94.5	3.2	177	176
9	8	201008	1	F	162.1	54	24	97.5	3.8	150	152
10	17	201017	2	F	162.7	52	25	97.9	3.5	133	135
11	18	201018	2	F	164.3	57	26	102.1	3.5	138	136
12	19	201019	2	F	158.6	48	24	95.2	3.7	143	143
13	20	201020	2	F	170.3	63	26	102.8	3.5	153	160
14	21	201021	2	F	156	55	26	93.5	3.8	144	150
15	22	201022	2	F	154	48	25	92.5	3.6	175	174
16	23	201023	2	F	164.1	56	25	97.1	3.2	166	173
17	24	201024	2	F	161.3	58	27	98.5	4.1	165	164
18	33	201033	3	F	166.4	61	24	101.5	4.1	143	140
19	34	201034	3	F	159.2	63	25	95.7	3.9	136	134
20	35	201035	3	F	164.2	50	26	101.4	4	137	139

만약 모든 변수가 아닌 일부의 특정변수로 이루어진 여학생 파일을 만들고 싶으면 《**Subset Data Set**》 대화상자에서 **Include all variables**의 선택표시를 제거하고 **Variables**에서 원하는 특정변수만을 선택하면 된다.

RExcel에서는 표 3.1에 나타나 있는 형태의 비교연산자를 사용할 수 있으므로, 이를 참조하여 《**Subset Data Set**》 대화상자의 **Subset expression**에서 사용하면 된다.

표 3.1 비교연산자

연산자	기능	연산자	기능
==	같다	<	작다
!=	같지 않다	>=	크거나 같다
>	크다	<=	작거나 같다

평균평점(GPA)과 같은 수치변수를 사용하여 특정 관측치로 이루어진 자료를 생성하고자 하는 경우에도 **Subset active data set** 메뉴를 사용하면 된다. 예를 들어 3.1절에서 생성하였던 R 자료 **Data**로부터 평균평점(GPA)이 4.0이상인 학생들로만 이루어진 자료파일 **DataG**를 만들어 보자. 먼저, R 자료 **Data**를 불러와야 하는데, 만약 이미 불러온 상태라면 RExcel 초기화면의 **Dataset** 창에서 **Data**를 선택하여 active 파일로 지정한다. 그리고 특정 케이스로만 이루어진 자료파일을 생성하기 위해서 **Subset active data set** 메뉴로부터 얻게 되는 《**Subset Data Set**》 대화상자에서 다음과 같이 입력하면 된다. 그러면 RExcel 초기화면의 **Dataset** 창에 새롭게 생성된 R 자료파일인 **DataG**가 나타나게 된다.

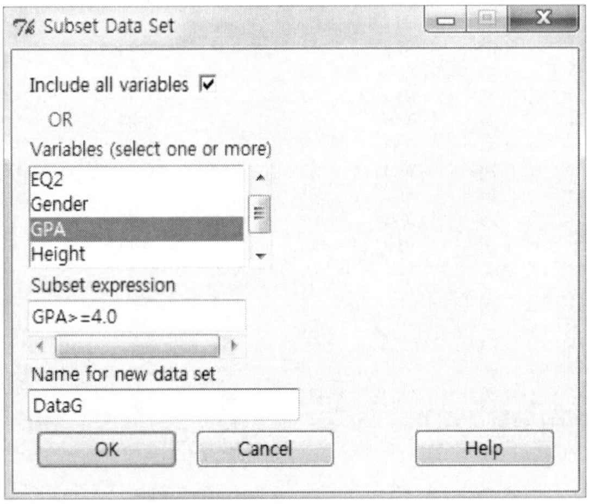

그림 3.4는 새롭게 생성된 **DataG**의 자료인데 평점이 4.00이상인 학생들만 포함된 자료임을 알 수 있다.

그림 3.4 평점이 4.00이상인 학생으로 이루어진 자료

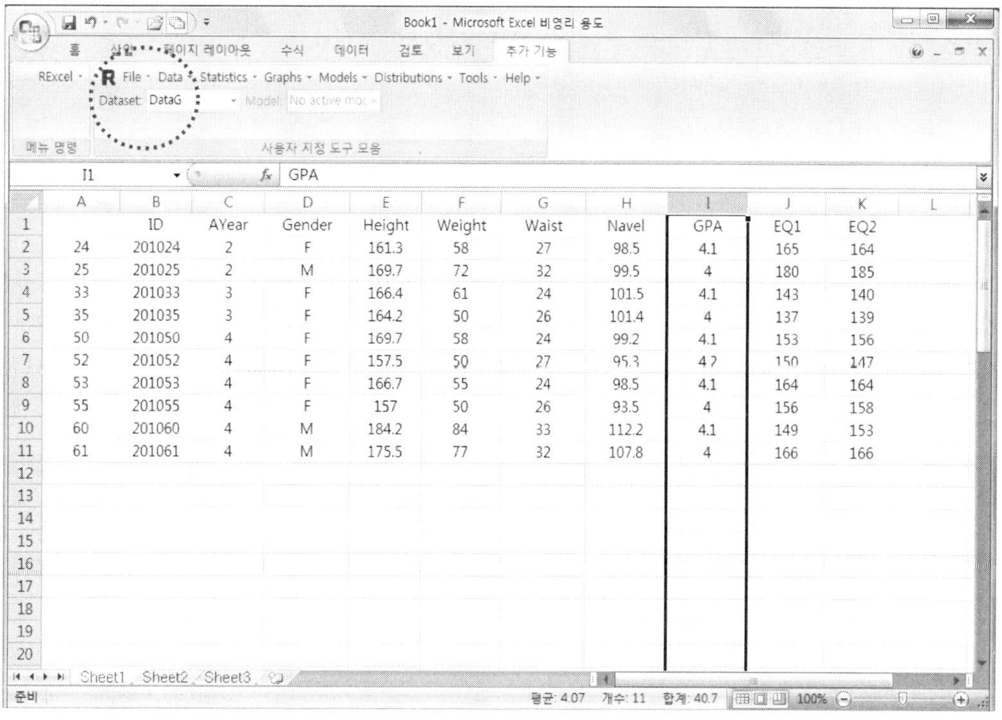

	ID	AYear	Gender	Height	Weight	Waist	Navel	GPA	EQ1	EQ2
24	201024	2	F	161.3	58	27	98.5	4.1	165	164
25	201025	2	M	169.7	72	32	99.5	4	180	185
33	201033	3	F	166.4	61	24	101.5	4.1	143	140
35	201035	3	F	164.2	50	26	101.4	4	137	139
50	201050	4	F	169.7	58	24	99.2	4.1	153	156
52	201052	4	F	157.5	50	27	95.3	4.2	150	147
53	201053	4	F	166.7	55	24	98.5	4.1	164	164
55	201055	4	F	157	50	26	93.5	4	156	158
60	201060	4	M	184.2	84	33	112.2	4.1	149	153
61	201061	4	M	175.5	77	32	107.8	4	166	166

3.3 변수 선택하기

이 절에서는 기존의 R 자료파일로부터 특정 변수만을 선택하여 이 변수들만 포함하는 새로운 R 자료파일을 생성하고자 하는 경우에 대하여 설명하고자 하는데, 이런 경우에는 3.2절에서 특정 케이스만 선택하여 그것만으로 이루어진 새로운 R 자료파일을 생성할 때 사용했던 ***Subset active data set*** 메뉴를 사용하면 된다. 즉, 전체 변수 중 특정 변수만을 선택하여 새로운 자료파일을 생성하고자 할 때는 다음과 같이 메뉴를 선택하면 된다.

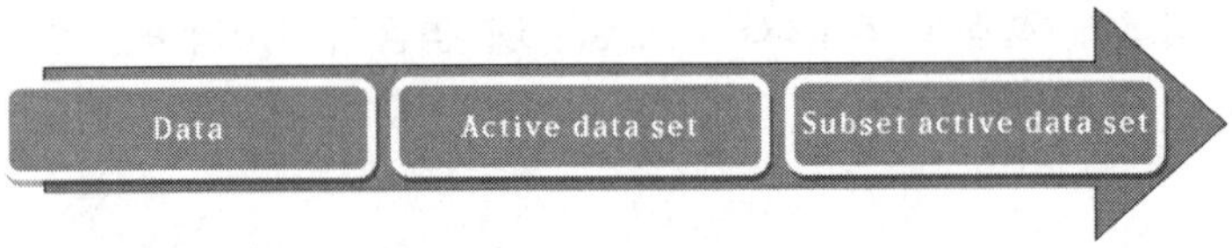

예를 들어 3.1절에서 생성하였던 R 자료 **Data**로부터 학번(ID), 성별(Gender), 평점(GPA)으로 이루어진 자료파일 **DataGG**를 만들어 보자.
먼저, R 자료 **Data**를 불러와야 하는데, 만약 이미 불러온 상태라면 RExcel 초기화면의 **Dataset** 창에서 **Data**를 선택하여 active 파일로 지정한다. 그리고 특정 변수로만 이루어진 데이터 파일을 생성하기 위해서 **Data** 메뉴의 **Subset active data set** 메뉴를 선택하면, 다음과 같은 《**Subset Data Set**》 대화상자가 나타난다.
이 때, **Subset expression** 창에서 **Include all variables**의 선택표시를 제거하고, **Variables**에서 필요한 변수인 **ID**, **Gender**, **GPA**를 선택한다. 그리고 **Subset expression**에 **<all cases>**라고 되어있는 것을 그대로 두고, 새롭게 생성되는 자료파일의 이름인 **DataGG**를 **Name for new data set**에 입력하고 **OK**를 클릭하면 된다. 그러면 RExcel 초기화면의 **Dataset** 창에는 새롭게 생성된 R 자료파일인 **DataGG**가 나타나게 되는데, 이 자료는 기존의 R 자료인 **Data**중에서 학번(ID), 성별(Gender), 평점(GPA)만 포함하게 된다.

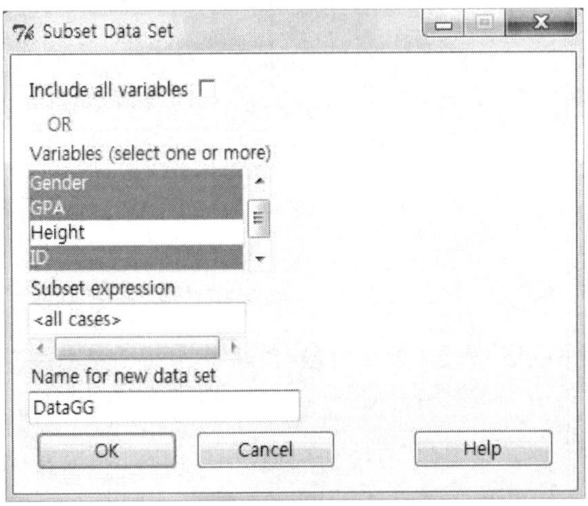

그림 3.5는 위와 같은 방법으로 새롭게 생성한 **DataGG**의 자료인데 처음에 원했던 것처럼 학번(ID), 성별(Gender), 평점(GPA)으로만 이루어진 자료임을 알 수 있다.

그림 3.5 특정변수의 선택

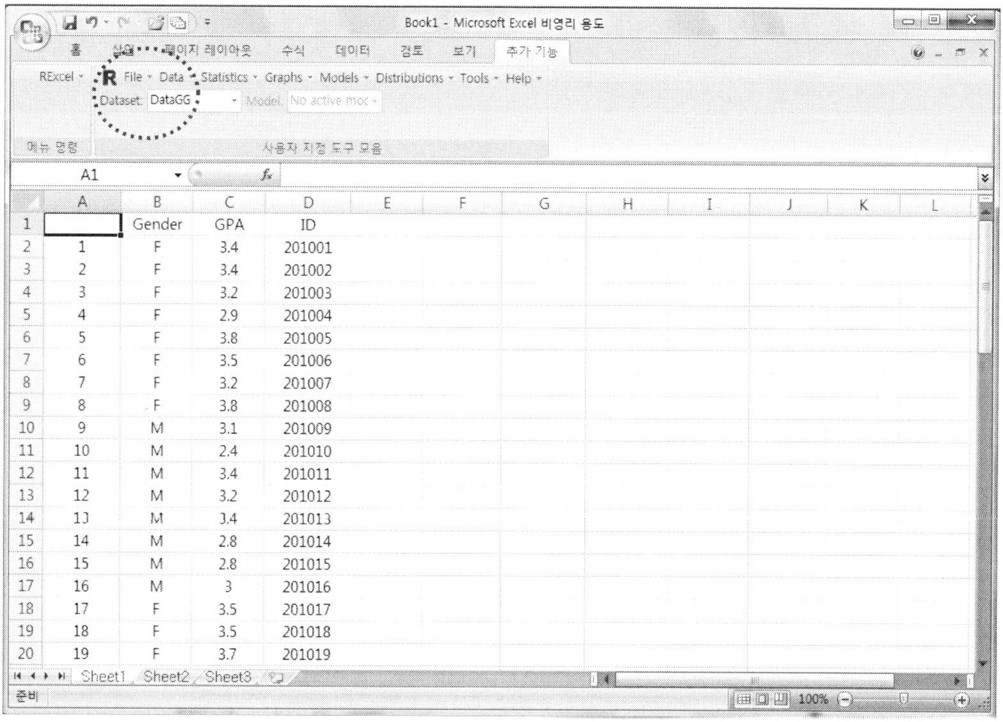

3.4 Active자료의 변수확인

REXcel의 초기화면의 **Dataset** 창에서 Active 자료로 지정된 R 자료를 구성하고 있는 변수를 확인하고 싶은 경우에는 다음과 같이 ***Variables in active data set*** 메뉴를 사용하면 된다.

예를 들어 R 자료 **Data**를 구성하고 있는 변수를 확인하고자 할 때에는, 위에서 설명한 것처럼 ***Variables in active data set*** 메뉴를 사용한다. 먼저, 변수를 확인하고자 하는 자료 파일인 **Data**를 초기화면의 **Dataset** 창에서 Active 자료로 지정한 후 ***Variables in active data set*** 메뉴를 선택한다. 그러면 그림 3.6과 같이 **R**

Commander 창의 **Output Window**에 R 자료인 **Data**를 구성하고 있는 변수 ID, Ayear, Gender, Height, Weight, Navel, GPA, EQ1, EQ2를 출력시켜 준다.

그림 3.6 active 자료의 변수확인

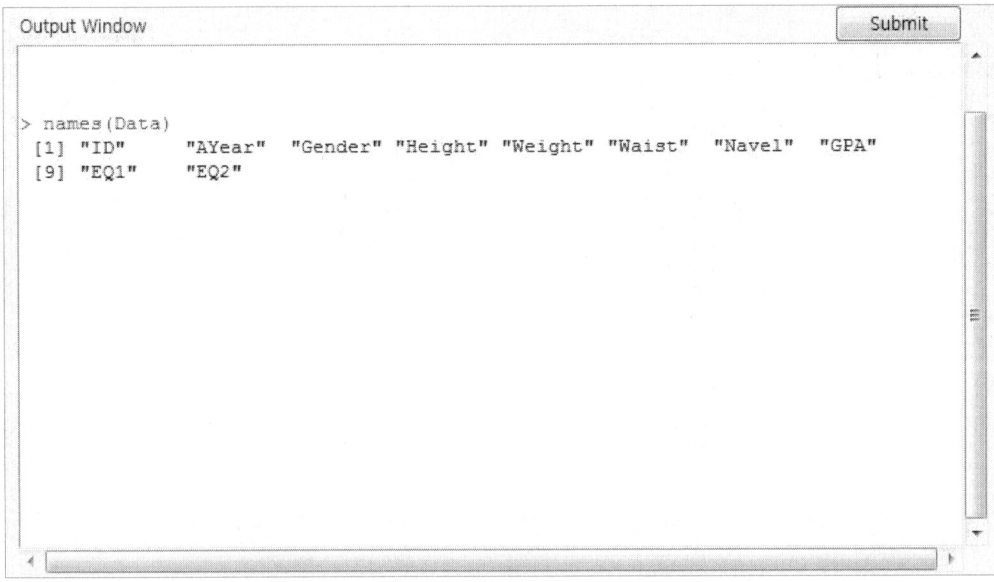

3.5 요약변수를 갖는 자료생성

기존의 R 자료에서 기준(그룹, 요인)변수 별로 평균 또는 합을 계산한 후에, 구해진 평균 또는 합의 값을 관측치로 갖는 새로운 R 자료를 생성하고자 하는 경우에 ***Aggregate variables in active data set*** 메뉴를 사용한다.

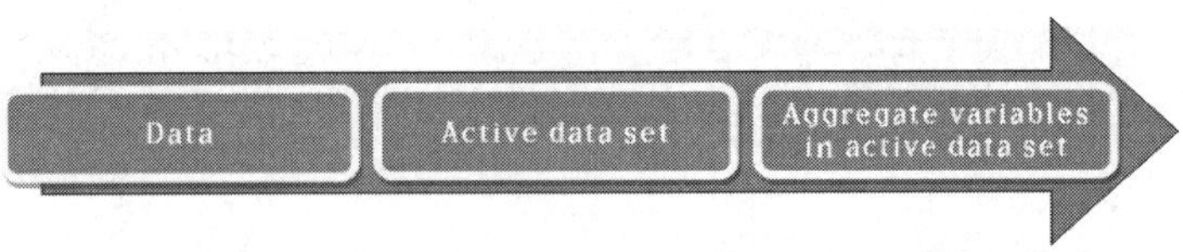

예를 들어 R 자료 **Data**를 사용하여 남녀 학생별 평균을 변수로 갖는 새로운 R 자료를 생성해 보자. ***Aggregate variables in active data set*** 메뉴를 선택해서 얻게 되는 《***Aggregate Observations***》 대화상자에서 새로 생성되는 R 자료의 이름을 입력하고, 기준변수와 평균이 구해질 변수를 선택하면 된다. 즉, **Name for**

aggregated data set에 새로 생성되는 R 자료의 이름인 Avg_Gen을 입력하고, **Variables to aggregate** 창에서는 평균을 구할 변수인 GPA를 선택한다. 그리고 **Aggregate by** 창에서 기준(그룹, 요인)변수인 Gebder를 지정하고, **Statistic**은 **Mean**을 선택한 다음 **OK**를 클릭한다. 그러면 그림 3.7과 같은 새로운 R 자료인 Avg_Gen을 얻을 수 있다.

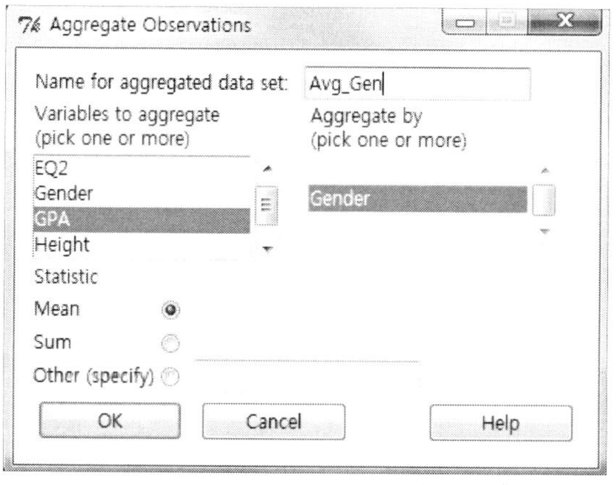

그림 3.7 요약변수를 갖는 자료의 생성

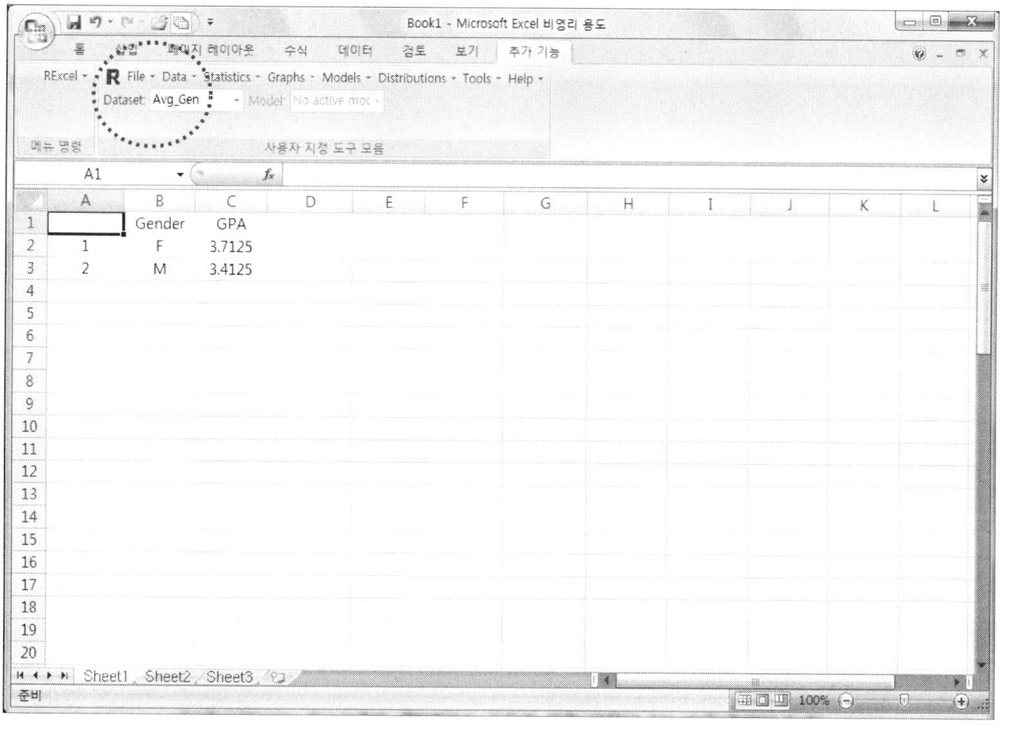

3.6 여러 개 변수를 하나의 새로운 변수로 생성하기

그림 3.8과 같이 입력되어 있는 R 자료를 그림 3.9와 같은 형태의 R 자료로 변환하고자 하는 경우가 있을 수 있는데, 이러한 경우에는 다음과 같이 선택해서 얻게 되는 ***Stack variables in active data set*** 메뉴를 이용하면 쉽게 해결할 수 있다.

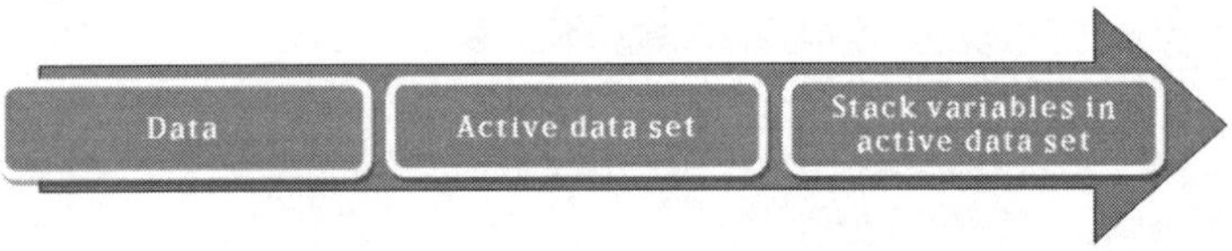

먼저, 실습을 위해서 그림 3.8과 같은 자료를 포함하는 R 자료 GPA를 생성하도록 한다. R 자료 GPA를 Active 자료로 지정한 후 ***Stack variables in active data set*** 메뉴를 선택해서 얻게 되는 《***Stack Variables***》 대화상자의 ***Variables***에 필요한 변수를 모두 선택한 다음 새로 생성되는 R 자료의 이름 ***GPA_S***를 ***Name for stacked data set***에 입력하고, 합쳐지는 변수의 이름에 ***GPA***라고 입력한다. 그리고 합쳐지는 자료를 구분하는 그룹(요인)을 나타내는 변수이름을 ***AYear***라고 지정해 주면 그림 3.9와 같은 형태의 R 자료를 쉽게 생성할 수 있다.

그림 3.8 원 자료

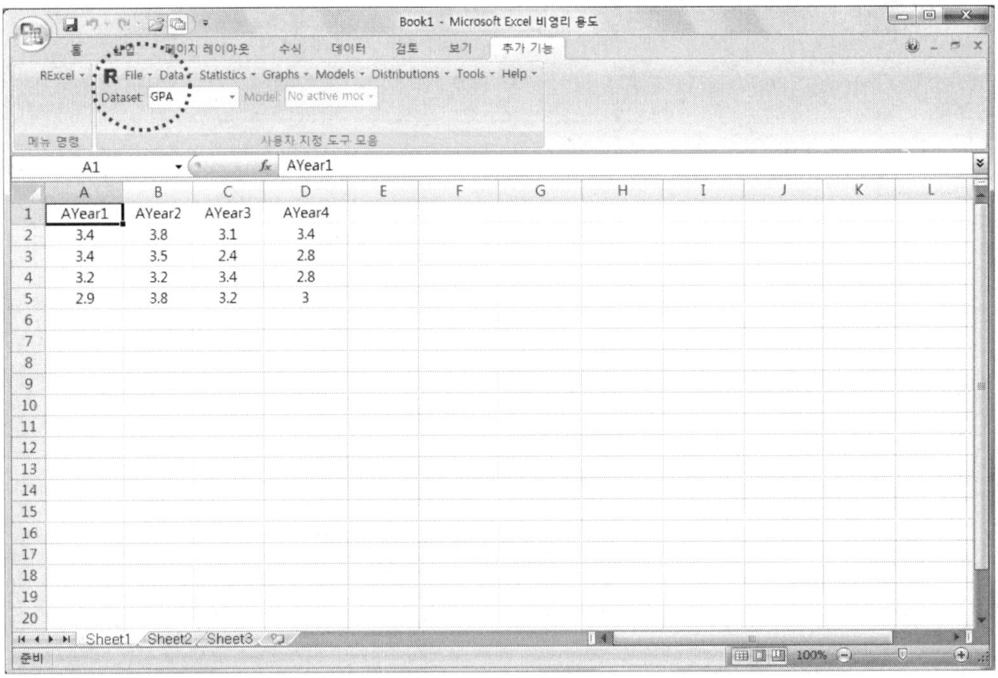

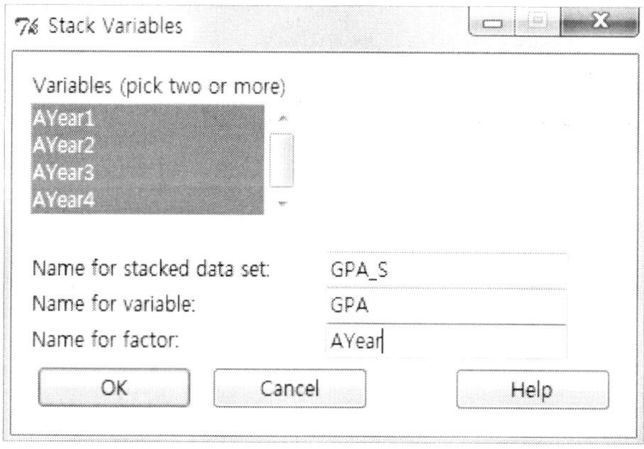

그림 3.9 그림 3.8의 자료로부터 생성된 R 자료

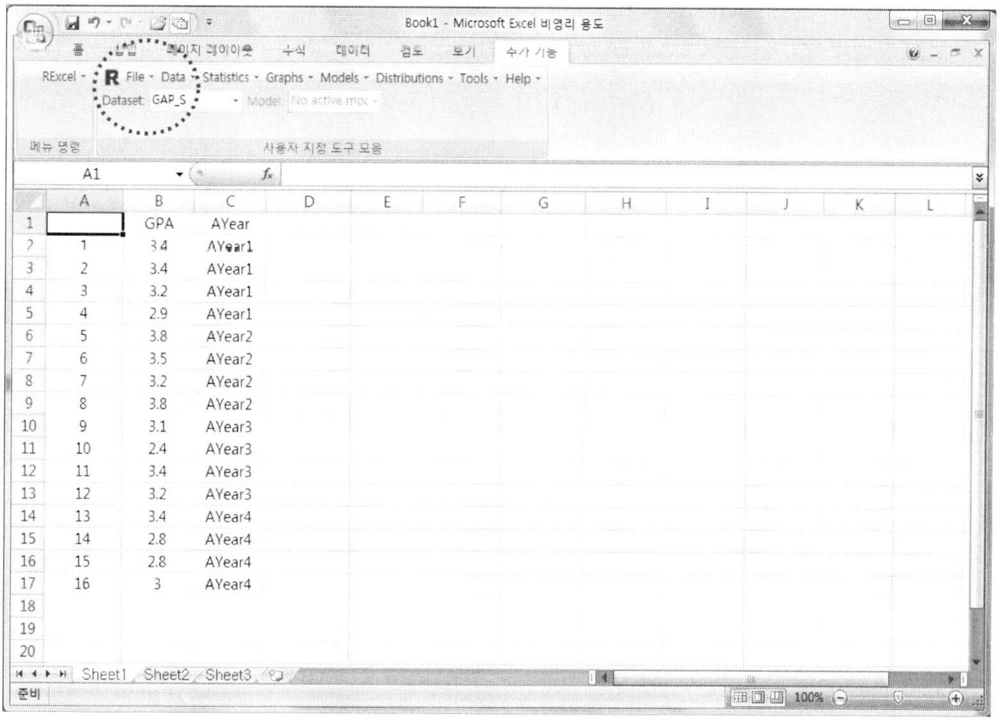

자료 파일의 관리와 관련된 메뉴

REXcel 메뉴	사용 목적
Data → Merge data sets	자료 파일 합치기
Data → Active data set → Subset active data set	케이스 선택하기
Data → Active data set → Subset active data set	변수 선택하기
Data → Active data set → Variables in active data set	active자료에서 변수의 확인
Data → Active data set → Aggregate variables in active data set	요약변수를 갖는 자료생성
Data → Active data set → Stack variables in active data set	여러 변수를 하나의 변수로 생성하기

제 4장

R 자료의 변수 관리

4.1 변수의 연산

R 자료에 있는 변수들의 연산을 통해서 새로운 변수를 만들 수 있는데, 이를 위해서는 다음과 같은 메뉴를 선택한다.

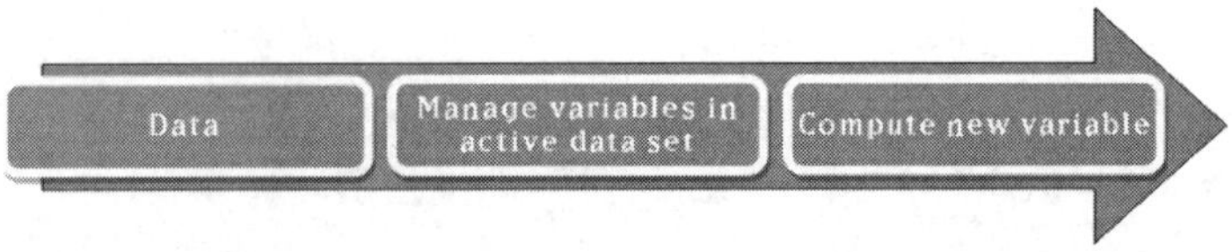

위와 같은 메뉴를 선택해서 얻게 되는 《**Compute New Variable**》 대화상자가 나타나면, ***New variable name***에 연산을 통해 새롭게 생성하고자 하는 변수이름을 지정하고, **Expression to compute**에 기존의 변수 값들을 이용한 계산식을 입력한 다음 **OK**를 클릭하면 새로운 변수를 생성할 수 있다.
예를 들어 R 자료 **Data**에서 프로그램 연수 후의 감성지수와 프로그램 연수 전의 감성지수의 차이를 나타내는 새로운 변수 **Diff_EQ**를 생성해 보자. 변수의 연산을 통해서 새로운 변수 **Diff_EQ**를 생성하기 위해 《**Compute New Variable**》 대화상자에서 ***New variable name***에 **Diff_EQ**를 입력하고, **Expression to compute**에 **EQ2-EQ1**과 같이 입력한 다음 **OK**를 클릭 하면 된다.

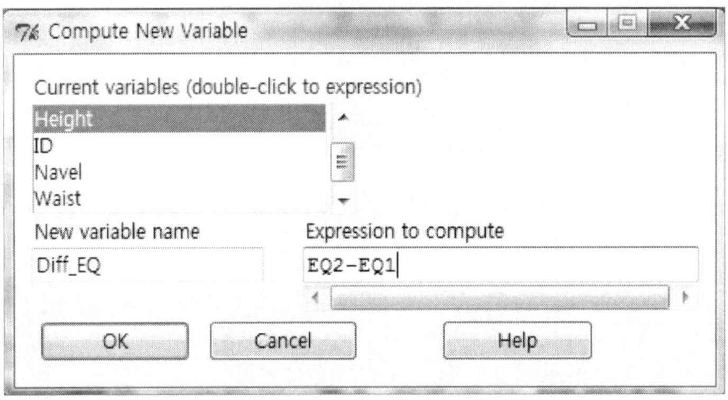

이제, 변수계산을 통해서 새롭게 만들어진 변수를 확인하기 위해서 **RExcel**의 **Get R Value** 메뉴를 사용해서 워크시트로 R 자료를 불러오면 된다. 그림 4.1에서 볼 수 있는 것처럼 R 자료 **Data**에 새로운 변수인 **Diff_EQ**가 생성되었음을 확인할 수 있다.

그림 4.1 변수의 계산

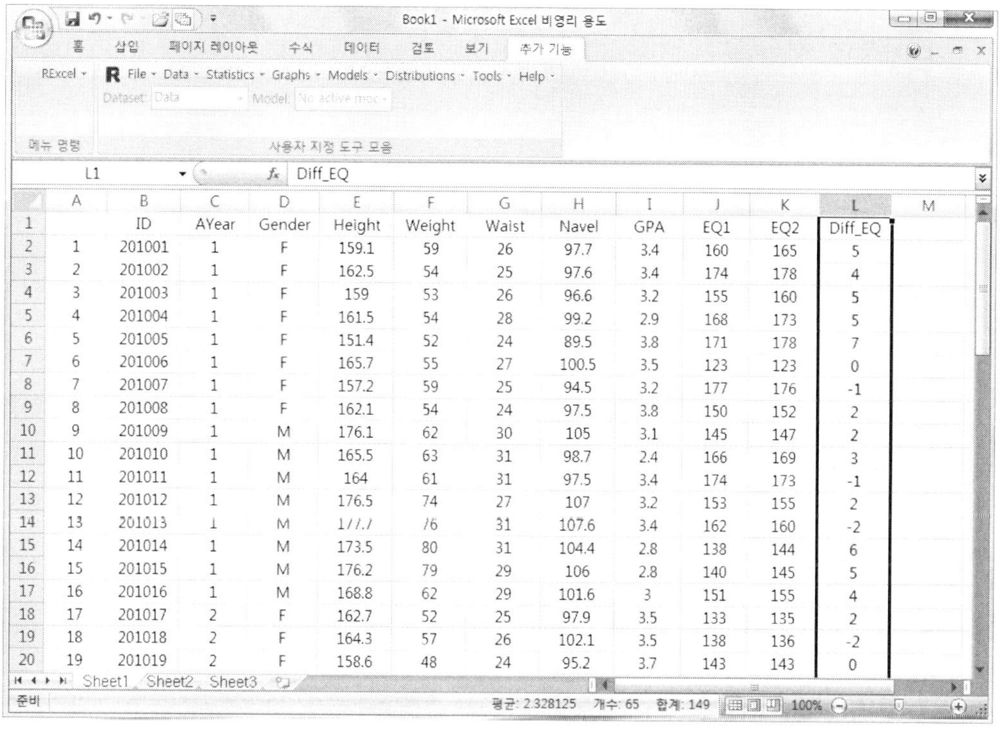

	A	B	C	D	E	F	G	H	I	J	K	L
1		ID	AYear	Gender	Height	Weight	Waist	Navel	GPA	EQ1	EQ2	Diff_EQ
2	1	201001	1	F	159.1	59	26	97.7	3.4	160	165	5
3	2	201002	1	F	162.5	54	25	97.6	3.4	174	178	4
4	3	201003	1	F	159	53	26	96.6	3.2	155	160	5
5	4	201004	1	F	161.5	54	28	99.2	2.9	168	173	5
6	5	201005	1	F	151.4	52	24	89.5	3.8	171	178	7
7	6	201006	1	F	165.7	55	27	100.5	3.5	123	123	0
8	7	201007	1	F	157.2	59	25	94.5	3.2	177	176	-1
9	8	201008	1	F	162.1	54	24	97.5	3.8	150	152	2
10	9	201009	1	M	176.1	62	30	105	3.1	145	147	2
11	10	201010	1	M	165.5	63	31	98.7	2.4	166	169	3
12	11	201011	1	M	164	61	31	97.5	3.4	174	173	-1
13	12	201012	1	M	176.5	74	27	107	3.2	153	155	2
14	13	201013	1	M	177.7	76	31	107.6	3.4	162	160	-2
15	14	201014	1	M	173.5	80	31	104.4	2.8	138	144	6
16	15	201015	1	M	176.2	79	29	106	2.8	140	145	5
17	16	201016	1	M	168.8	62	29	101.6	3	151	155	4
18	17	201017	2	F	162.7	52	25	97.9	3.5	133	135	2
19	18	201018	2	F	164.3	57	26	102.1	3.5	138	136	-2
20	19	201019	2	F	158.6	48	24	95.2	3.7	143	143	0

변수의 연산에는 표 4.1에 설명되어 있는 것처럼 일반적인 수식의 계산에 사용되는 산술연산자를 사용할 수 있다.

표 4.1 산술연산자

연산자	기능	연산자	기능
+	더하기	/	나누기
−	빼기	**	거듭제곱
*	곱하기		

R 실습 4-1

R 자료 **Data**를 사용하여 키(Height)를 배꼽높이(Navel)로 나눈 비율 값을 갖는 변수 **Ratio**를 생성하여라.

4.2 변수의 재정의

R 자료에 있는 기존 변수 값을 다시 정의할 수 있는데, 이를 통해서 기존 자료의 값을 그룹화하거나 자료 값을 변경할 수 있다. 이를 위해서는 다음과 같이 **Record variables**메뉴를 선택한다.

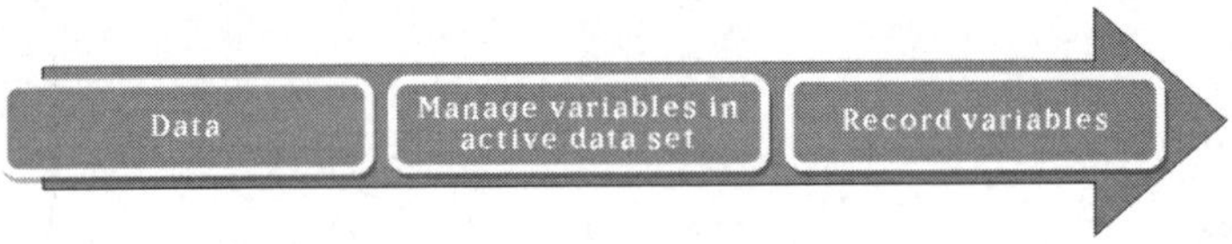

예를 들어, R 자료 ***DATA***에 있는 학년 변수 ***AYear***를 사용하여 1학년과 2학년은 **Lower**이고, 3학년과 4학년은 **Upper**라고 다시 정의하고, 다시 정의된 변수의 이름은 ***AYear_R***라고 하자. 이를 위해서, 다음과 같이 《**Record Variables**》 대화상자에서 다시 정의하고자 하는 변수 ***AYear***를 선택하고, 새롭게 생성되는 변수의 이름인 ***AYear_R***을 **New variable name or prefix for multiple recodes**에 입력한다. 그리고 **Enter recode directives**에는 변수를 다시 정의하는데 사용되는 조건과 생성되는 변수값을 각각 입력한다.

이렇게 하면 그림 4.2에서 볼 수 있는 것처럼 **Lower** 또는 **Upper**의 값을 갖는 새로운 변수 ***AYea_R***이 생성된 것을 확인할 수 있다.

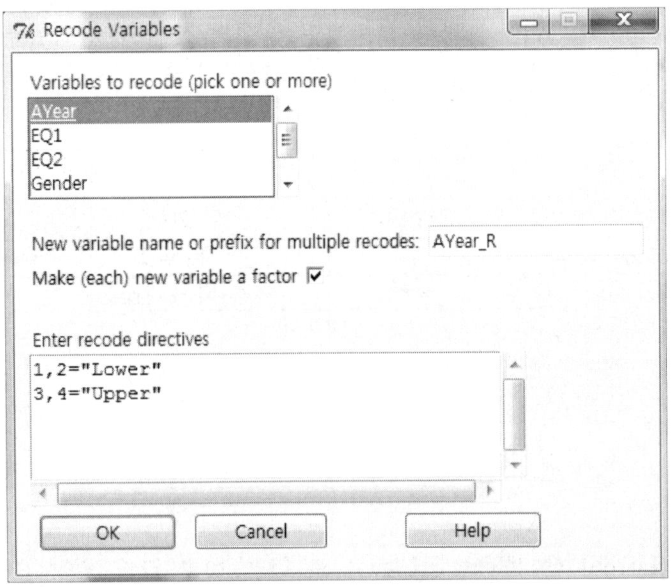

그림 4.2 변수의 재정의

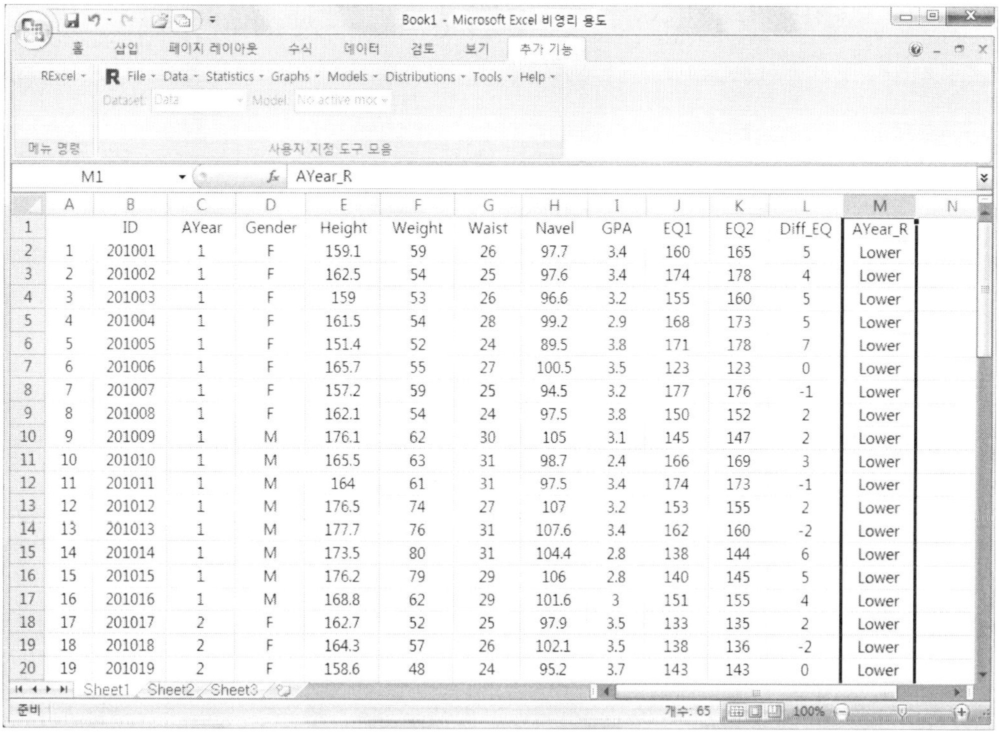

	ID	AYear	Gender	Height	Weight	Waist	Navel	GPA	EQ1	EQ2	Diff_EQ	AYear_R
1	201001	1	F	159.1	59	26	97.7	3.4	160	165	5	Lower
2	201002	1	F	162.5	54	25	97.6	3.4	174	178	4	Lower
3	201003	1	F	159	53	26	96.6	3.2	155	160	5	Lower
4	201004	1	F	161.5	54	28	99.2	2.9	168	173	5	Lower
5	201005	1	F	151.4	52	24	89.5	3.8	171	178	7	Lower
6	201006	1	F	165.7	55	27	100.5	3.5	123	123	0	Lower
7	201007	1	F	157.2	59	25	94.5	3.2	177	176	-1	Lower
8	201008	1	F	162.1	54	24	97.5	3.8	150	152	2	Lower
9	201009	1	M	176.1	62	30	105	3.1	145	147	2	Lower
10	201010	1	M	165.5	63	31	98.7	2.4	166	169	3	Lower
11	201011	1	M	164	61	31	97.5	3.4	174	173	-1	Lower
12	201012	1	M	176.5	74	27	107	3.2	153	155	2	Lower
13	201013	1	M	177.7	76	31	107.6	3.4	162	160	-2	Lower
14	201014	1	M	173.5	80	31	104.4	2.8	138	144	6	Lower
15	201015	1	M	176.2	79	29	106	2.8	140	145	5	Lower
16	201016	1	M	168.8	62	29	101.6	3	151	155	4	Lower
17	201017	2	F	162.7	52	25	97.9	3.5	133	135	2	Lower
18	201018	2	F	164.3	57	26	102.1	3.5	138	136	-2	Lower
19	201019	2	F	158.6	48	24	95.2	3.7	143	143	0	Lower

앞의 예에서 설명한 변수 AYear는 명목형 변수로 명목형 변수를 다시 정의하기 위해서는 설명한 방법을 사용하면 된다. 이제 연속형 변수에 대하여 변수를 다시 정의하는 방법에 대하여 소개하고자 한다. 만약, R 자료 ***DATA***에 있는 평균평점 변수 ***GPA***를 사용하여 3.5이상이면 **Pass**이고 그 밖에는 **Fail**의 값을 갖도록 하고, 이 변수의 이름을 ***GPA_R***이라고 정의해 보자. 이를 위해서, 다음과 같이 **《Record Variables》**대화상자에서 재정의 하고자 하는 변수 ***GPA***를 선택하고, 새롭게 생성되는 변수의 이름인 ***GPA_R***을 ***New variable name or prefix for multiple recodes***에 입력한다. 그리고 **Enter recode directives**에는 변수를 다시 정의하는데 사용되는 조건과 생성되는 변수값을 각각 입력한다. 변수 GPA값이 최대가 4.5이므로 3.0이상 4.5이하이면 "Pass" 값을 그렇지 않으면 "Fail" 값을 갖도록 다음과 같이 입력한다.

3.5:4.5= "Pass"

else="Fail"

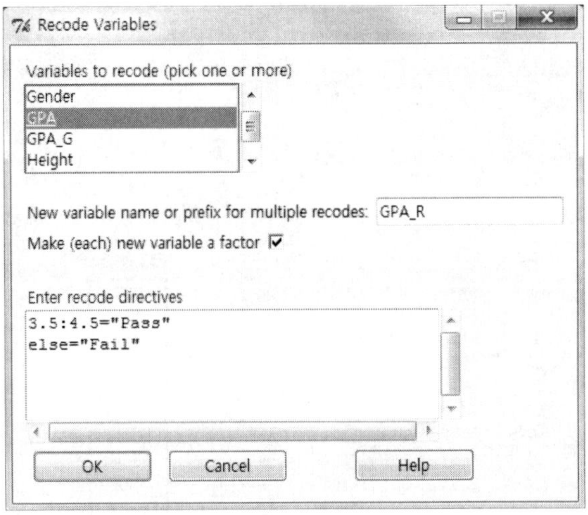

그림 4.3 변수의 재정의

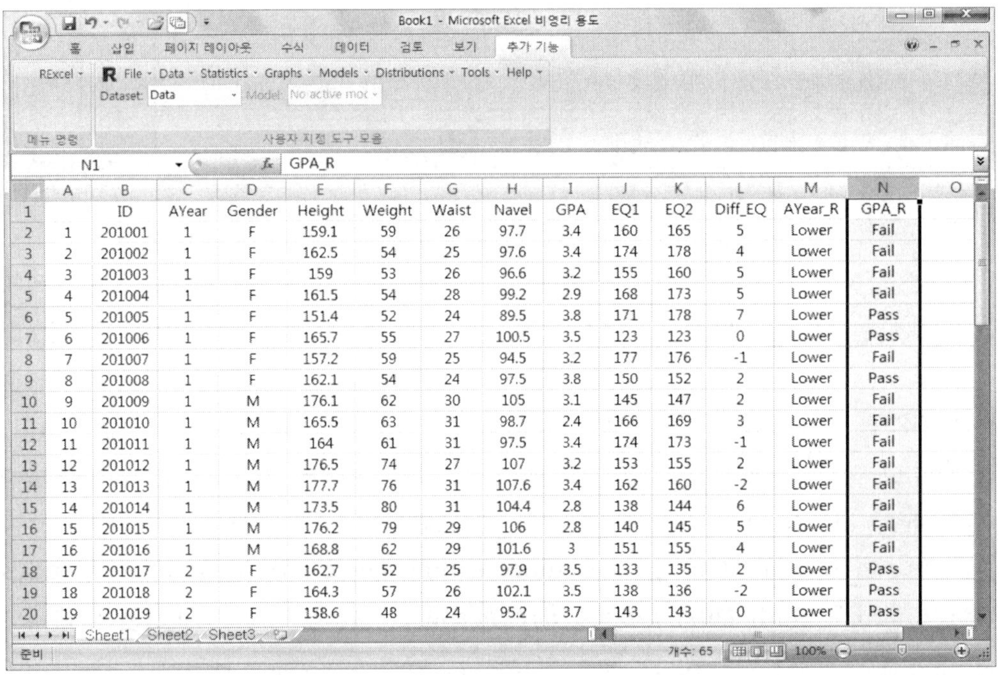

R 실습 4-2

R자료 Data의 평점(GPA) 변수를 사용하여 A, B, C, D, F학점으로 다시 정의한 값을 갖는 새로운 학점변수 GPA_G를 생성하여라.

4.3 자동변수의 생성

(1) 관측번호 변수의 생성

기존의 R 자료에 관측번호를 생성하여 변수로 만들고 싶으면, 다음과 같이 ***Add observation numbers to data set*** 메뉴를 선택하면 된다.

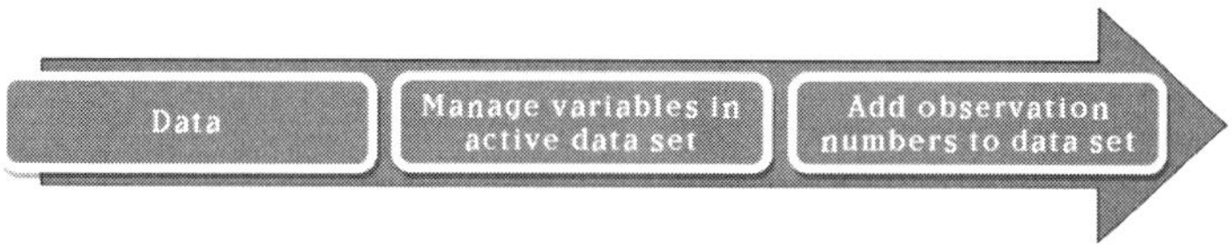

예를 들어 R 자료 ***DATA***에 관측번호를 갖는 새로운 변수를 생성하고 싶으면 위에서 정의된 메뉴를 선택한다. 그러면 그림 4.4와 같이 관측번호를 갖는 변수 **ObsNumber**가 생성되어 있음을 알 수 있다. **ObsNumber**는 위 메뉴를 선택하면 자동적으로 부여되는 변수이름이다.

그림 4.4 관측번호 변수의 생성

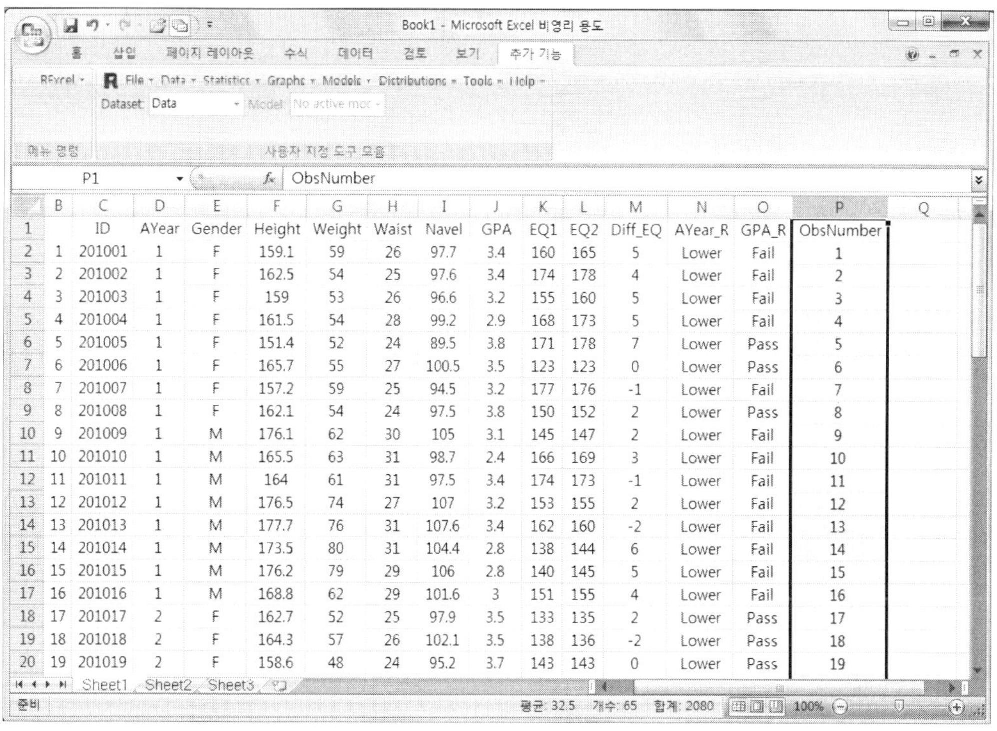

	ID	AYear	Gender	Height	Weight	Waist	Navel	GPA	EQ1	EQ2	Diff_EQ	AYear_R	GPA_R	ObsNumber
1	201001	1	F	159.1	59	26	97.7	3.4	160	165	5	Lower	Fail	1
2	201002	1	F	162.5	54	25	97.6	3.4	174	178	4	Lower	Fail	2
3	201003	1	F	159	53	26	96.6	3.2	155	160	5	Lower	Fail	3
4	201004	1	F	161.5	54	28	99.2	2.9	168	173	5	Lower	Fail	4
5	201005	1	F	151.4	52	24	89.5	3.8	171	178	7	Lower	Pass	5
6	201006	1	F	165.7	55	27	100.5	3.5	123	123	0	Lower	Pass	6
7	201007	1	F	157.2	59	25	94.5	3.2	177	176	-1	Lower	Fail	7
8	201008	1	F	162.1	54	24	97.5	3.8	150	152	2	Lower	Pass	8
9	201009	1	M	176.1	62	30	105	3.1	145	147	2	Lower	Fail	9
10	201010	1	M	165.5	63	31	98.7	2.4	166	169	3	Lower	Fail	10
11	201011	1	M	164	61	31	97.5	3.4	174	173	-1	Lower	Fail	11
12	201012	1	M	176.5	74	27	107	3.2	153	155	2	Lower	Fail	12
13	201013	1	M	177.7	76	31	107.6	3.4	162	160	-2	Lower	Fail	13
14	201014	1	M	173.5	80	31	104.4	2.8	138	144	6	Lower	Fail	14
15	201015	1	M	176.2	79	29	106	2.8	140	145	5	Lower	Fail	15
16	201016	1	M	168.8	62	29	101.6	3	151	155	4	Lower	Fail	16
17	201017	2	F	162.7	52	25	97.9	3.5	133	135	2	Lower	Pass	17
18	201018	2	F	164.3	57	26	102.1	3.5	138	136	-2	Lower	Pass	18
19	201019	2	F	158.6	48	24	95.2	3.7	143	143	0	Lower	Pass	19

그림 4.5 표준화변수의 생성

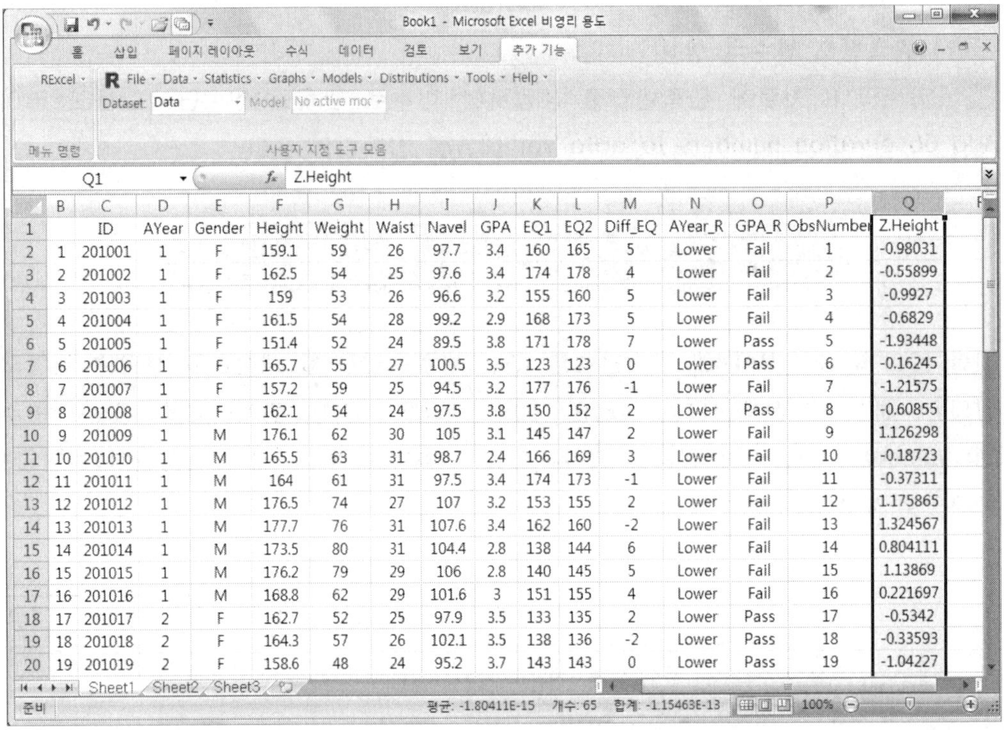

	B	ID	AYear	Gender	Height	Weight	Waist	Navel	GPA	EQ1	EQ2	Diff_EQ	AYear_R	GPA_R	ObsNumber	Z.Height
2	1	201001	1	F	159.1	59	26	97.7	3.4	160	165	5	Lower	Fail	1	-0.98031
3	2	201002	1	F	162.5	54	25	97.6	3.4	174	178	4	Lower	Fail	2	-0.55899
4	3	201003	1	F	159	53	26	96.6	3.2	155	160	5	Lower	Fail	3	-0.9927
5	4	201004	1	F	161.5	54	28	99.2	2.9	168	173	5	Lower	Fail	4	-0.6829
6	5	201005	1	F	151.4	52	24	89.5	3.8	171	178	7	Lower	Pass	5	-1.93448
7	6	201006	1	F	165.7	55	27	100.5	3.5	123	123	0	Lower	Pass	6	-0.16245
8	7	201007	1	F	157.2	59	25	94.5	3.2	177	176	-1	Lower	Fail	7	-1.21575
9	8	201008	1	F	162.1	54	24	97.5	3.8	150	152	2	Lower	Pass	8	-0.60855
10	9	201009	1	M	176.1	62	30	105	3.1	145	147	2	Lower	Fail	9	1.126298
11	10	201010	1	M	165.5	63	31	98.7	2.4	166	169	3	Lower	Fail	10	-0.18723
12	11	201011	1	M	164	61	31	97.5	3.4	174	173	-1	Lower	Fail	11	-0.37311
13	12	201012	1	M	176.5	74	27	107	3.2	153	155	2	Lower	Fail	12	1.175865
14	13	201013	1	M	177.7	76	31	107.6	3.4	162	160	-2	Lower	Fail	13	1.324567
15	14	201014	1	M	173.5	80	31	104.4	2.8	138	144	6	Lower	Fail	14	0.804111
16	15	201015	1	M	176.2	79	29	106	2.8	140	145	5	Lower	Fail	15	1.13869
17	16	201016	1	M	168.8	62	29	101.6	3	151	155	4	Lower	Fail	16	0.221697
18	17	201017	2	F	162.7	52	25	97.9	3.5	133	135	2	Lower	Pass	17	-0.5342
19	18	201018	2	F	164.3	57	26	102.1	3.5	138	136	-2	Lower	Pass	18	-0.33593
20	19	201019	2	F	158.6	48	24	95.2	3.7	143	143	0	Lower	Pass	19	-1.04227

(2) 표준화변수 생성

R 자료의 특정변수에 대하여 표준화를 한 후 그 값을 변수로 생성하고 싶으면, 다음과 같이 ***Standardize variables*** 메뉴를 선택하면 된다.

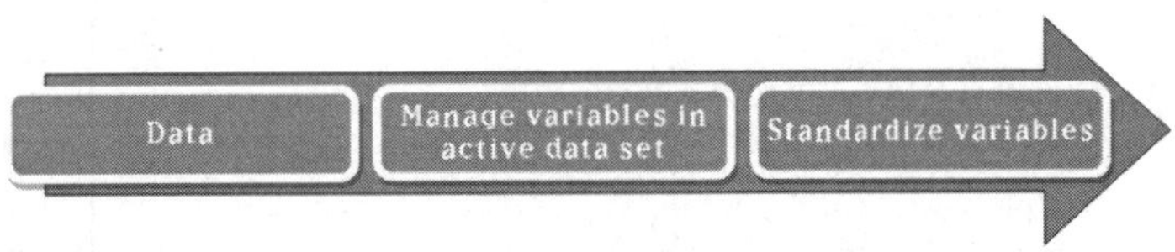

예를 들어 R 자료 ***DATA***의 키(Height) 변수에 대하여 표준화한 변수를 생성하고 싶으면 위에서처럼 ***Standardize variables*** 메뉴를 선택한다. 이렇게 해서 얻어지는 다음과 같은 《***standardize variables***》 대화상자에서 표준화를 시키고자 하는 변수인 ***Height***를 선택하고 ***OK***를 선택하면 된다. 그러면 그림 4.5와 같이 키(Height) 변수를 표준화 한 변수인 ***Z.Height***가 생성되어 있음을 알 수 있다.

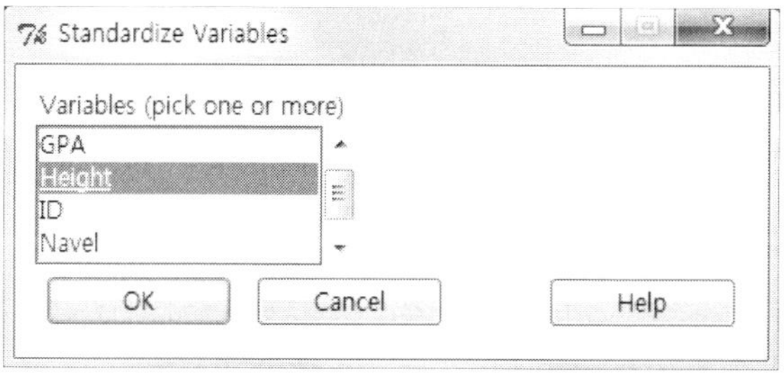

(3) 그룹(요인)변수 생성

성별, 학년별 또는 학과별 등과 같은 그룹(요인)별로 기술통계량을 산출하거나, 평균에 관한 검정 등을 수행하고 싶은 경우에는 성별, 학년, 학과 등의 변수가 수치변수로 지정되어 있으면 분석을 수행할 수 없다. 따라서 이러한 경우에는 수치변수로 지정된 변수를 그룹(요인)변수로 변경하여야 한다. 이를 위해서는 다음과 같이 **Convert numeric variables to factors** 메뉴를 선택하면 된다. 물론, 기존의 변수와 동일한 값을 그대로 사용할 수도 있으며, 필요한 경우에는 새로운 그룹(요인)의 수준을 지정하여 새로운 변수로 지정할 수도 있다.

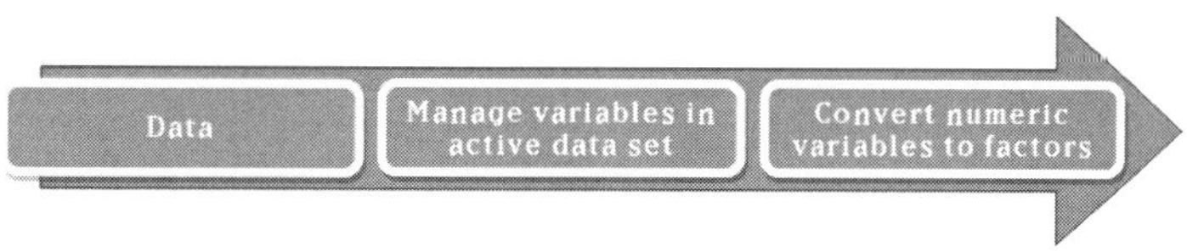

예를 들어 학년(AYear) 변수는 1, 2, 3 그리고 4의 값을 갖기 때문에 자동적으로 수치변수로 정의된다. 그러므로 그룹(요인)변수로 사용할 수 없어서 경우에 따라서는 원하는 통계분석을 수행할 수 없게 된다. 따라서 학년(AYear) 변수를 그룹(요인)변수로 지정하여야 하는데, 이를 위해서 **Convert numeric variables to factors** 메뉴를 선택한다. 이 메뉴를 선택해서 얻게 되는 《**Convert Numeric Variables to Factors**》 대화상자에서 다음과 같이 ***Variables***에서 ***AYear***를 선택한다.

이 때, 기존의 값을 그룹(요인)의 수준으로 그대로 사용하고 싶은 경우에는 **Factor Levels**에서 **Use numbers**를 선택하면 된다. 그리고 새롭게 그룹(요인)의 수준을 지정하고 싶으면 **Supply level names**를 선택하면 된다. 끝으로 그룹(요인)변수로 변경되는 변수의 이름을 새롭게 지정하고 싶으면, **New variable name or prefix for multiple variables**에 처음에 입력되어 있는 **<same as variables>**대신에 새 변수의 이름을 입력하면 된다. 만약, 기존의 변수이름을 그대로 사용하고 싶으면

*<same as variables>*를 그대로 두면 된다.

먼저, 학년(AYear) 변수의 값을 그대로 사용하고, 그룹(요인)변수의 이름은 ***AYear_1***이라고 지정해 보자. 이렇게 하기 위해서는 **《Convert Numeric Variables to Factors》** 대화상자에서 다음과 같이 지정하면 된다. 이렇게 지정한 후 **OK**버튼을 선택하면 그림 4.6에서 볼 수 있는 것처럼 기존의 값을 그룹(요인)변수의 수준으로 하는 새로운 그룹(요인)변수인 ***AYear_1***이 생성된 것을 알 수 있다.

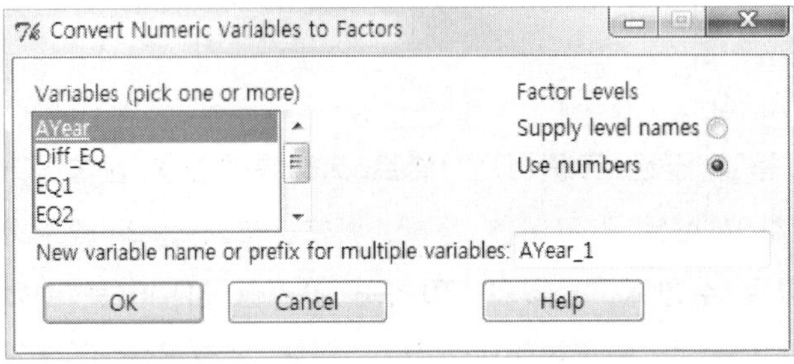

그림 4.6 그룹(요인)변수의 생성

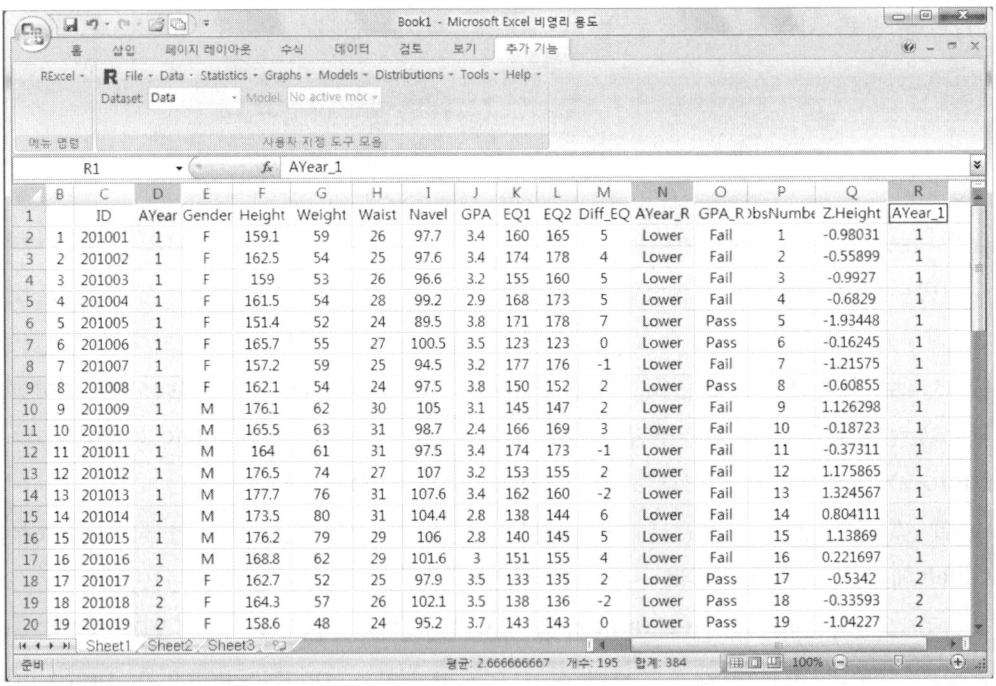

	B	C	D	E	F	G	H	I	J	K	L	M	N	O	P	Q	R
1		ID	AYear	Gender	Height	Weight	Waist	Navel	GPA	EQ1	EQ2	Diff_EQ	AYear_R	GPA_R	)bsNumbe	Z.Height	AYear_1
2	1	201001	1	F	159.1	59	26	97.7	3.4	160	165	5	Lower	Fail	1	-0.98031	1
3	2	201002	1	F	162.5	54	25	97.6	3.4	174	178	4	Lower	Fail	2	-0.55899	1
4	3	201003	1	F	159	53	26	96.6	3.2	155	160	5	Lower	Fail	3	-0.9927	1
5	4	201004	1	F	161.5	54	28	99.2	2.9	168	173	5	Lower	Fail	4	-0.6829	1
6	5	201005	1	F	151.4	52	24	89.5	3.8	171	178	7	Lower	Pass	5	-1.93448	1
7	6	201006	1	F	165.7	55	27	100.5	3.5	123	123	0	Lower	Pass	6	-0.16245	1
8	7	201007	1	F	157.2	59	25	94.5	3.2	177	176	-1	Lower	Fail	7	-1.21575	1
9	8	201008	1	F	162.1	54	24	97.5	3.8	150	152	2	Lower	Pass	8	-0.60855	1
10	9	201009	1	M	176.1	62	30	105	3.1	145	147	2	Lower	Fail	9	1.126298	1
11	10	201010	1	M	165.5	63	31	98.7	2.4	166	169	3	Lower	Fail	10	-0.18723	1
12	11	201011	1	M	164	61	31	97.5	3.4	174	173	-1	Lower	Fail	11	-0.37311	1
13	12	201012	1	M	176.5	74	27	107	3.2	153	155	2	Lower	Fail	12	1.175865	1
14	13	201013	1	M	177.7	76	31	107.6	3.4	162	160	-2	Lower	Fail	13	1.324567	1
15	14	201014	1	M	173.5	80	31	104.4	2.8	138	144	6	Lower	Fail	14	0.804111	1
16	15	201015	1	M	176.2	79	29	106	2.8	140	145	5	Lower	Fail	15	1.13869	1
17	16	201016	1	M	168.8	62	29	101.6	3	151	155	4	Lower	Fail	16	0.221697	1
18	17	201017	2	F	162.7	52	25	97.9	3.5	133	135	2	Lower	Pass	17	-0.5342	2
19	18	201018	2	F	164.3	57	26	102.1	3.5	138	136	-2	Lower	Pass	18	-0.33593	2
20	19	201019	2	F	158.6	48	24	95.2	3.7	143	143	0	Lower	Pass	19	-1.04227	2

앞의 예에서는 기존의 값을 그룹(요인)변수의 수준으로 하는 새로운 그룹(요인)변수를 생성하는 방법에 대하여 설명하였는데, 이번에는 새로운 변수를 생성하

는 것이 아니라 기존의 변수를 사용하는 예를 소개하고자 한다. 즉, 다음과 같은 그룹(요인)변수의 수준을 갖고, 그룹(요인)변수의 이름은 기존의 변수 ***AYear***라고 동일하게 지정해 보자.

수치 값	그룹(요인) 수준
1	Year1
2	Year2
3	Year3
4	Year4

이렇게 하기 위해서는 《***Convert Numeric Variables to Factors***》대화상자의 ***Variables***에서 ***AYear***를 선택하고, ***New variable name or prefix for multiple variables***에 처음에 입력되어 있는 ***<same as variables>***를 그대로 둔다. 이렇게 하면 기존의 변수이름인 ***AYear***를 그대로 사용하게 된다. 이제, **OK** 버튼을 선택하면 기존변수인 ***AYear***에 덮어쓰기를 할 것인지를 묻는 창이 나타나는데, 여기서 Yes를 선택하면 《***Level Names for Year***》대화상자가 나타난다. 이 대화상자에서 다음과 같이 그룹(요인)의 수준 값을 입력하면 된다.

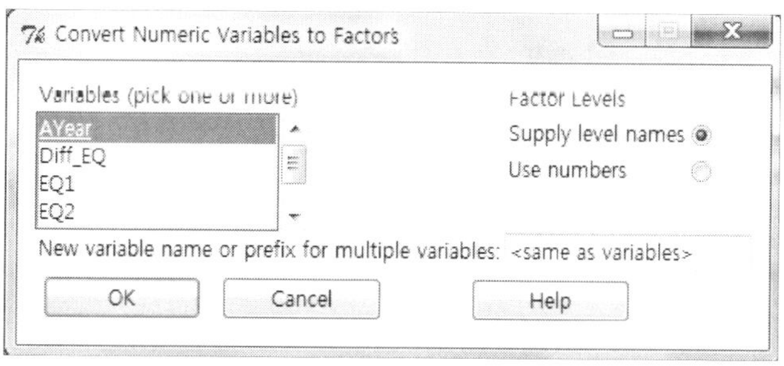

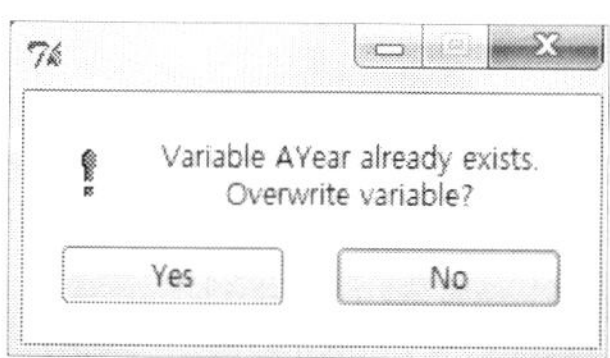

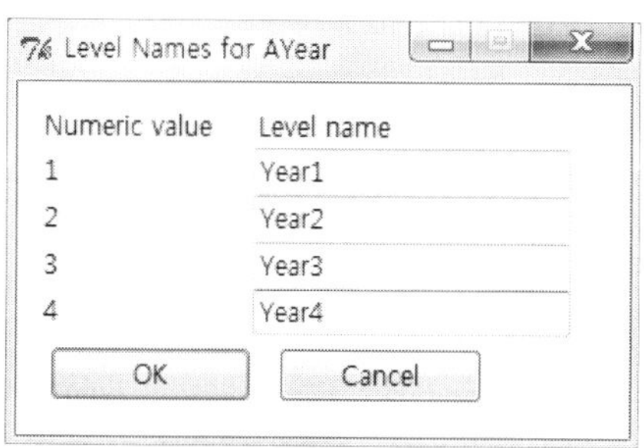

끝으로 ***AYear***가 새롭게 잘 정의가 되었는지를 확인하려면, R 워크시트에서 R 자료인 **Data**를 다시 불러오면 된다. 그림 4.7에서 볼 수 있는 것처럼 기존의 ***AYear***의 값은 없어지고 새롭게 지정된 값을 그룹(요인)변수의 수준으로 하는 그룹(요인)변수의 ***AYear***가 생성된 것을 알 수 있다.

그림 4.7 그룹(요인)변수의 생성

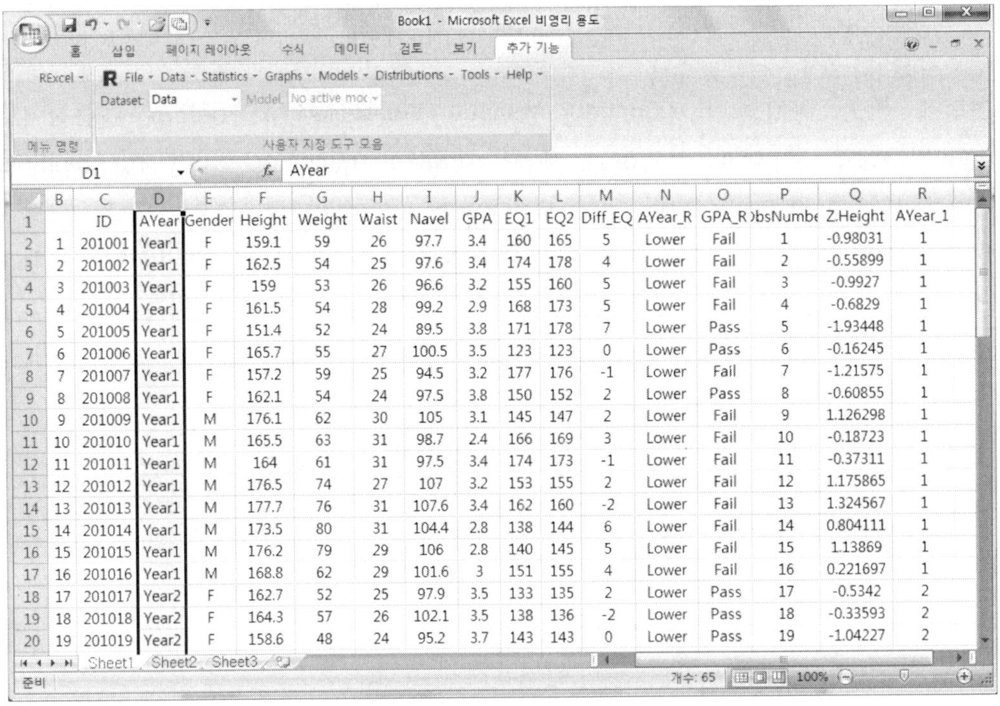

	B	C	D	E	F	G	H	I	J	K	L	M	N	O	P	Q	R
1		ID	AYear	Gender	Height	Weight	Waist	Navel	GPA	EQ1	EQ2	Diff_EQ	AYear_R	GPA_R	bsNumbe	Z.Height	AYear_1
2	1	201001	Year1	F	159.1	59	26	97.7	3.4	160	165	5	Lower	Fail	1	-0.98031	1
3	2	201002	Year1	F	162.5	54	25	97.6	3.4	174	178	4	Lower	Fail	2	-0.55899	1
4	3	201003	Year1	F	159	53	26	96.6	3.2	155	160	5	Lower	Fail	3	-0.9927	1
5	4	201004	Year1	F	161.5	54	28	99.2	2.9	168	173	5	Lower	Fail	4	-0.6829	1
6	5	201005	Year1	F	151.4	52	24	89.5	3.8	171	178	7	Lower	Pass	5	-1.93448	1
7	6	201006	Year1	F	165.7	55	27	100.5	3.5	123	123	0	Lower	Pass	6	-0.16245	1
8	7	201007	Year1	F	157.2	59	25	94.5	3.2	177	176	-1	Lower	Fail	7	-1.21575	1
9	8	201008	Year1	F	162.1	54	24	97.5	3.8	150	152	2	Lower	Pass	8	-0.60855	1
10	9	201009	Year1	M	176.1	62	30	105	3.1	145	147	2	Lower	Fail	9	1.126298	1
11	10	201010	Year1	M	165.5	63	31	98.7	2.4	166	169	3	Lower	Fail	10	-0.18723	1
12	11	201011	Year1	M	164	61	31	97.5	3.4	174	173	-1	Lower	Fail	11	-0.37311	1
13	12	201012	Year1	M	176.5	74	27	107	3.2	153	155	2	Lower	Fail	12	1.175865	1
14	13	201013	Year1	M	177.7	76	31	107.6	3.4	162	160	-2	Lower	Fail	13	1.324567	1
15	14	201014	Year1	M	173.5	80	31	104.4	2.8	138	144	6	Lower	Fail	14	0.804111	1
16	15	201015	Year1	M	176.2	79	29	106	2.8	140	145	5	Lower	Fail	15	1.13869	1
17	16	201016	Year1	M	168.8	62	29	101.6	3	151	155	4	Lower	Fail	16	0.221697	1
18	17	201017	Year2	F	162.7	52	25	97.9	3.5	133	135	2	Lower	Pass	17	-0.5342	2
19	18	201018	Year2	F	164.3	57	26	102.1	3.5	138	136	-2	Lower	Pass	18	-0.33593	2
20	19	201019	Year2	F	158.6	48	24	95.2	3.7	143	143	0	Lower	Pass	19	-1.04227	2

4.4 변수의 삭제

R 자료에 있는 특정 변수를 삭제하고 싶으면 다음과 같이 **Delete variables from data set** 메뉴를 선택하면 된다.

예를 들어 4.2절에서 생성된 변수 ***AYear_1***을 삭제하고 싶으면, 위와 같은 메뉴를 선택해서 얻게 되는 《**Delete Variables**》 대화상자에서 아래와 같이 삭제하고자 하

는 변수인 *AYear_1*을 선택하고, **OK**를 클릭하면 된다.

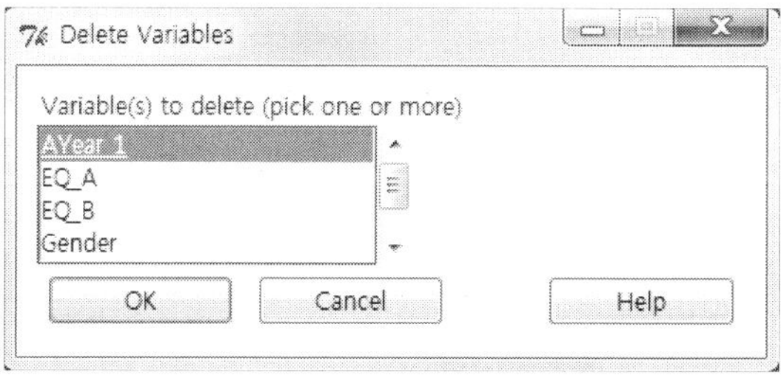

4.5 변수의 이름변경

R 자료에 있는 변수의 이름을 변경하고 싶으면 다음과 같이 선택해서 얻게 되는 **Rename varibles** 메뉴를 사용하면 된다.

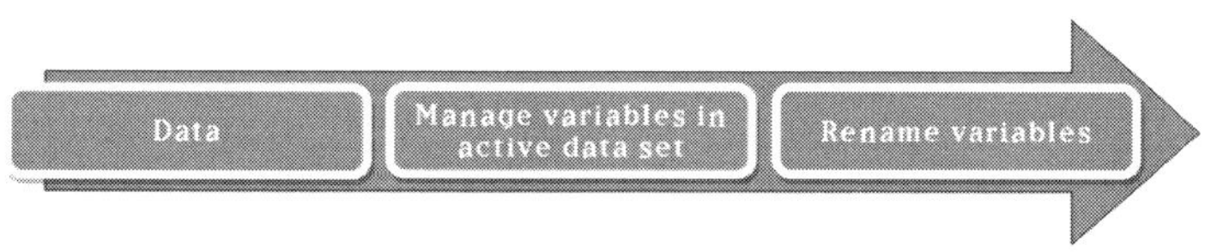

예를 들어 변수 **EQ1**과 **EQ2**를 **EQ_B**와 **EQ_A**로 변수의 이름을 변경해보자. 위와 같은 메뉴를 선택해서 얻게 되는 《**Rename Variables**》대화상자가 나타나면, 변수 이름을 변경하고자 하는 변수를 **Variables** 창에서 선택한다. 그리고 **OK**를 클릭하면, 새로운 《**Variable Names**》대화상자가 나타난다. 이때, 변경하고자 하는 변수의 이름을 각각 입력하고 **OK**를 클릭하면 된다.

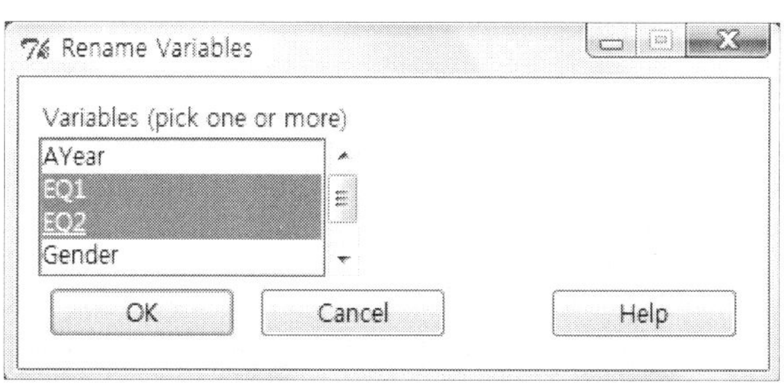

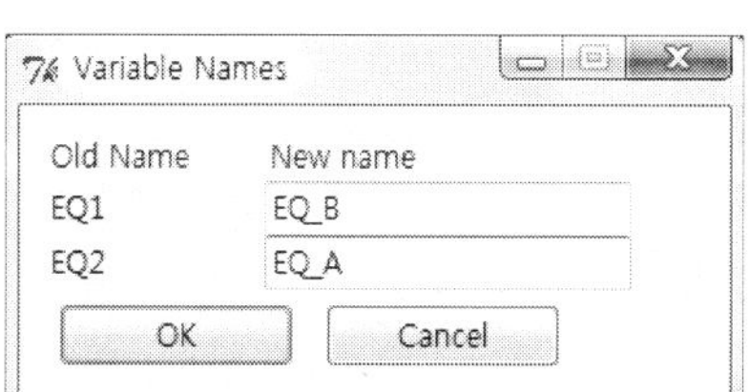

변수의 이름이 성공적으로 변경되었는지의 확인은 3장에서 설명했던 것처럼 ***Data*** 메뉴의 ***Variables in active data set*** 메뉴를 선택하면 된다. 그러면 그림 4.8처럼 ***R Commander*** 창의 ***Output Window***에 R 자료 ***DATA***를 구성하고 있는 변수에서 변수의 이름이 ***EQ1***과 ***EQ2***에서 ***EQ_B***와 ***EQ_A***로 각각 변경된 것을 알 수 있다.

그림 4.8 변수의 이름변경

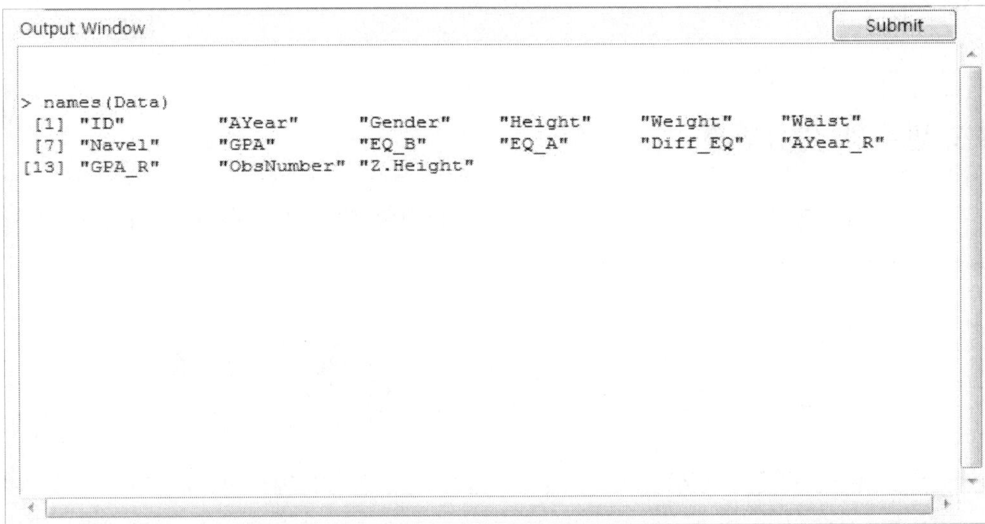

R 실습 4-3

❶ R 자료 ***Data***에 생성되었던 변수 중에서 Diff_EQ, AYear_R, ObsNumber, Z.Height을 삭제하여라.

❷ 다음과 같은 변수로 이루어진 최종 분석용 R 자료를 ***Data***로 저장하여라.

ID, AYear, Gender, Height, Weight, Waist,

Navel, GPA, EQ_B, EQ_A, Ratio, GPA_G, GPA_R

자료의 변수관리와 관련된 메뉴

RExcel 메뉴	사용 목적
Data → Manage variables in active data set → Compute new variable	변수의 연산
Data → Manage variables in active data set → Record variables	변수의 재정의
Data → Manage variables in active data set → Add observation numbers to data set	관측번호 변수의 생성
Data → Manage variables in active data set → Standardize variables	표준화변수 생성
Data → Manage variables in active data set → Convert numeric variables to factors	그룹(요인)변수 생성
Data → Manage variables in active data set → Delete variables from data set	변수의 삭제
Data → Manage variables in active data set → Rename variables	변수의 이름변경

제 5장

확률분포 다루기

5.1 이항분포

(1) 이항분포의 그래프 작성

RExcel의 메뉴를 사용하면 매우 간편하게 이항분포의 확률질량함수(probability mass function)와 분포함수(distribtion function)의 그래프를 작성할 수 있다. 즉, 확률변수 X가 시행의 횟수가 n이고 성공의 확률이 p인 이항분포를 따르는 경우 다음 메뉴를 사용하면 쉽게 확률질량함수와 분포함수의 그래프를 작성할 수 있다.

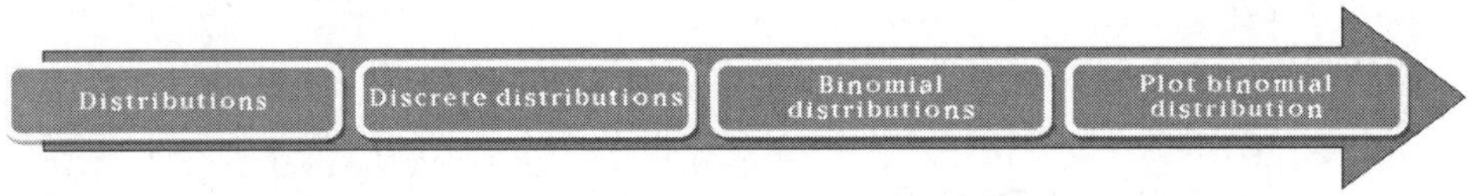

예를 들어 X가 $B(30,0.5)$일 때, 확률질량함수의 그래프를 작성하기 위해서는 위의 **Plot binomial distribution** 메뉴를 선택해서 얻게 되는 다음과 같은 **《Binomial Distribution》** 대화상자를 이용한다. 이 때, 시행의 횟수와 성공의 확률을 각각 입력하고, 확률질량함수의 그래프를 작성하고 싶으면 **Plot probability mass function**을 선택하면 된다. 결과 5.1은 이렇게 해서 작성된 $B(30,0.5)$를 따르는 확률변수 X의 확률질량함수이다.

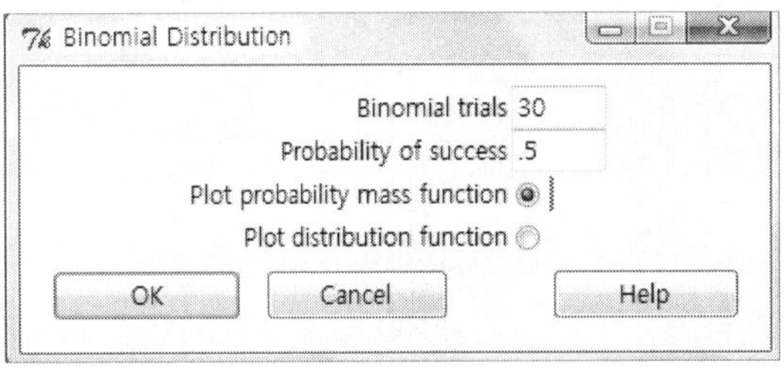

만약, 이항분포의 분포함수 그래프를 작성하고 싶으면 시행의 횟수와 성공의 확률을 입력한 후 **《Normal Distribution》** 대화상자에서 **Plot distribution function**을 선택하면 된다. 결과 5.2는 $B(30,0.5)$를 따르는 확률변수 X의 분포함수이다.

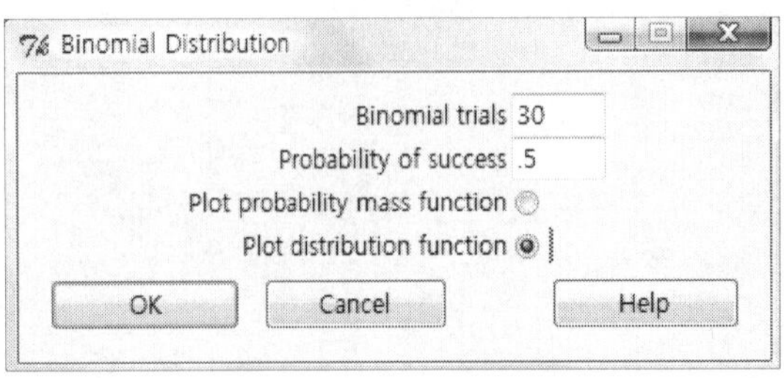

결과 5.1 이항분포의 확률질량함수

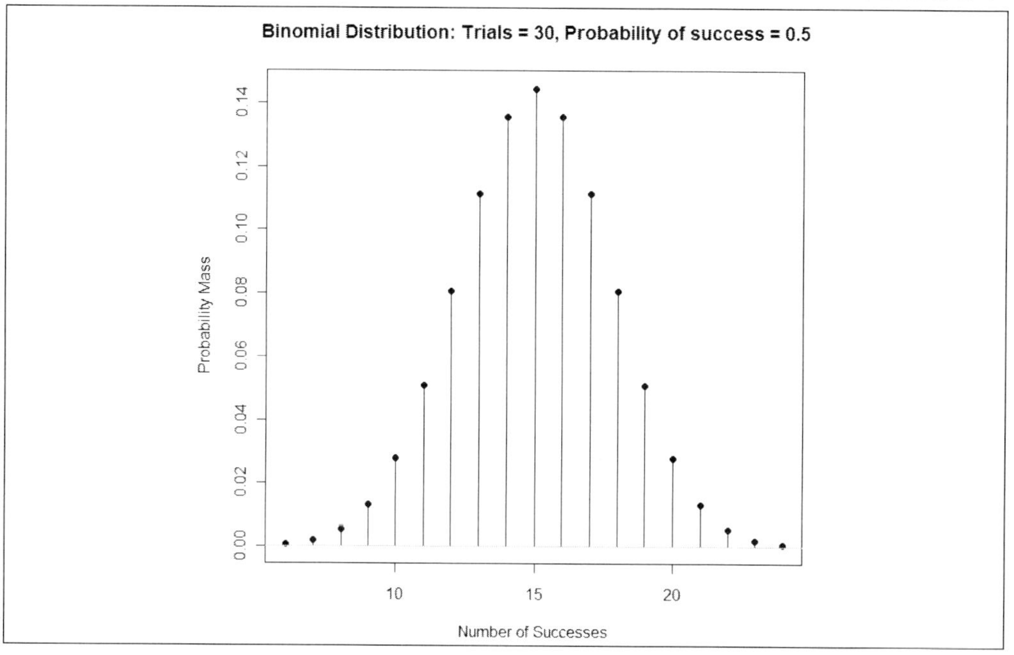

결과 5.2 이항분포의 분포함수

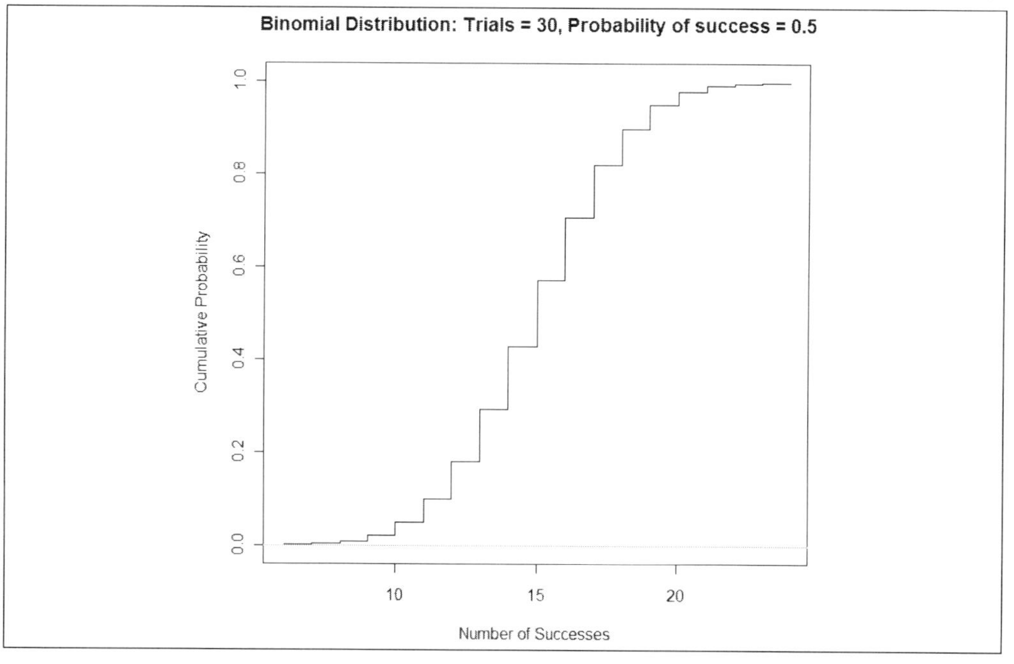

(2) 이항분포의 확률계산

RExcel의 메뉴를 사용하면 매우 간편하게 이항분포에서 원하는 확률 값을 구할 수가 있다. 즉, 확률변수 X가 시행의 횟수가 n이고 성공의 확률이 p인 이항분포를 따르는 경우 다음 메뉴를 사용하면 쉽게 이항분포의 확률 값을 산출할 수 있다.

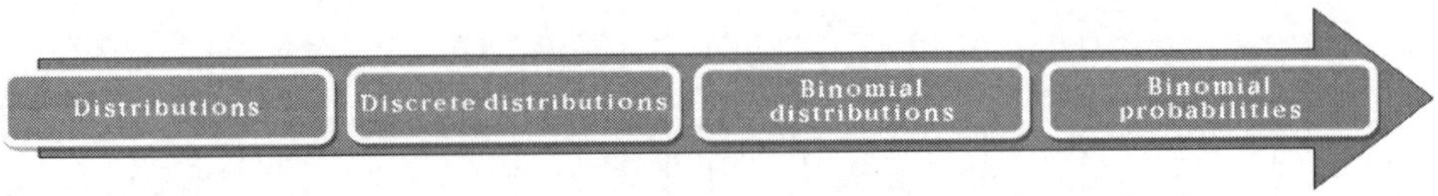

예를 들어 X가 $B(5,0.5)$일 때, $P(X=x)$, $x=0,1,2,3,4,5$의 값을 산출하고 싶으면, 위의 **Binomial probabilities** 메뉴를 선택해서 얻게 되는 《**Binomial Probabilities**》 대화상자를 이용한다. 이 때, 시행의 횟수와 성공의 확률을 각각 입력하고, **OK**를 선택하면 결과 5.3을 얻을 수 있다.

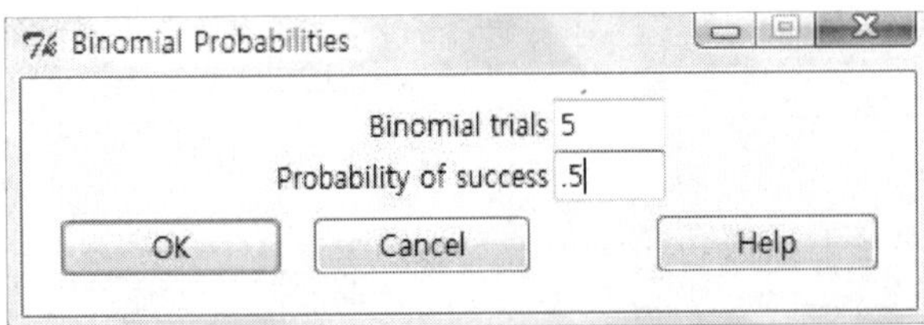

결과 5.3 이항분포의 확률계산

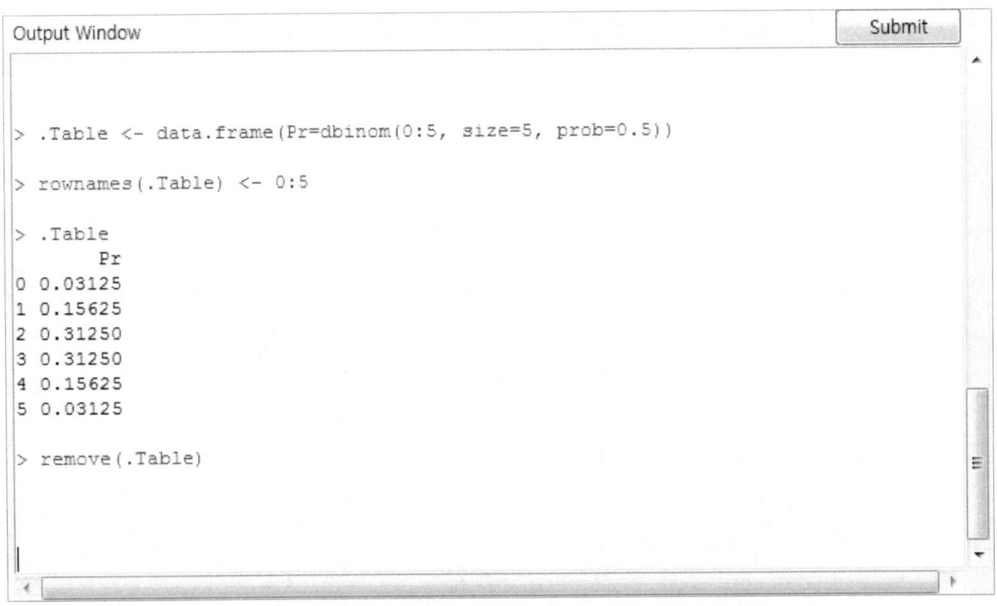

$\mathcal{R}$ 결과분석

결과 5.3에는 X가 $B(5,0.5)$를 따르는 확률변수일 때, $P(X=x)$, $x=0,1,2,3,4,5$인 경우 확률 값이 나타나 있음을 알 수 있다. 즉, 다음과 같은 사실을 알 수 있다.

$$P(X=0)=0.03125$$
$$P(X=1)=0.15625$$
$$P(X=2)=0.31250$$
$$P(X=3)=0.31250$$
$$P(X=4)=0.15625$$
$$P(X=5)=0.03125$$

지금까지는 이항분포를 따르는 확률변수 X의 확률 값 $P(X=x)$를 구하는 방법을 설명하였다. 이제는 누적확률 $P(X \leq c)=\sum_{x=0}^{c} P(X=x)$의 값을 구하는 방법을 설명하고자 하는데, 이를 위해서는 RExcel에서 다음의 메뉴를 선택한다.

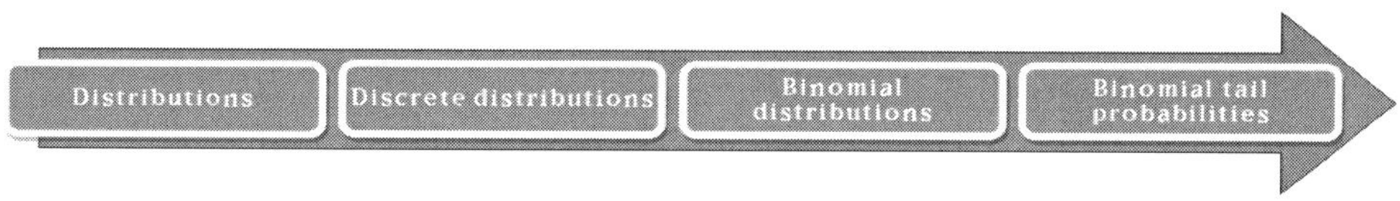

예를 들어 X가 $B(5,0.5)$일 때, $P(X \leq 1)$의 값을 산출하고 싶으면, 위의 **Binomial tail probabilities** 메뉴를 선택해서 얻게 되는 《**Cumulative Binomial Probabilities**》 대화상자를 이용한다. 이 때, 시행의 횟수와 성공의 확률을 각각 입력하고, $P(X \leq c)$의 c에 해당하는 1의 값을 **Variable value(s)**에 입력한다. 그리고 **Lower tail**를 선택하면 결과 5.4를 얻을 수 있다. 만약, $P(X \geq 1)$의 값을 얻고자 한다면 구하고 싶으면 **Upper tail**을 선택하면 된다.

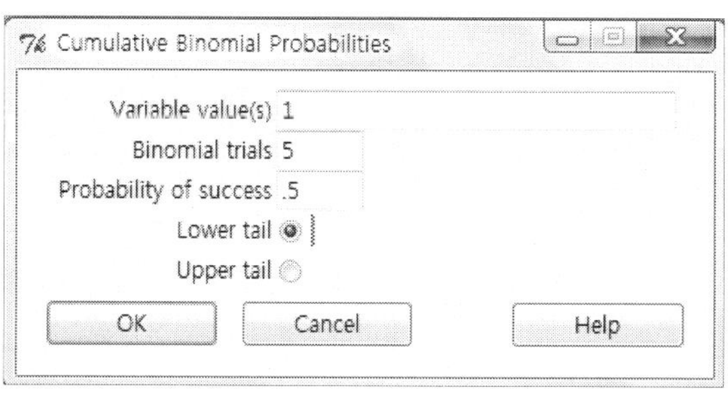

결과 5.4 이항분포에서 누적확률의 계산

```
Output Window                                                    Submit
> .Table
       Pr
0 0.03125
1 0.15625
2 0.31250
3 0.31250
4 0.15625
5 0.03125

> remove(.Table)


> pbinom(c(1), size=5, prob=0.5, lower.tail=TRUE)
[1] 0.1875
```

R 결과분석

결과 5.4로부터 X가 $B(5,0.5)$를 따르는 확률변수일 때, $P(X \leq 1) = 0.1875$임을 알 수 있다.

5.2 정규분포

(1) 정규분포의 그래프 작성

RExcel의 메뉴를 사용하면 매우 간편하게 정규분포의 확률밀도함수와 분포함수의 그래프를 작성할 수 있다. 즉, 확률변수 X가 평균이 μ이고 분산이 σ^2인 정규분포를 따르는 경우 다음 메뉴를 사용하면 쉽게 정규분포의 확률밀도함수와 분포함수 그래프를 작성할 수 있다.

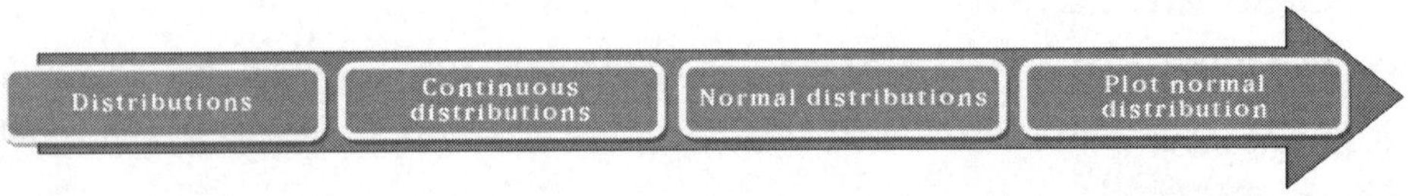

예를 들어 확률변수 X가 $N(0,1)$를 따를 때, 확률밀도함수의 그래프를 작성하기 위해서는 위의 **Plot normal distribution** 메뉴를 선택해서 얻게 되는 《**Normal**

Distribution》 대화상자를 이용한다. 이 대화상자에서 평균과 표준편차의 값을 각각 입력하고, 확률밀도함수의 그래프를 작성하고 싶으면 **Plot density function**을 선택하면 된다. 결과 5.5는 이렇게 해서 작성된 $N(0,1)$의 확률밀도함수이다.

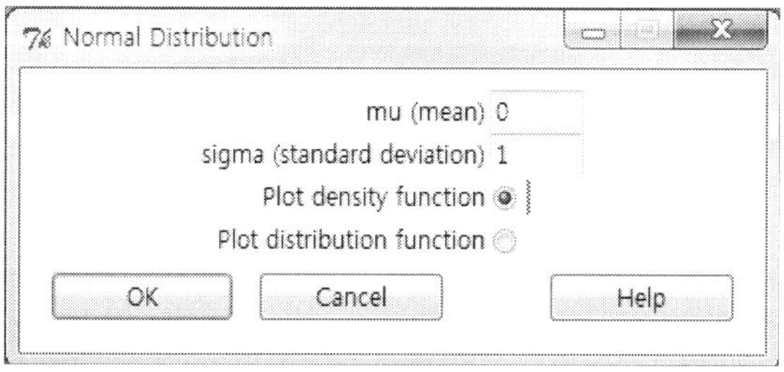

결과 5.5 정규분포의 확률밀도함수

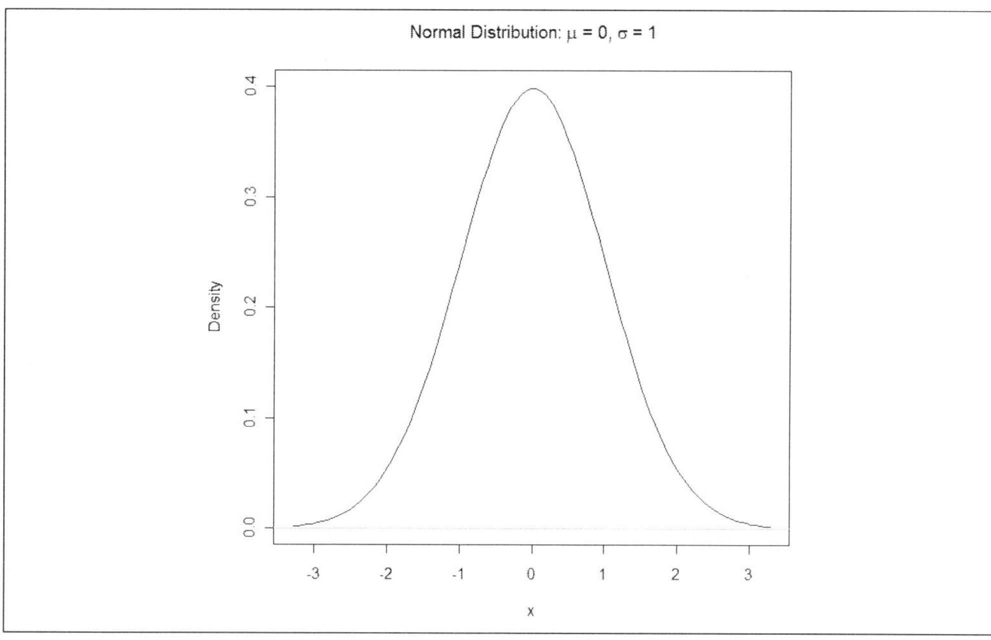

만약, 정규분포의 분포함수 그래프를 작성하고 싶으면 평균과 표준편차 값을 입력한 후 《**Normal Distribution**》 대화상자에서 **Plot distribution function**을 선택하면 된다. 즉, 다음과 같이 입력한 후 **OK**를 선택하면 결과 5.6과 같은 $N(0,1)$의 분포함수를 작성할 수 있다.

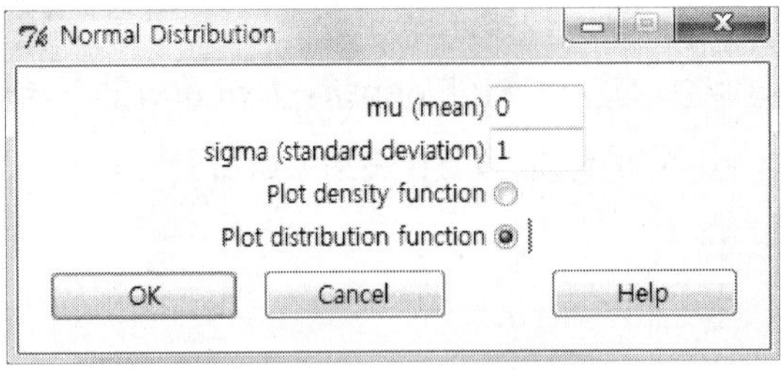

결과 5.6 정규분포의 확률밀도함수

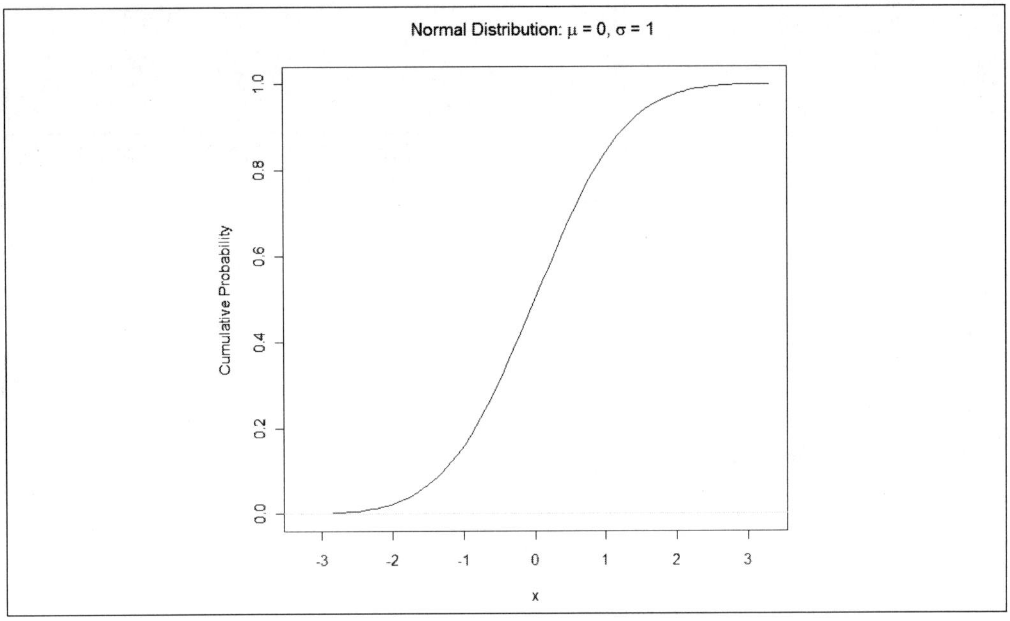

(2) 정규분포의 확률계산

RExcel의 메뉴를 사용하면 매우 간편하게 정규분포에서 원하는 확률 값을 얻을 수 있다. 즉, 확률변수 X가 평균이 μ이고 분산이 σ^2인 정규분포를 따르는 경우 다음의 메뉴를 사용하면 $P(X \geq x)$ 또는 $P(X \leq x)$의 값을 구할 수 있다.

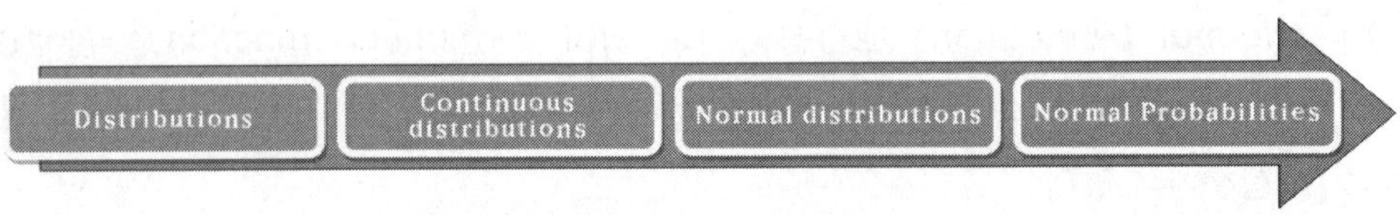

예를 들어 X가 $N(0,1)$일 때, X가 1.645이하일 확률인 $P(X \leq 1.645)$의 값을 산

출하고 싶으면, 위의 **Normal probabilities** 메뉴를 선택해서 얻게 되는 《**Normal Probabilities**》 대화상자를 이용하면 된다. 즉, 《**Normal Probabilities**》 대화상자에서 평균 0과 표준편차 1의 값을 각각 **mu**와 **sigma**에 입력하고, 주어진 x의 값인 1.645를 ***Variable value(s)***에 입력한다. 그리고 왼쪽부분의 확률을 원하면 ***Lower tail***를, 오른쪽 부분의 확률을 원하면 ***Upper tail***를 선택하면 된다. 이 예에서는 왼쪽부분의 확률을 구해야 하기 때문에 아래의 《**Normal Probabilities**》 대화상자와 같이 ***Lower tail***를 선택하면 된다. 만약, $P(X \le 1.645)$의 값이 아닌 $P(X \ge 1.645)$의 값을 구하고 싶으면 ***Upper tail***를 선택하면 된다.

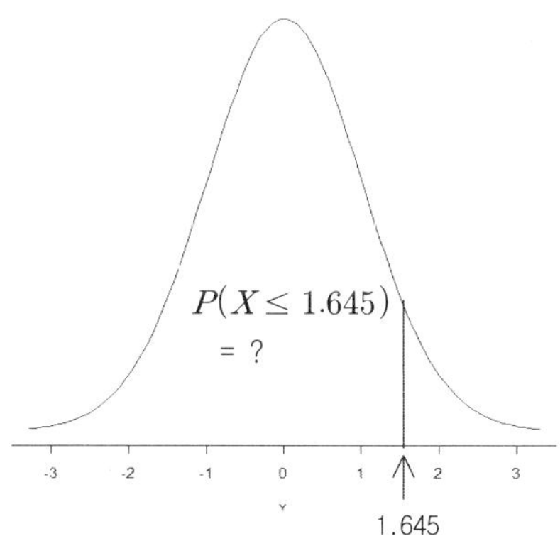

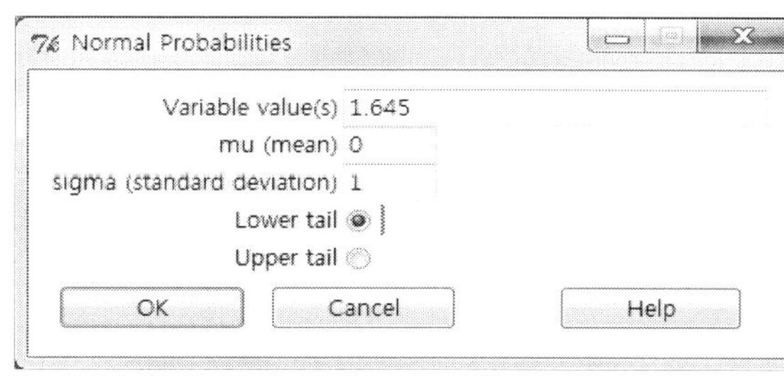

결과 5.7 정규분포의 확률계산

ℛ 결과분석

결과 5.7로부터 X가 $N(0,1)$을 따르는 확률변수일 때, $P(X \le 1.645) = 0.950015$임을 알 수 있다.

지금까지는 확률변수 X가 평균이 μ이고 분산이 σ^2인 정규분포를 따르고, x의 값이 주어진 경우에 $P(X \ge x)$ 또는 $P(X \le x)$의 값을 구하는 방법을 설명하였다. 이제는 확률변수 X가 평균이 μ이고 분산이 σ^2인 정규분포를 따르고 $P(X \ge x)$ 또는 $P(X \le x)$의 값이 주어진 경우에 반대로 x의 값을 구하는 방법을 설명하고자 하는데, 이를 위해서는 RExcel에서 다음의 메뉴를 선택하면 된다.

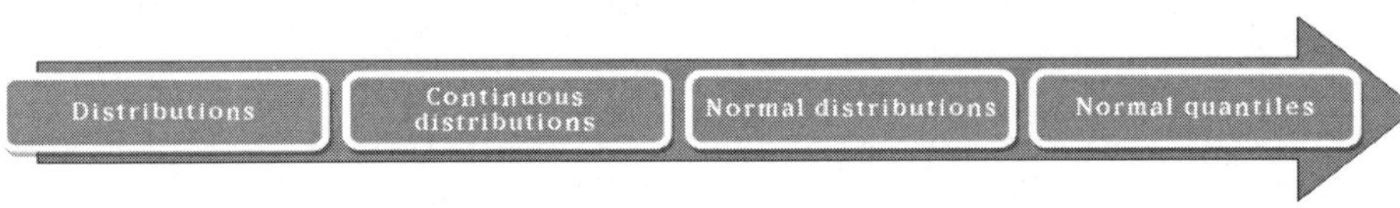

예를 들어 X가 $N(0,1)$일 때, $P(X \le x) = 0.95$를 만족하는 x의 값을 산출하고 싶으면, 위의 **Normal quantiles** 메뉴를 선택해서 얻게 되는 《**Normal Quantiles**》대화상자를 이용한다. 이 때, 평균과 표준편차의 값을 각각 입력하고, 주어진 확률값인 0.95를 **Probabilities**에 입력한다. 그리고 왼쪽부분의 확률이 주어졌으면 **Lower tail**를, 오른쪽 부분의 확률이 주어졌으면 **Upper tail**를 선택하면 된다. 이 예에서는 왼쪽부분의 확률이 주어졌기 때문에 **Lower tail**를 선택하면 된다. 이렇게 하면 결과 5.8과 같은 결과를 얻을 수 있다.

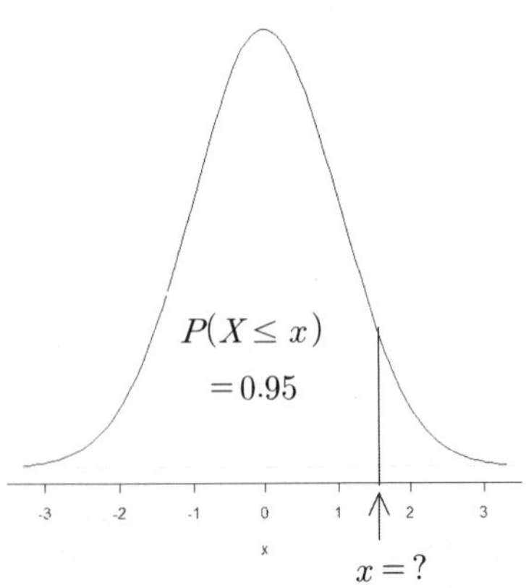

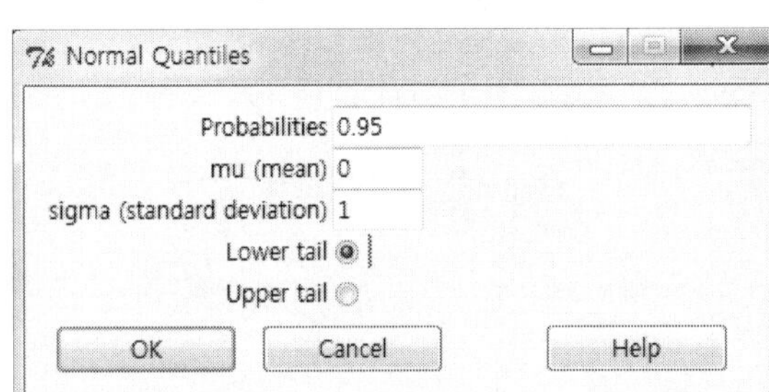

결과 5.8 정규분포에서 특정 확률을 갖는 값의 계산

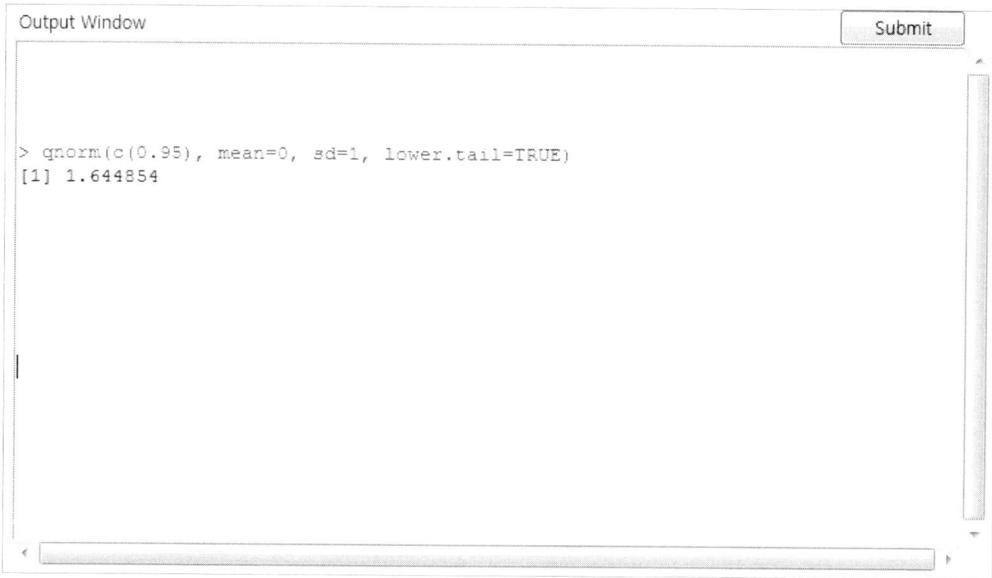

$\mathcal{R}$ 결과분석

결과 5.8로부터 X가 $N(0,1)$일 때, $P(X \leq x) = 0.95$를 만족하는 x의 값이 1.644854임을 알 수 있다. 즉,

$$P(X \leq 1.644854) = 0.95$$

가 된다.

5.3 기타 분포를 위한 메뉴

5.1과 5.2절에서는 대표적인 이산형 확률분포인 이항분포와 연속형 확률분포인 정규분포에 대하여 RExcel를 활용하는 방법에 대하여 설명하였다. RExcel에서는 이러한 이항분포와 정규분포 이외에도 다른 많은 분포에 대하여 그래프를 작성하고 특정 확률값을 산출할 수 있는 메뉴들을 제공하고 있는데, 사용하는 방법은 앞의 이항분포와 정규분포와 비슷하기 때문에 이를 참고하면 쉽게 활용할 수 있을 것으로 생각한다.

다음은 RExcel에서 제공되는 이산형 확률분포와 연속형 확률분포를 위해서 사용이 가능한 메뉴들이다.

구분	확률분포	RExcel 메뉴
연속형 확률분포	정규분포	Normal distribution ▶
	t분포	t distribution ▶
	카이제곱분포	Chi-square distribution ▶
	F분포	F distribution ▶
	지수분포	Exponential distribution ▶
	균등분포	Uniform distribution ▶
	베타분포	Beta distribution ▶
	코시분포	Cauchy distribution ▶
	로지스틱분포	Logistic distribution ▶
	로그정규분포	Lognormal distribution ▶
	감마분포	Gamma distribution ▶
	와이블분포	Weibull distribution ▶
	검블분포	Gumbel distribution ▶
이산형 확률분포	이항분포	Binomial distribution ▶
	포아송분포	Poisson distribution ▶
	기하분포	Geometric distribution ▶
	초기하분포	Hypergeometric distribution ▶
	음이항분포	Negative binomial distribution ▶

이항분포, 정규분포와 관련된 메뉴

RExcel 메뉴	사용 목적
Distributions Discrete distributions Binomial distributions Plot binomial distribution	이항분포의 그래프 작성
Distributions Discrete distributions Binomial distributions Binomial probabilities	이항분포의 확률계산
Distributions Discrete distributions Binomial distributions Binomial tail probabilities	이항분포의 누적확률계산
Distributions Continuous distributions Normal distributions Plot normal distribution	정규분포의 그래프 작성
Distributions Continuous distributions Normal distributions Normal Probabilities	정규분포의 우측(또는 좌측) 확률계산

이항분포, 정규분포와 관련된 메뉴

RExcel 메뉴	사용 목적
Distributions → Continuous distributions → Normal distributions → Normal quantiles	정규분포에서 우측(또는 좌측) 확률을 만족하는 값 산출

제 II부 RExcel를 활용한 기초통계분석

제 6장

자료의 정리 및 요약

6.1 도수분포표의 작성

통계학에서 사용되는 통계자료(statistical data)는 일반적으로 다량의 관측치(observations)들로 구성되어 있다. 이와 같은 통계자료를 분석하기 위해서 가장 먼저 선행되어야 할 문제는 수집된 다량의 자료들을 정리, 요약함으로써 전체 자료의 특성을 파악할 수 있도록 하는 것이다. 이러한 통계학의 분야를 기술통계학(descriptive statistics)이라 하며, 기술통계학은 분석 대상이 되는 자료의 형태에 따라 여러 가지 방법으로 이들을 요약, 정리하는 통계학의 한 분야이다.

통계학에서 연구 목적에 부합되는 관심대상이 되는 모든 관측값들의 집합을 모집단(population)이라 하며, 모집단으로부터 통계적 분석을 위해 추출된 일부 관측값들의 집합을 표본(sample)이라고 한다. 그리고 모집단의 특성을 나타내는 여러 값들을 모수(parameter)라 하고, 표본의 특성을 나타내는 표본의 함수를 통계량(statistic)이라 한다. 우리가 일반적으로 얘기하는 통계자료란 표본으로 추출된 관측값들의 집합을 의미한다. 이러한 통계자료를 요약 및 정리하는 방법은 크게 두 가지로 나눌 수 있는데, 첫 번째 방법은 주어진 통계자료들을 도수분포표 또는 막대그래프, 히스토그램, 도수다각형, 상자도표, 줄기-잎 그림 등과 같은 다양한 형태의 그래프로 표현하는 방법이고, 두 번째 방법은 주어진 자료를 대표할 수 있는 대표값과 산포도(dispersion) 값을 수학적으로 구해서 전체 자료를 요약하는 방법이다.

||||||| 통계학의 구분

통계학은 크게 기술통계학(descriptive statistics)과 추측통계학(inferential statistics)으로 구분할 수 있다. 기술통계학은 분석 대상이 되는 통계자료를 다양한 방법에 의해 요약, 정리하는 분야로서 자료들을 표나 그래프, 숫자로 요약하여 자료의 전체적인 내용을 쉽게 파악할 수 있도록 하는 것이다. 자료를 요약하는 가장 단순한 방법으로 도수분포표(frequency table)를 이용하여 자료를 정리하는 방법이 있고, 자료의 전체적인 개요나 형태를 시각적으로 파악하기 위해서 히스토그램(histogram), 도수다각형(frequency polygon), 원그림(pie chart) 또는 상자그림(box plot)이나 줄기-잎 그림(stem-and-leaf plot)으로 표현하는 방법이 있다. 추측통계학은 모집단에서 추출되어 생성된 표본의 자료값들을 이용하여 계산된 통계량(statistic) 값들을 이용하여 모집단의 일반적인 특성을 추측하는 분야이다. 추측통계학은 크게 추정(estimation) 분야와 가설검정(hypothesis testing) 분야로 구분할 수 있으며, 추정은 표본의 특성값, 즉 통계량을 이용하여 모집단의 모수(parameter)를 추측하는 것이고, 가설검정은 표본에 의해 얻어진 통계량 값들을 이용하여 모집단에 대한 어떠한 주장이나 현상을 설명하는 가설을 설정한 후, 이 가설의 진위 여부를 판단하는 것이다.

앞에서 설명한 도수분포표를 작성하기 위해서 **Frequency distributions** 메뉴를 이용할 수 있는데, RExcel에서는 기본적으로 질적변수(범주형변수)에 대해서 **Frequency distributions** 메뉴를 사용할 수 있도록 되어 있다. RExcel에서 빈도분석을 실행하기 위해서 다음과 같은 메뉴를 선택한다.

예를 들어 최종자료 **Data**를 구성하는 학생들의 성별 분포를 알아보기 위해 도수분포표를 작성해 보자. 《**Frequency Distributions**》 대화상자에서 다음과 같이 분석하고자 하는 변수인 성별(Gender)을 선택한 다음 **OK**를 클릭한다.

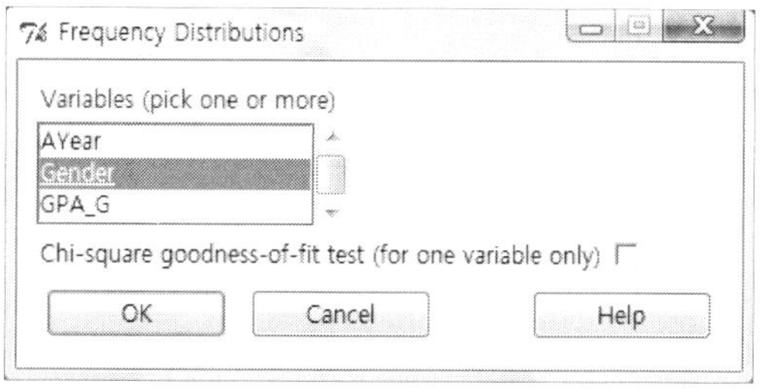

결과 6.1 성별 도수분포표

Output Window

```
> .Table <- table(Data$Gender)
> .Table  # counts for Gender
 F  M
32 32
> round(100*.Table/sum(.Table), 2)  # percentages for Gender
 F  M
50 50
> remove(.Table)
```

R 결과분석

결과 6.1은 성별에 대한 도수와 백분율을 보여주고 있는데, 결과로부터 남학생과 여학생이 각각 32명(50%)으로 같은 비율을 차지하고 있음을 알 수 있다.

참고로 도수분포표를 작성하고자 하는 변수가 여러 개일 경우에는 《**Frequency Distributions**》 대화상자의 ***Variables*** 창에서 이 변수들을 모두 선택하면 된다. 또한 《**Frequency Distributions**》 대화상자의 ***Variables*** 창에서 보여주는 변수는 모두 명목형 변수들이다. 즉, 명목형 변수들만 ***Variables*** 창에 나타난다는 점에 유의하여야 한다.

R **실습 6-1**

최종자료 ***Data***를 사용하여 학점을 나타내는 변수인 GPA_G에 대하여 도수분포표를 작성하여라.

6.2 그래프의 작성

통계자료를 요약하고 정리하는 방법에는 표를 이용하는 방법, 그래프를 이용하는 방법, 그리고 수치를 이용하는 방법이 있다. 이 절에서는 그래프를 작성하여 통계자료를 요약하고 정리하는 방법에 대하여 설명하고자 한다. 즉, 주어진 통계자료에 대하여 막대그래프, 원차트, 히스토그램, 상자도표, 줄기-잎 그림 등과 같은 다양한 형태의 그래프를 RExcel로 작성하는 방법을 소개하고, 이를 해석하는 방법을 설명한다.

(1) 막대그래프

막대그래프는 범주형 자료에 대하여 각 범주가 차지하는 도수의 크기를 막대높이로 나타내는 그래프로써, 막대그래프를 작성하면 각 범주의 도수를 쉽게 비교할 수 있다는 장점이 있다. 이러한 막대그래프는 RExcel에서 다음의 메뉴를 사용하여 작성할 수 있다.

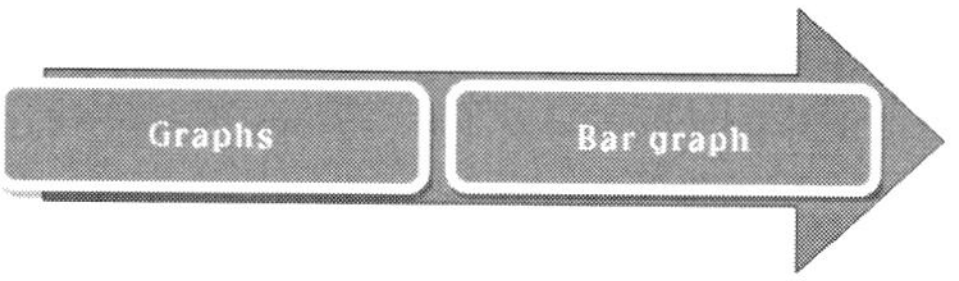

예를 들어 최종자료를 구성하는 학생들의 성별(Gender)에 대하여 막대그래프를 작성하려면, 위에서 설명한 **Bar graph** 메뉴를 선택하면 된다. 이렇게 해서 얻게 되는 《**Bar Graph**》 대화상자에서 다음과 같이 분석하고자 하는 변수인 성별(Gender)을 선택한 다음 **OK**를 클릭한다. 결과 6.2는 성별(Gender)에 대한 막대그래프이다.

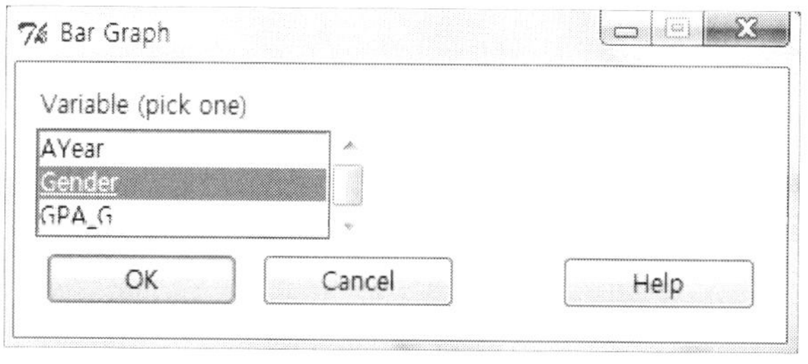

결과 6.2 성별(Gender)에 대한 막대그래프

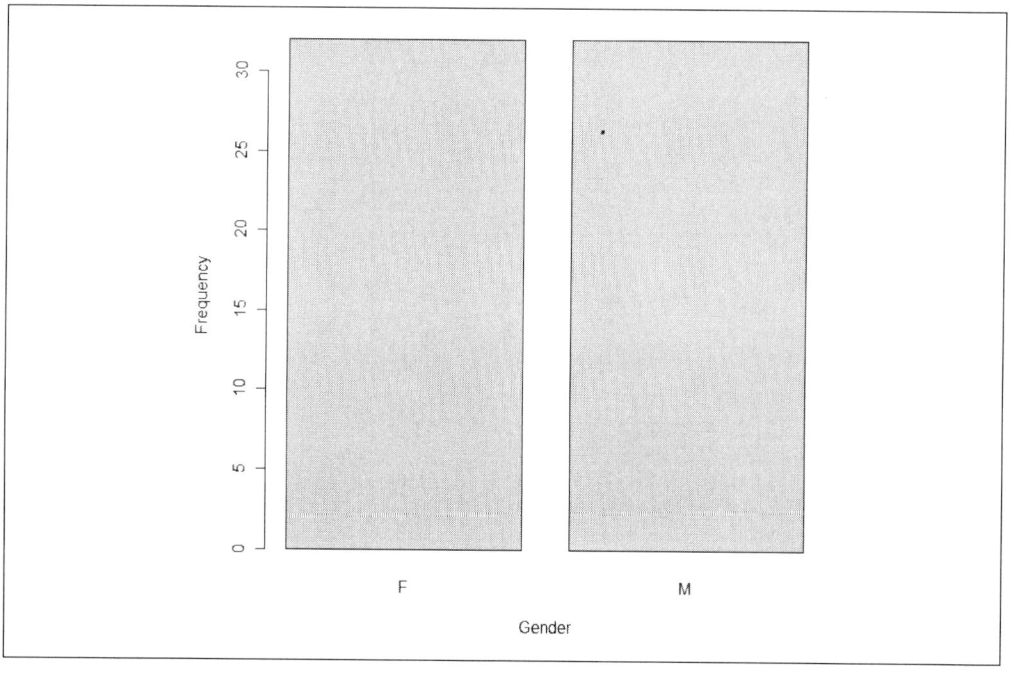

R 결과분석

결과 6.2에는 성별에 대하여 막대그래프가 작성되어 있는데, 남학생과 여학생이 동일하게 조사되었음을 알 수 있다. 물론, 결과 6.1에 나타나 있는 도수분포표를 이용하여 작성되었음을 알 수 있다.

막대그래프를 작성하는 다른 예를 살펴보자. 결과 6.3은 앞에서 설명한 방법, 즉 **Bar graph** 메뉴를 선택해서 얻게 되는 《**Bar Graph**》 대화상자에서 A, B, C, D, F 학점을 갖는 학점(GPA_G) 변수를 선택해서 작성한 막대그래프이다.
결과 6.3의 막대그래프로부터 B학점인 학생이 가장 많다는 사실을 알 수 있으며, A와 C학점의 학생은 비슷하게 분포하고 있으며, D와 F학점인 학생은 한명도 없음을 알 수 있다.

결과 6.3 학점(GPA_G)에 대한 막대그래프

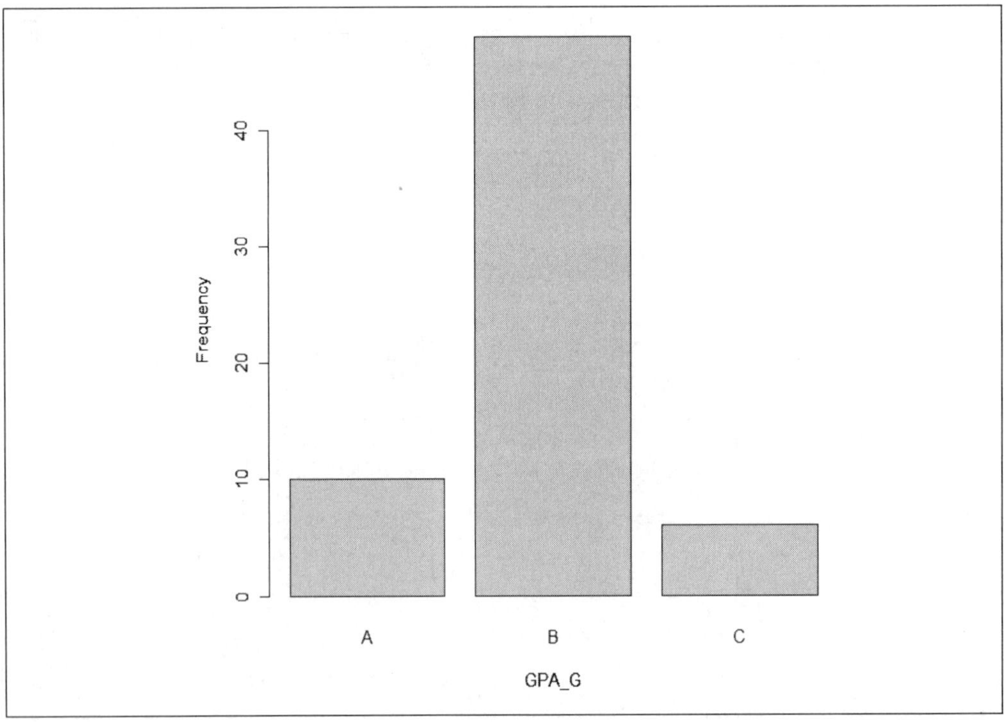

(2) 원도표

범주형 자료에 대하여 작성된 원도표는 전체에서 각 범주가 차지하는 비율을 쉽게 알 수 있는 그래프이다. 이러한 원도표는 RExcel에서 다음의 메뉴를 사용하여 쉽게 작성할 수 있다.

예를 들어 최종자료 **Data**에서 학생들의 학년(AYear) 자료에 대하여 원도표를 작성하고자 한다면, 위의 **Pie chart** 메뉴를 선택하면 된다. 이렇게 해서 얻게 되는 《**Pie Chart**》 대화상자에서 다음과 같이 분석하고자 하는 변수인 학년(AYear)을 선택한 다음 **OK**를 클릭한다. 이렇게 하면 결과 6.4와 같은 원도표를 얻을 수 있다.

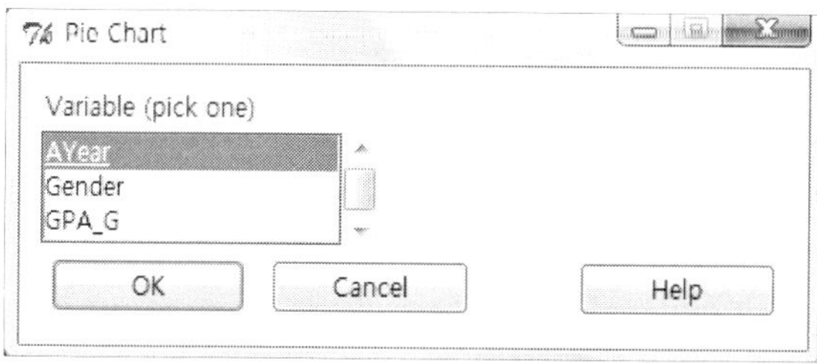

결과 6.4 학년(AYear)에 대한 원도표

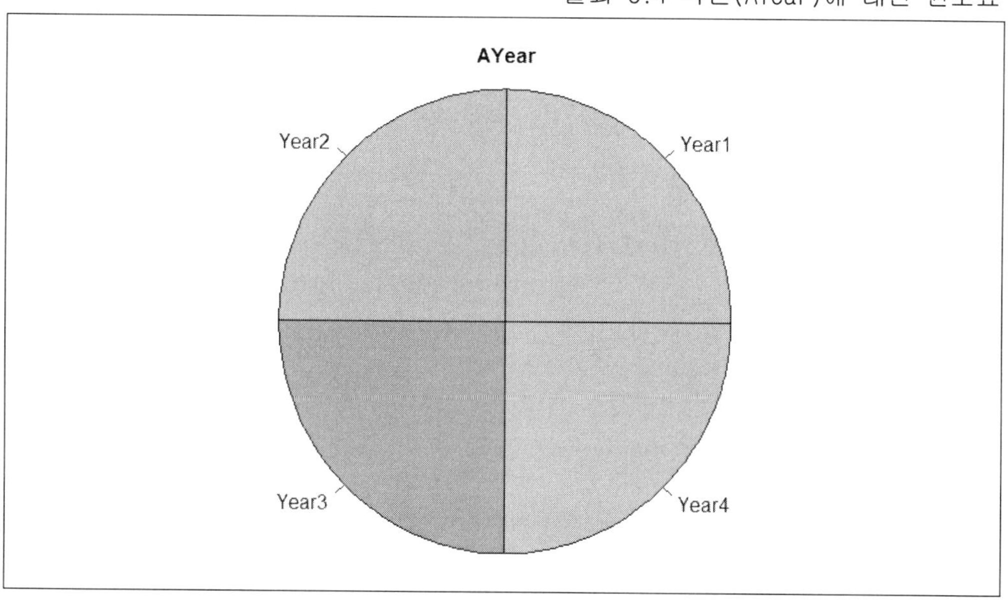

R 결과분석

결과 6.4는 학년(AYear)에 대하여 작성된 원도표이다. 이러한 원도표를 통해서 전체에서 각 범주가 차지하는 비율을 쉽게 파악할 수 있는데, 분석용 자료에는 1, 2, 3, 4학년 모두 동일한 비율로 구성되어 있음을 알 수 있다.

원도표를 작성하는 다른 예를 살펴보자. 결과 6.5는 앞에서 설명한 방법으로 A, B, C, D, F 학점을 갖는 학점(GPA_G) 자료에 대하여 작성한 원도표이다. 이 원도표로부터 B학점이 차지하는 비중이 가장 크다는 사실을 알 수 있으며, 평점이 D와 F인 학생은 한명도 없다는 것도 알 수 있다.

결과 6.5 학점(GPA_G)에 대한 원도표

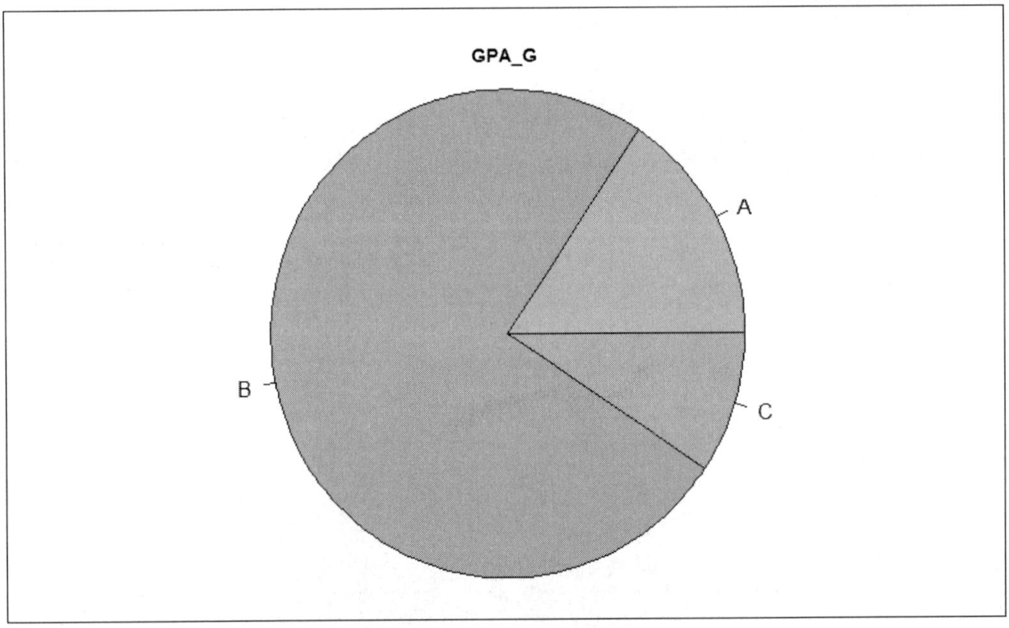

(3) 히스토그램

히스토그램은 연속형 자료에 대하여 막대그래프와 같은 형태의 그래프를 작성하는 것인데, 이를 통해서 연속형 자료의 분포 상태를 파악할 수 있다. 이러한 히스토그램은 RExcel에서 다음 메뉴를 사용하여 작성할 수 있다.

예를 들어 최종자료 **Data**에서 학생들의 키(Height)를 배꼽높이(Navel)로 나눈 비율(Ratio)에 대하여 히스토그램을 작성하고자 한다면, 위에서 설명한 **Histogram** 메뉴를 선택하면 된다. 《**Histogram**》 대화상자에서 다음과 같이 분석하고자 하는 변수인 비율(Ratio)를 선택하고, y축을 **frequency counts**(도수)를 사용할 것인지, **percentages**(백분율)를 사용할 것인지 아니면 **densities**(밀도)를 사용할 것인지를 선택하면 된다. 여기서는 히스토그램의 전체 면적이 1이 되도록 **densities**를 선택하였다. 이렇게 하면 결과 6.6과 같은 히스토그램을 얻을 수 있다.

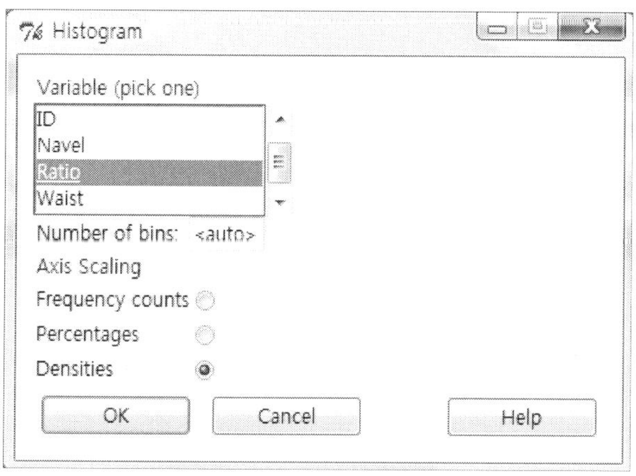

R 결과분석

결과 6.6은 키를 배꼽높이로 나눈 비율(Ratio)에 대하여 작성된 히스토그램이다. 이러한 히스토그램으로부터 학생들의 비율(Ratio)의 분포를 알 수 있는데, 키(Height)의 분포와는 다르게 남학생과 여학생을 함께 고려했음에도 봉우리가 하나인 단봉분포의 형태를 가지며, 정규분포에 가까워 보임을 알 수 있다.

결과 6.6 비율(Ratio)에 대한 히스토그램

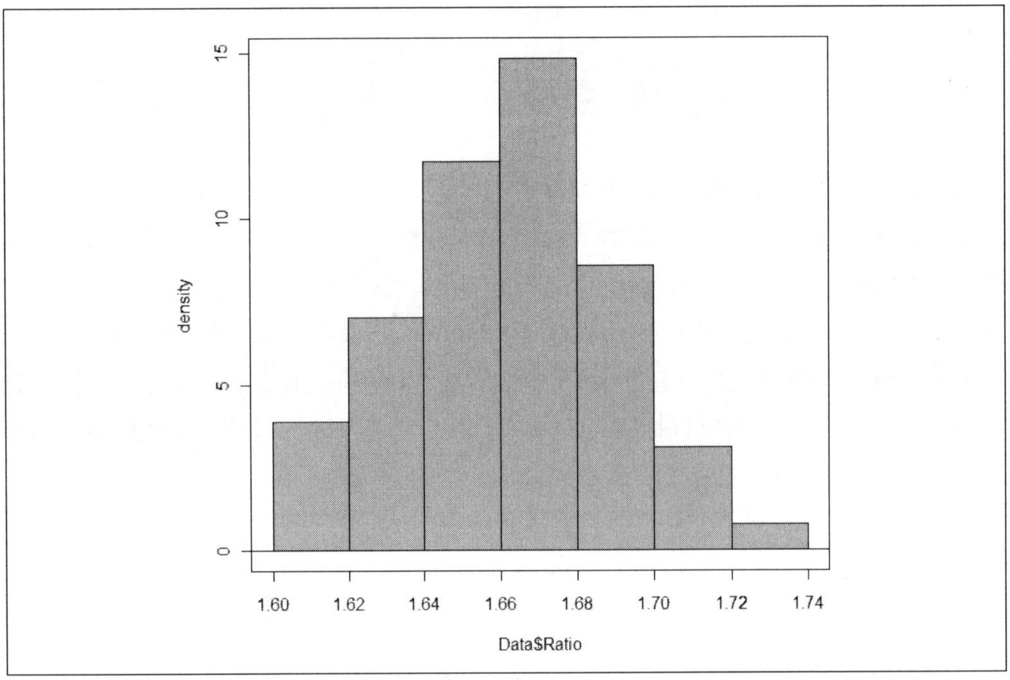

(4) 줄기-잎 그림

히스토그램이 연속형 자료의 분포를 쉽게 파악 할 수 있다는 장점은 있으나, 원래의 관측치에 대한 정보를 알 수 없다는 단점이 있다. 그러나 줄기-잎 그림을 작성할 경우에는 이러한 단점을 해결할 수 있다. RExcel에서는 다음의 메뉴를 사용하여 줄기-잎 그림을 쉽게 작성할 수 있다.

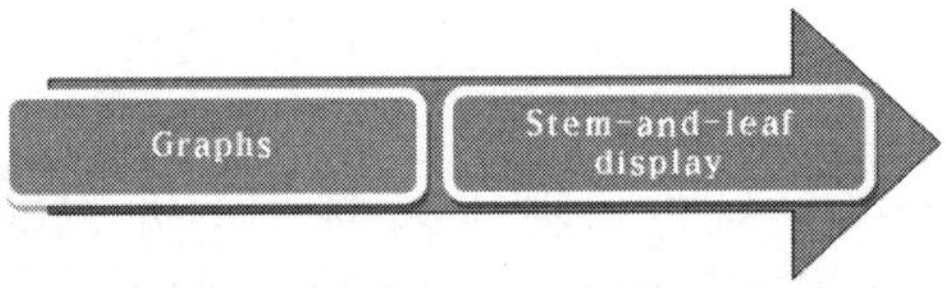

예를 들어 최종자료 **Data**에서 학생들의 키를 배꼽높이로 나눈 비율(Ratio)에 대하여 줄기-잎 그림을 작성하고자 한다면, 위에서 설명한 **Stem-and-leaf display** 메뉴를 선택하면 된다. **《Stem and Leaf Display》** 대화상자에서 다음과 같이 분석하고자 하는 변수인 비율(Ratio)을 선택하고 **OK**를 선택하면 결과 6.7과 같은 줄기-잎 그림을 얻을 수 있다.

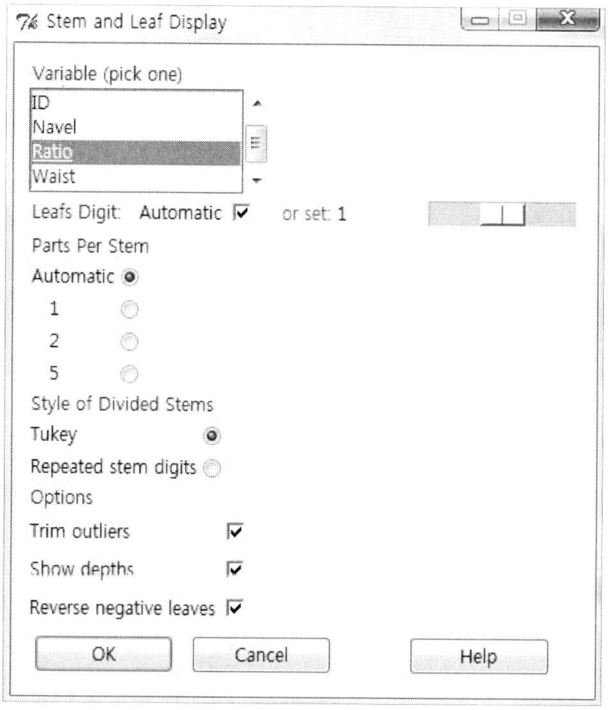

결과 6.7 비율(Ratio)에 대한 줄기-잎 그림

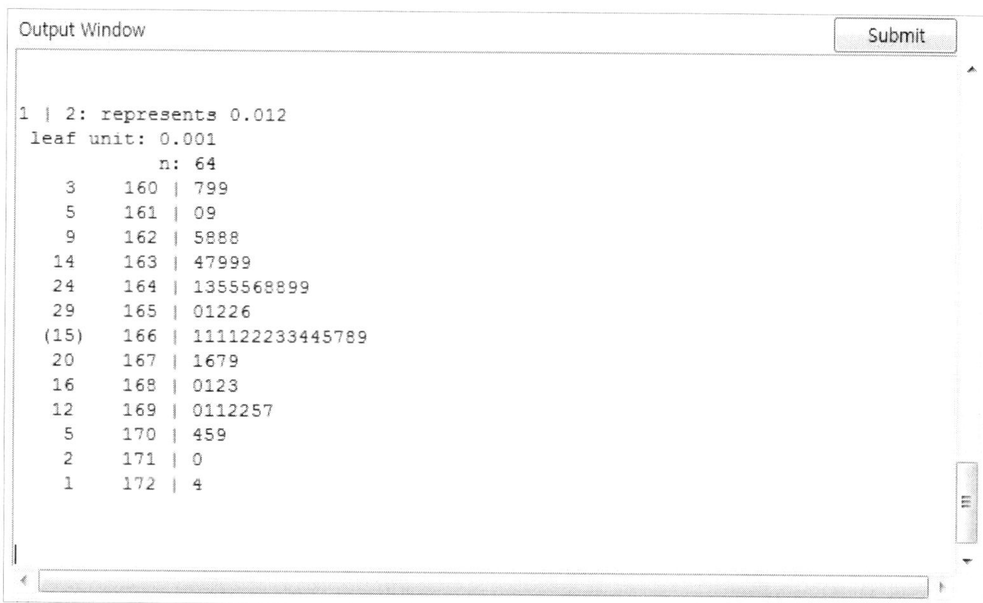

R 결과분석

결과 6.7은 키를 배꼽높이로 나눈 비율(Ratio)에 대한 줄기-잎 그림이다. 이러한 줄기-잎 그림으로부터 비율(Ratio)의 분포뿐 만이 아니라 각각의 관측치에 대한 정보도 알 수 있다. 줄기-잎 그림에서 첫 번째 줄기 160은 1.60을 의미하기 때문에 비율이 가장 작은 학생 즉, 하체가 키에 비하여 상대적으로 가장 짧은 학생의 비율은 1.607이고, 가장 큰 학생의 비율값은 1.724임을 알 수 있다. 또한 비율(Ratio)의 분포는 봉우리가 하나이며, 정규분포에 가까워 보임을 알 수 있다.

(5) 상자그림

상자그림은 최소값, 제 1 사분위수, 제 2 사분위수(중앙값), 제 3 사분위수, 최대값을 사용하여 작성하는 그래프로써 자료의 분포를 파악함과 동시에 주요 요약수치를 제공한다는 장점이 있다. 이러한 상자그림은 RExcel에서 다음의 메뉴를 사용하여 쉽게 작성할 수 있다.

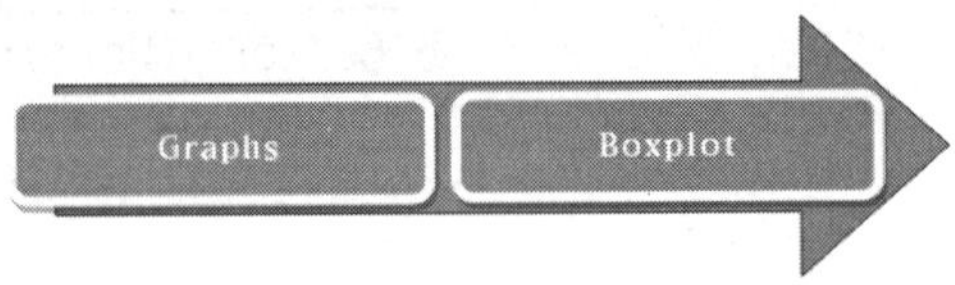

예를 들어 최종자료 **Data**에서 학생들의 키를 배꼽높이로 나눈 비율(Ratio)에 대하여 상자그림을 작성하고자 한다면, 위에서 설명한 **Boxplot** 메뉴를 선택하면 된다. 《**Boxplot**》 대화상자에서 다음과 같이 분석하고자 하는 변수인 비율(Ratio)를 선택하고 **OK**를 선택하면 결과 6.8과 같은 상자그림을 얻을 수 있다.

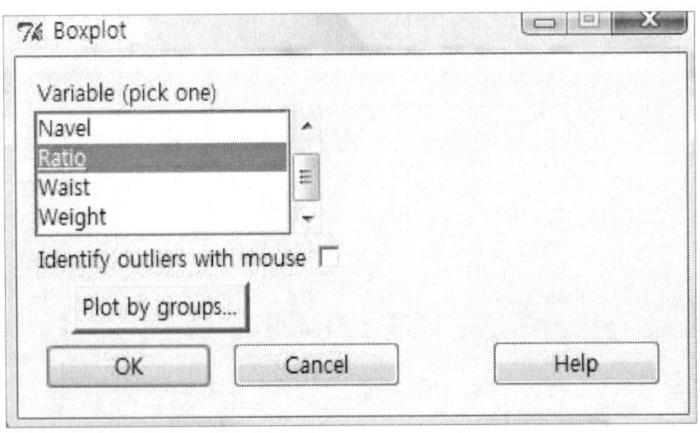

결과 6.8 비율(Ratio)에 대한 상자그림

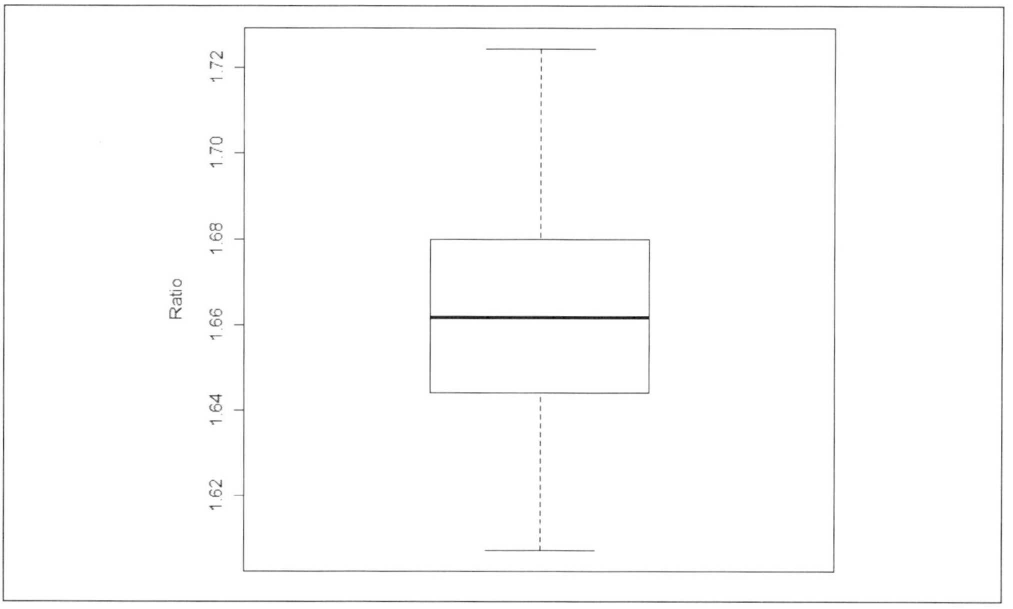

R 결과분석

결과 6.8은 키를 배꼽높이로 나눈 비율(Ratio)에 대한 상자그림이다. 이러한 상자그림으로부터 비율(Ratio)에 대한 최소값, 제 1 사분위수, 제 2 사분위수(중앙값), 제 3 사분위수, 최대값의 위치를 알 수 있다. 또한 이상치는 존재하지 않는 것으로 나타났으며, 어느 정도 대칭인 분포를 하는 것으로 보인다.

만약 상자그림을 그룹(요인)별로 작성하여 그룹별 자료의 특성을 비교하고 싶다면 **Boxplot** 메뉴를 선택해서 얻게 되는 《**Boxplot**》대화상자에서 **Plot by groups**를 사용하면 된다. 예를 들어 남학생과 여학생의 키(Height) 자료에 대하여 상자그림을 각각 작성하여, 남녀 학생의 키의 분포를 비교하고 싶다면 다음과 같이 《**Boxplot**》대화상자에서 분석하고자 하는 변수인 키(Height)를 선택하고, 그룹(요인)을 지정하기 위해서 **Plot by groups**를 선택한다. 그리고 《**Groups**》대화상자에서 그룹으로 성별(Gender)을 선택한 후 **OK**를 선택하면 결과 6.9와 같이 남녀 학생별 상자그림을 작성할 수 있다.

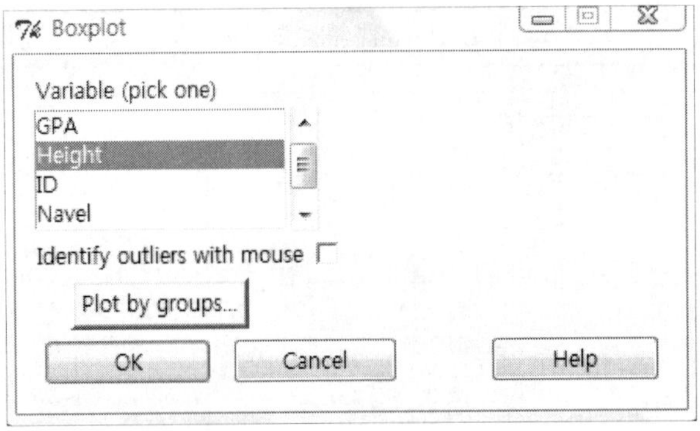

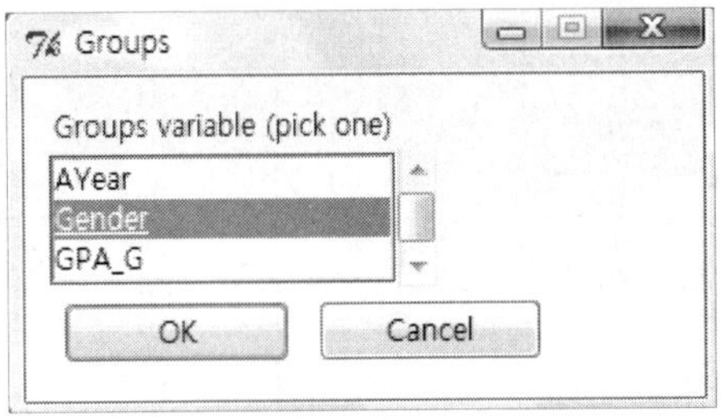

결과 6.9 키(Height)의 성별(Gender) 상자그림

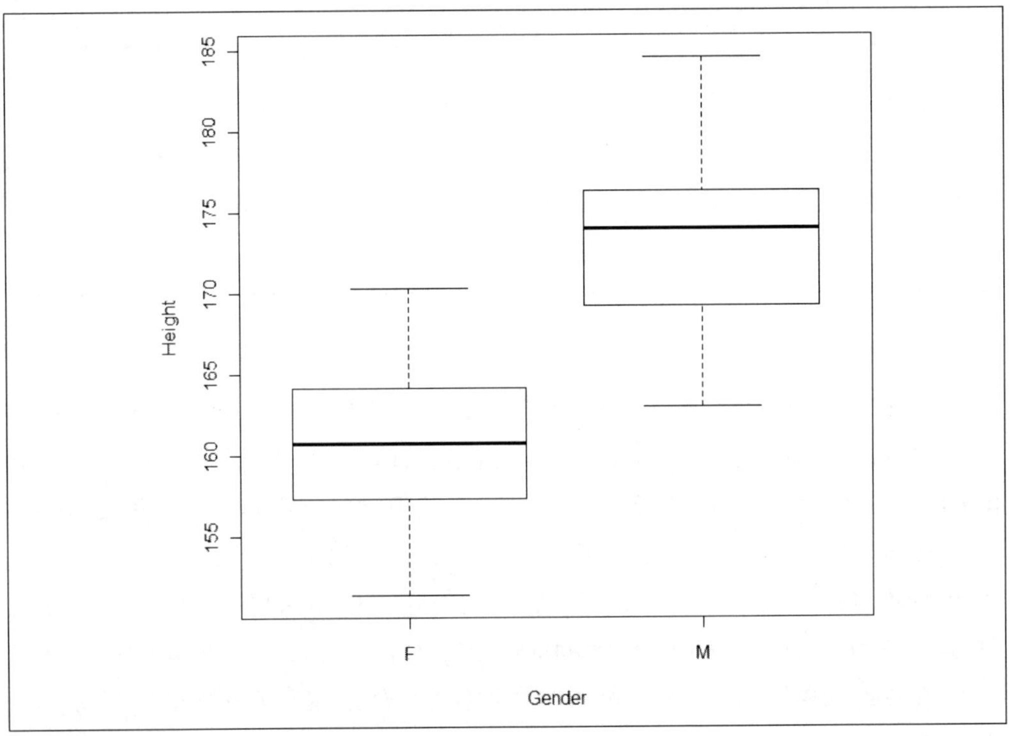

R 결과분석

결과 6.9의 남녀 학생별 키(Height)에 대한 상자그림으로부터 여학생 키의 분포가 남학생 키의 분포에 비하여 상대적으로 대칭인 분포를 하고 있음을 알 수 있다. 그리고 남학생 키의 중심위치가 여학생 키의 중심위치보다 크다는 사실도 알 수 있다. 또한 두 집단 모두 이상치는 존재하지 않는 것으로 나타났다.

6.3 기술통계량 산출

통계자료를 요약 및 정리하는 또 다른 방법 중의 하나는 주어진 자료의 특성을 파악할 수 있는 수지를 사용하는 것인데, 이러한 값을 기술통계량 값이라 하고, 주로 대표값과 산포도가 이용된다.

▌▌▌▌▌▌▌ 대표값과 산포도

모집단으로부터 추출된 n개의 표본 관측값 $(x_1, x_2, \cdots, x_n)$들이 주어진 경우, 관측값들의 중심위치를 나타내는 측도로 대표값을 사용한다. 일반적으로 많이 사용되는 대표값으로 평균(mean), 중위수(median), 최빈값(mode)이 있다. 3개의 대표값 중에서 어느 대표값이 가장 좋은 대표값인지를 판단하는 기준은 분석하고자 하는 자료의 형태 또는 특성에 따라 다르게 결정된다. 예를 들어 표본평균의 경우 이상값의 영향이 너무 크다는 단점이 있고, 중앙값은 관측값 수가 너무 작은 경우 대표값으로서의 의미가 없게 되는 경우가 있다. 또한, 최빈값의 경우 존재하지 않거나 유일하게 존재하지 않는다는 단점이 있다. 따라서, 주어진 자료를 가장 잘 대표할 수 있는 대표값의 설정이 무엇보다 중요하다.
대표값과 함께 표본 관측값들을 요약하여 기술하는 중요한 측도로 사용되는 것이 산포도이다. 산포도란 표본에 포함된 각 관측값들이 대표값을 중심으로 얼마나 흩어져 있는가를 나타내는 측도로 분산(variance) 또는 표준편차(standard deviation)가 주로 사용되는데, 표준편차는 분산의 제곱근 값으로 계산된다. 산포도들은 측정 단위를 가지고 있기 때문에 측정 단위가 서로 다른 집단 사이의 산포도를 비교할 때는 이러한 측도들을 사용할 수 없다. 이에 대한 대안적인 산포도 측도로 변이계수(coefficient of variation)가 있다. 이와 같은 산포를 나타내는 측도들은 표본평균을 대표값으로 사용하는 경우의 산포도를 의미하며, 대표값으로 중앙값이나 최빈값을 사용하는 경우에는 사분위범위(quartile range) 또는 범위(range)를 산포도로 사용한다.

RExcel에서 기술통계량을 산출하기 위해서는 다음과 같이 **Numerical summaries** 메뉴를 선택함으로써 시작할 수 있다.

《**Numerical Summaries**》 대화상자에서 기술통계량을 구하고자 하는 변수와 기술통계량을 선택하면 되는데, 선택할 수 있는 기술통계량으로는 평균과 표준편차 그리고 백분위수가 있다. 예를 들어 평점(GPA)에 대한 기술통계량 값으로 평균, 중위수, 최소값, 최대값, 제 1사분위수, 제 3사분위수를 구해보자. 《**Numerical Summaries**》 대화상자의 ***Variables***에서 ***GPA***를 선택하고, ***Mean***, ***Standard Deviation***, ***Quantiles***를 선택한 다음 **OK**를 클릭한다. 그러면 결과 6.10을 얻을 수 있다.

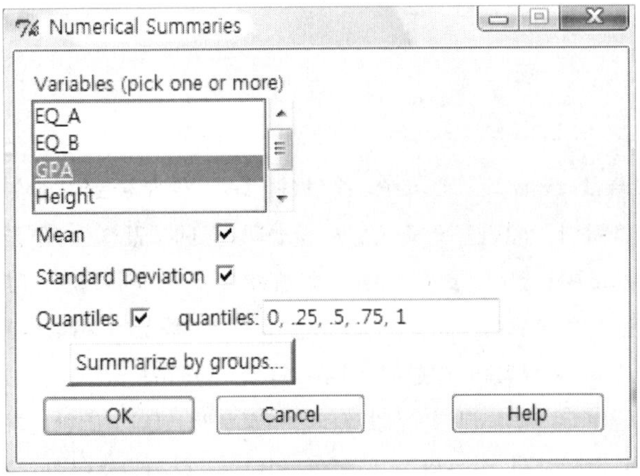

R 결과분석

결과 6.10에는 평점(GPA)에 대하여 평균, 표준편차, 중위수, 최소값, 최대값, 제1 사분위수, 제3 사분위수가 나타나 있다. 평점(GPA)의 평균은 3.5625, 중위수는 50 백분위수의 값으로 3.6이고 제일 낮은 평점은 2.4점이고 제일 높은 평점은 4.2임을 알 수 있다. 그리고 평점의 표준편차는 0.402이다.

결과 6.10 평점(GPA)에 대한 기술통계량

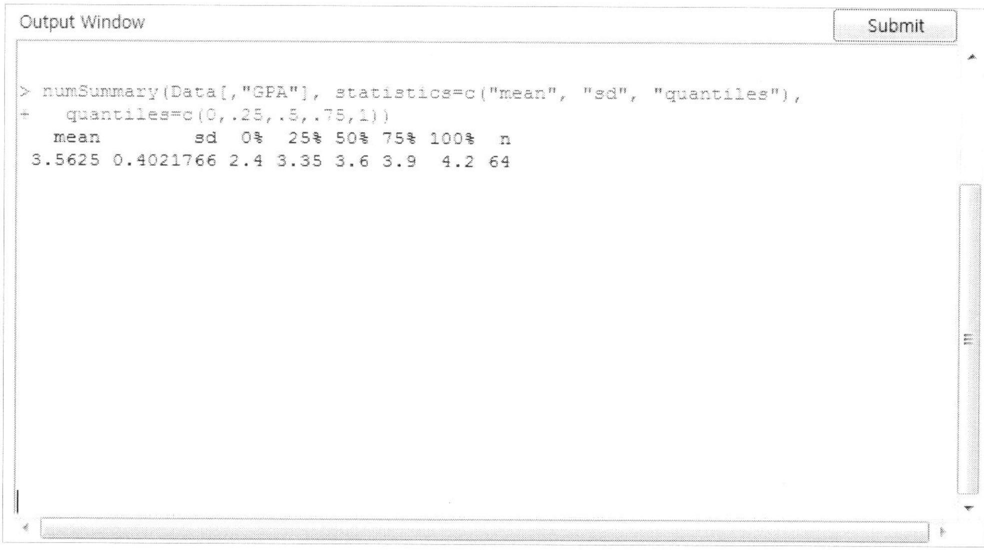

그런데, 《**Numerical Summaries**》 대화상자에서 디폴트로 나타나 있는 백분위수(0, 0.25, 0.5, 0.75, 1) 이외의 값을 구하고자 하는 경우에는 **quantiles** 창에 이를 직접 입력하면 된다. 예를 들어 10%, 20%, 30%, 40%, 50%, 60%, 70%, 80%, 90% 백분위수를 얻기 위해서는 다음과 같이 《**Numerical Summaries**》 대화상자의 **quantiles** 창에 0.1, 0.2, 0.3, 0.4, 0.5, 0.6, 0.7, 0.8, 0.9를 입력하면 된다. 이와 같이 입력한 후 **OK**를 클릭하면, 결과 6.11에서 볼 수 있는 것처럼 10%, 20%, 30%, 40%, 50%, 60%, 70%, 80%, 90% 백분위수를 얻을 수 있다.

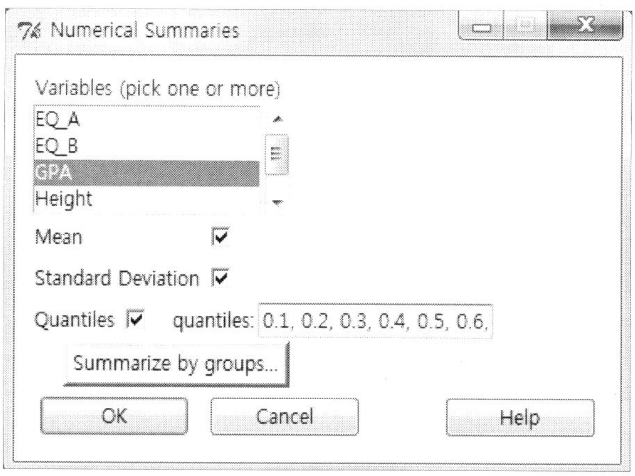

결과 6.11 평점(GPA)에 대한 기술통계량

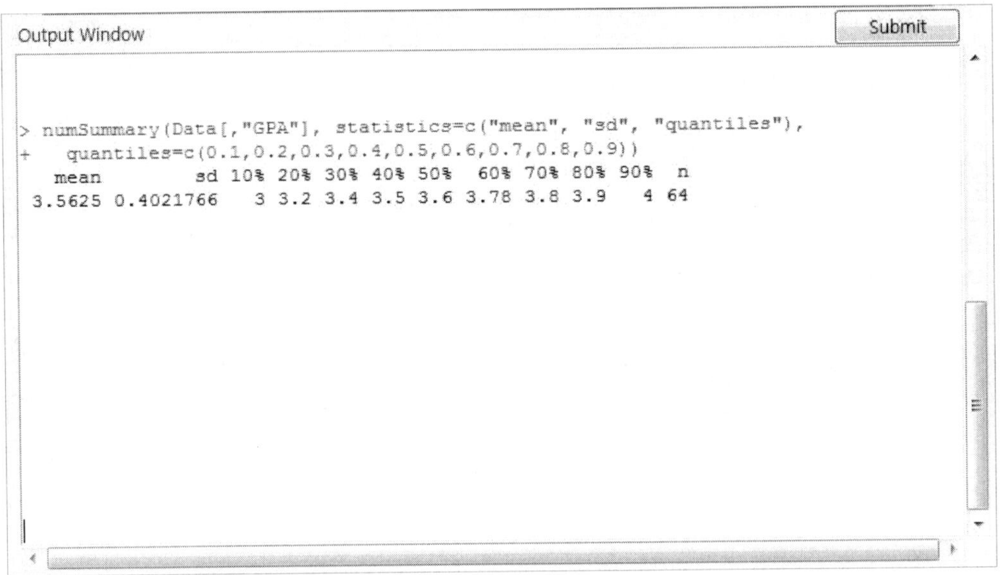

만약, 기술통계량을 그룹(요인)변수 별로 산출하고자 하는 경우에는 《**Numerical Summaries**》대화상자의 **Summarize by groups**를 선택하면 된다. 예를 들어, 평점(GPA)에 대한 기술통계량 값을 성별(Gender)에 따라 구하고 싶으면, 먼저 ***Variables***에서 평점(GPA)을 지정한 후 **Summarize by groups**를 선택한다. 그리고 다음과 같은 《**Groups**》대화상자에서 **Groups *Variable***에 성별(Gende)을 지정하면 된다. 이렇게 하면 결과 6.12와 같이 평점에 대한 기술통계량이 성별로 산출됨을 알 수 있다.

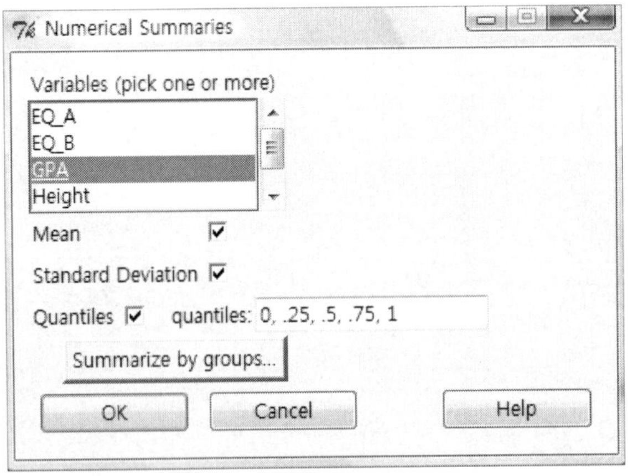

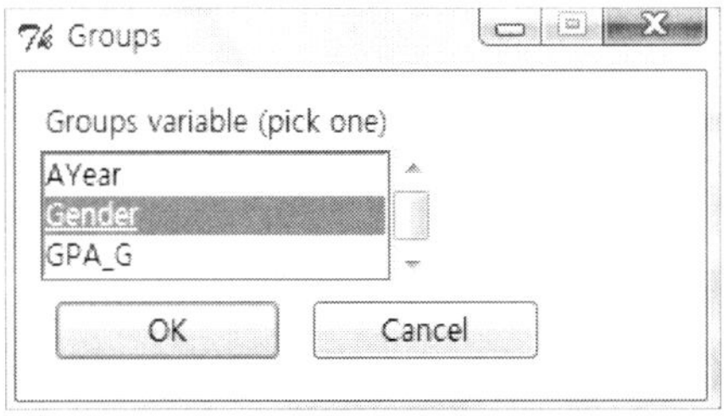

결과 6.12 평점(GPA)에 대한 성별(Gender) 기술통계량

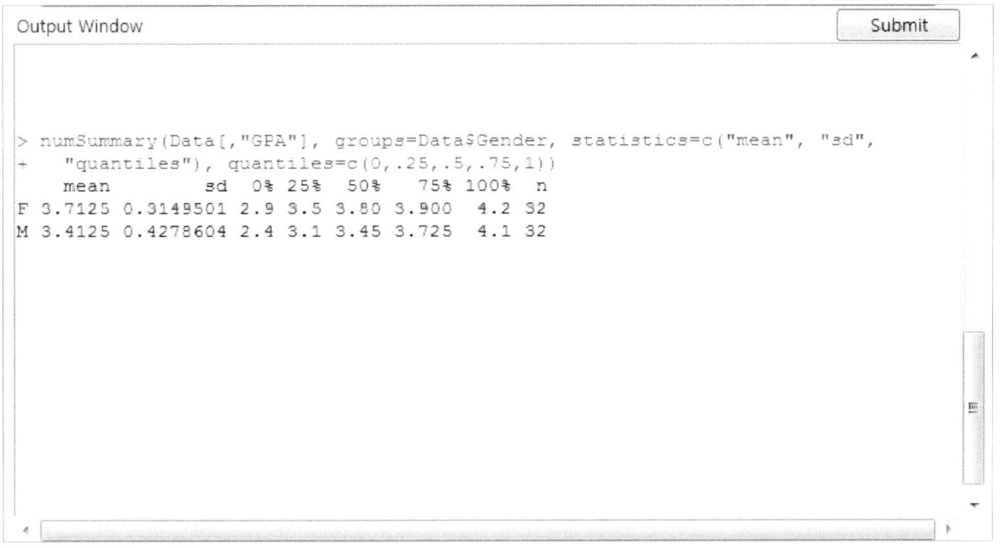

R 결과분석

결과 6.12에는 평점(GPA)에 대하여 평균, 표준편차, 중위수, 최소값, 최대값, 제 1사분위수, 제 3사분위수가 남녀 학생별로 구분하여 나타나 있다. 여학생 평점(GPA)의 평균이 3.7125로 남학생 평점(GPA)의 평균 3.4125보다 큼을 알 수 있으며, 더불어 여학생 평점(GPA)의 표준편차는 남학생의 평점(GPA)의 표준편차보다 작다는 사실도 알 수 있다.

6.4 정규성 검정

주어진 통계자료(모집단으로부터 추출된 표본)가 정규분포(normal distribution)를 따르는 모집단으로부터 추출된 자료인지를 분석해야 하는 경우가 있다. 뿐만 아니라 통계학에서 고려되는 대부분의 통계 이론은 모집단이 정규분포라는 가정 하에서 이루어지므로 추출된 표본이 정규모집단으로부터의 표본인지를 검정하는 정규성 검정은 다른 여러 가지 통계분석에 선행하여 반드시 먼저 이루어져야 한다. 일반적으로 주어진 통계자료가 정규분포를 따르는 모집단으로부터 추출된 자료인지를 검정하기 위한 방법으로는 정규 Q-Q도표와 같은 그래프를 사용하는 방법과 Shapiro-Wilk 통계량과 같은 검정통계량을 사용하는 방법이 있다.
먼저, 정규 Q-Q도표를 작성하여 자료의 정규성을 살펴보는 방법에 대하여 알아보자. 작성된 정규 Q-Q도표에서 직선이 정규분포를 나타내며, °°°기호는 검정하고자 하는 표본자료의 위치를 나타내는데, 이 방법은 실제 표본자료의 분포가 정규분포와 얼마나 일치하는가를 판단하여 정규성 검정을 시행하는 방법이다. 즉, 자료들이 정규분포를 나타내는 직선 위에 위치하고 있으면, 정규분포를 한다고 할 수 있다. 다음으로 Shapiro-Wilk 통계량과 같은 검정통계량을 사용할 수 있는데, 검정통계량 값과 이에 대한 유의확률 값(p-value)을 사용해서 다음과 같은 귀무가설(null hypothesis)에 대한 검정을 수행함으로써 정규성 검정을 수행하는 것이다.

H_0 : 모집단의 분포가 정규분포이다

정규성 검정에 사용되는 통계량에 대한 유의확률 값과 분석자에 의해 지정되는 유의수준(significance level) α를 비교하여 유의확률 값이 설정된 유의수준보다 작으면 귀무가설을 기각하게 되는데, 이러한 경우 모집단의 분포가 정규분포를 따른다고 할 수 없다.

RExcel에서 정규 Q-Q도표를 작성하기 위해서는 다음과 같이 **Quantile-comparison plot** 메뉴를 선택하면 된다.

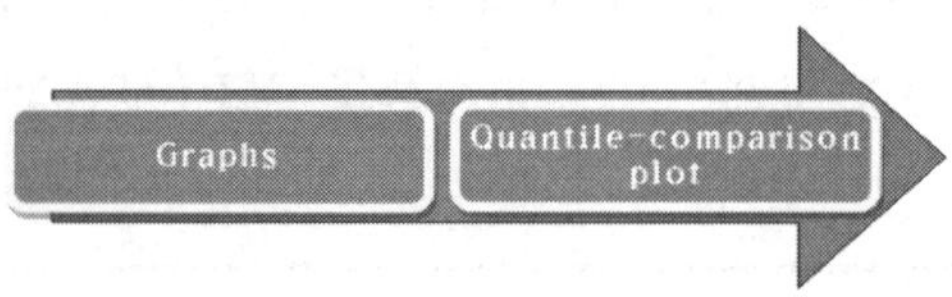

예를 들어 키를 배꼽높이로 나눈 비율(Ratio) 자료가 정규분포를 하는지를 정규 Q-Q도표를 작성하여 살펴보자. 정규 Q-Q도표를 작성하기 위해서는 다음과 같이 《**Quantile-comparison plot**》대화상자의 변수상자에서 **Ratio**를 선택하고,

Distribution에서는 **Normal**을 선택하면 된다.

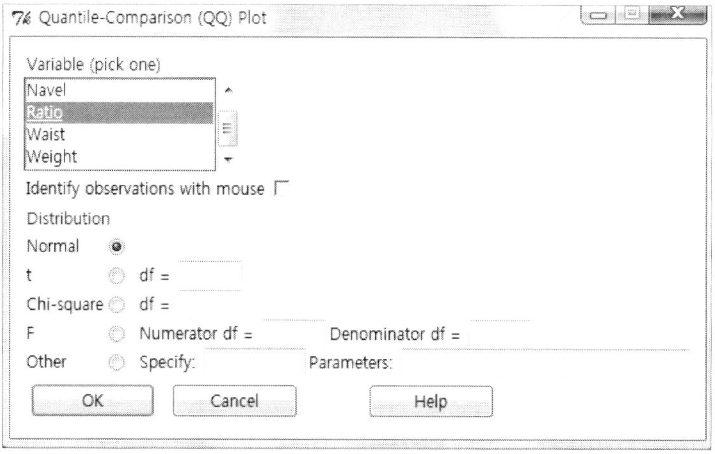

결과 6.13 비율(Ratio)에 대한 정규 Q-Q도표

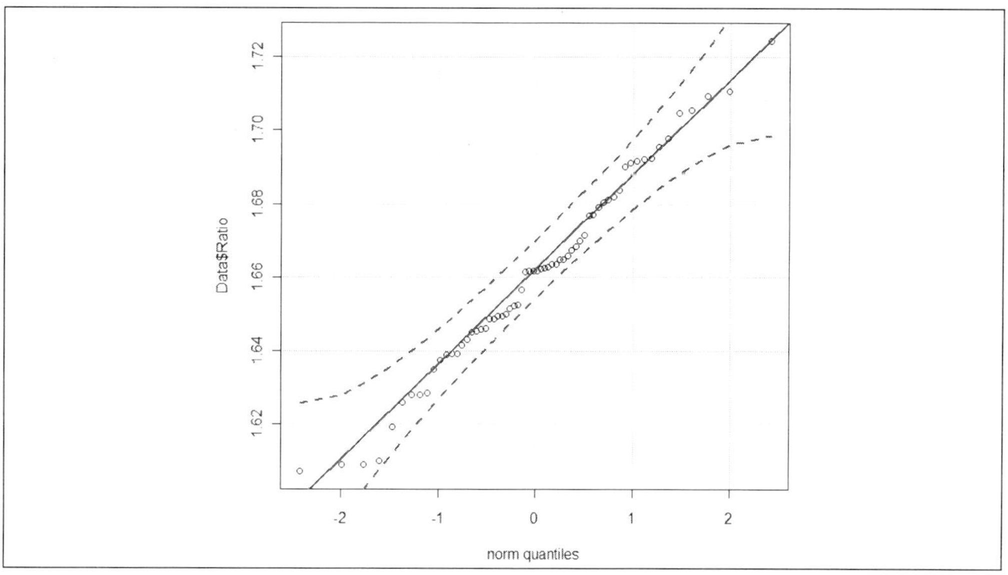

R 결과분석

결과 6.13은 키를 배꼽높이로 나눈 비율(Ratio)에 대하여 작성된 정규 Q-Q도표이다. 이 정규 Q-Q도표를 살펴보면, 자료들이 정규분포를 나타내는 직선 위에 위치하고 있다고 할 수 있기 때문에 정규분포를 한다고 할 수 있다.

앞에서 키를 배곱높이로 나눈 비율(Ratio) 자료가 정규분포를 하는지를 정규 Q-Q도표를 작성하여 살펴보았다. 그러나 이처럼 도표를 작성하지 않고 정규성을 검정할 수 있는 Shapiro-Wilk 통계량을 사용하여 비율(Ratio)이 정규분포를 하는지를 검정할 수도 있다.

RExcel에서 Shapiro-Wilk 통계량을 산출하여 정규성을 검정하기 위해서는 다음과 같이 **Shapiro-Wilk test of normality** 메뉴를 선택하면 된다.

키를 배곱높이로 나눈 비율(Ratio) 자료가 정규분포를 하는지를 검정할 수 있는 Shapiro-Wilk 통계량을 얻기 위해서 다음과 같이 **《Shapiro-Wilk Test for Normality》** 대화상자의 변수상자에서 **Ratio**를 선택하고, **OK**를 선택한다.

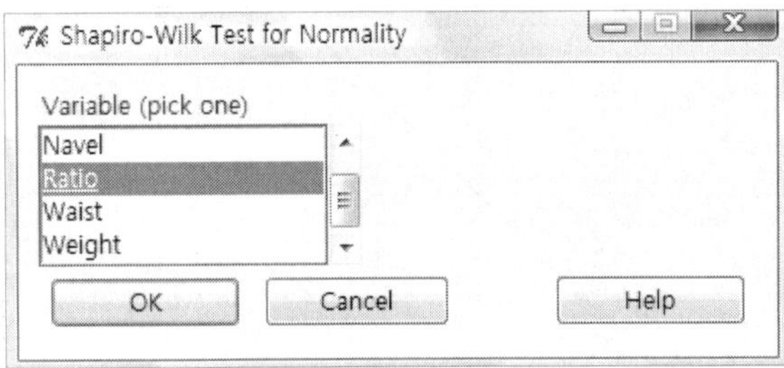

결과 6.14 비율(Ratio)에 대한 정규성 검정

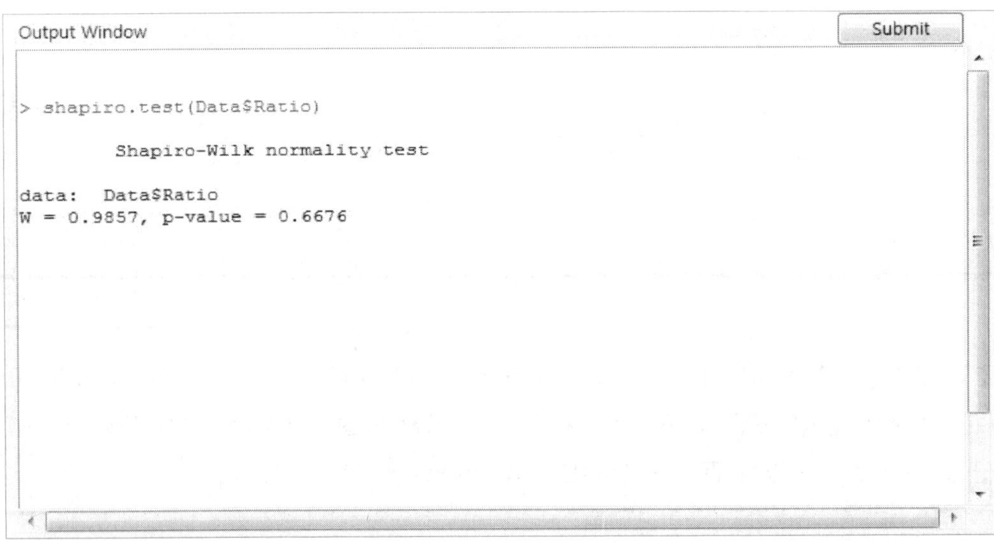

R 결과분석

결과 6.14로부터 비율(Ratio)이 정규분포를 하는지를 검정할 수 있는 Shapiro-Wilk 통계량 값이 0.9857이고, 이 때의 유의확률 값은 0.6676임을 알 수 있다. 유의수준 5%에서 정규성 검정을 해보면, 유의확률 값이 유의수준 0.05보다 크기 때문에 자료가 정규분포를 한다는 귀무가설을 기각할 수 없게 된다. 즉, 키를 배꼽높이로 나눈 비율(Ratio) 자료는 정규분포를 한다고 할 수 있다.

지금까지 **Quantile-comparison plot** 메뉴로부터 작성되는 정규 Q-Q도표와 **Shapiro-Wilk test of normality** 메뉴로부터 얻게 되는 Shapiro-Wilk 통계량을 사용하여 각각 정규성 검정을 수행하는 방법에 대하여 살펴보았다. 그런데, RExcel에서 다음과 같이 선택되는 **Quantile comparison plot with test** 메뉴는 정규 Q-Q도표와 Shapiro-Wilk 통계량을 함께 제공해 준다.

예들 들어 키를 배꼽높이로 나눈 비율(Ratio) 자료가 정규분포를 하는지를 검정할 수 있는 정규 Q-Q도표와 Shapiro-Wilk 통계량을 함께 얻기 위해서는 다음과 같이 《**Quantil-Comparison (QQ) Plot**》 대화상자의 ***Variable***에서 ***Ratio***, ***Distribution***에서는 **Normal**를 선택하고, ***Shapiro-Wilk test of normality***를 지정하면 된다.

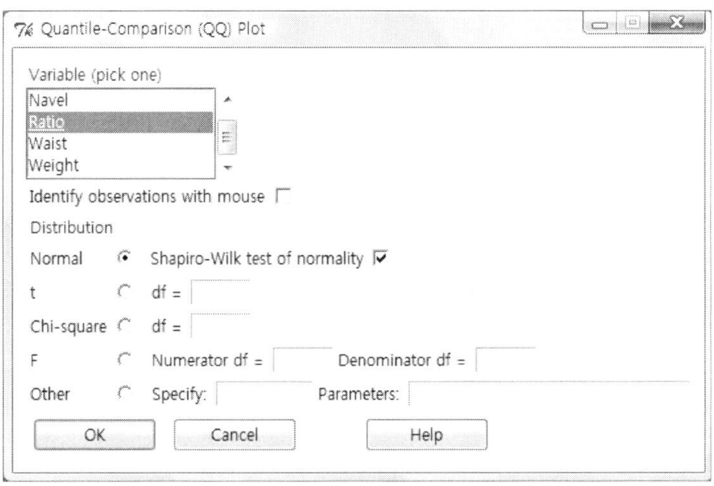

자료의 정리 및 요약과 관련된 메뉴

RExcel 메뉴	사용 목적
Statistics → Summaries → Frequency distributions	도수분포표 작성
Graphs → Bar graph	막대그래프 작성
Graphs → Pie chart	원도표 작성
Graphs → Histogram	히스토그램 작성
Graphs → Stem-and-leaf display	줄기-잎 그림 작성
Graphs → Boxplot	상자그림 작성
Statistics → Summaries → Numerical summaries	기술통계량 산출

자료의 정리 및 요약과 관련된 메뉴

REXcel 메뉴	사용 목적
Graphs → Quantile-comparison plot	정규 Q-Q도표 작성
Statistics → Summaries → Shapiro-Wilk test of normality	Shapiro-Wilk 통계량 산출
Graphs → Quantile-comparison plot with test	정규 Q-Q도표 작성과 Shapiro-Wilk 통계량 산출

제 7장

모평균에 대한 검정

7.1 단일 모집단의 평균에 대한 검정

모집단의 특성을 나타내는 모수에 대하여 가설을 세우고 표본에 근거하여 그 가설을 기각할 것인지 채택할 것인지를 결정하는 통계적 방법을 가설검정(hypothesis testing)이라고 한다. 통계적 가설검정은 모집단에 대한 가설을 설정한 후 표본에 근거하여 그 가설을 기각(reject) 또는 채택(accept)할 것인지를 결정하기 위한 일련의 과정이다. 가설은 귀무가설과 대립가설로 구분되며, 이 두 가설 중 어느 하나를 선택하는데 사용되는 통계량을 검정통계량(test statistic)이라고 한다. 가설의 기각 또는 채택은 유의수준(significance level)을 어떻게 설정하느냐에 따라서 달라진다.

가설과 유의수준

분석자가 반증적인 방법으로 자신의 주장을 증명하기 위하여 기각할 것을 바라고 가설을 세우게 되는데 이러한 가설을 귀무가설(null hypothesis)이라 하고 H_0로 표시하며, 귀무가설과 대립되거나 부정하는 가설을 대립가설(alternative hypothesis)이라고 하며 H_1으로 표시한다. 대립가설은 분석자가 주장하고자 하는 내용이 포함되도록 설정된다.
귀무가설이 참임에도 불구하고 귀무가설을 기각함으로 발생되는 오류를 범할 확률의 최대허용한계를 유의수준이라고 하며 α로 표기한다.

t-검정은 모집단이 정규분포를 따른다는 가정 하에서 모집단 평균 μ에 대하여 그림 5.1에서 설명되는 형태의 검정을 할 때 사용된다.

그림 7.1 t-검정

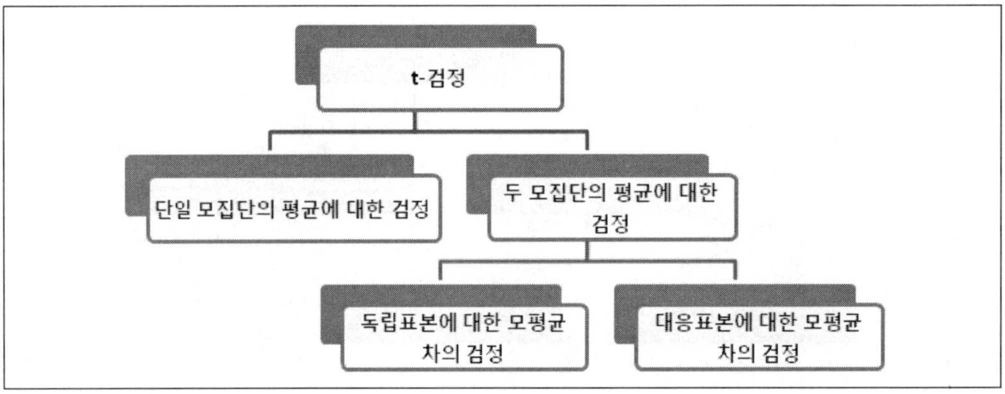

▌▌▌▌▌▌▌ 가설검정의 종류

가설검정은 대립가설의 형태에 따라 양측검정(two-side test)과 단측검정(one-side test)으로 구분된다. 다음은 모평균 검정에서의 양측검정과 단측검정에 대한 일반적인 가설의 형태를 나타낸다.

- 양측검정 : $\begin{cases} H_0: & \mu = \mu_0 \\ H_1: & \mu \neq \mu_0 \end{cases}$
- 우단측검정 : $\begin{cases} H_0: & \mu = \mu_0 (\text{또는 } \mu \leq \mu_0) \\ H_1: & \mu > \mu_0 \end{cases}$
- 좌단측검정 : $\begin{cases} H_0: & \mu = \mu_0 (\text{또는 } \mu \geq \mu_0) \\ H_1: & \mu < \mu_0 \end{cases}$

단일 모집단의 모평균에 대한 검정 즉, 귀무가설 $H_0: \mu = \mu_0$를 검정하기 위해서 모평균이 μ이고 모분산이 σ^2인 정규분포를 따르는 모집단으로부터 추출된 n개의 표본을 $X_1, X_2, \cdots, X_n$이라고 하자(그림 7.2 참조). 그리고 모분산 σ^2은 알려지지 않았다고 가정하자.

그림 7.2 모집단과 표본

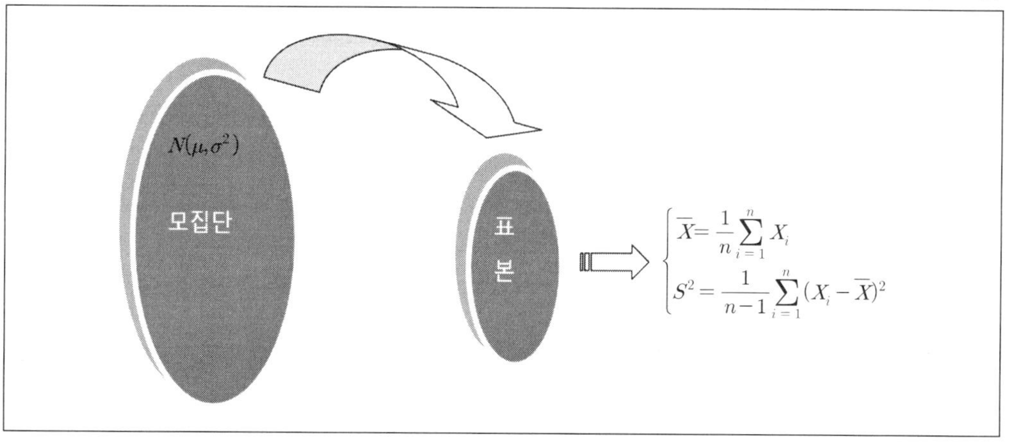

이때, 귀무가설 $H_0: \mu = \mu_0$를 검정하기 위한 검정통계량은

$$T = \frac{\overline{X} - \mu_0}{\frac{S}{\sqrt{n}}} \sim t_{n-1}$$

와 같이 정의되고, 이 검정통계량의 값은 표본평균 $\bar{x}$와 표본 표준편차 s를 이용하여 구할 수 있다. 검정통계량 T는 귀무가설이 참이라는 가정 하에서 자유도가 $n-1$인 t분포를 따르므로 이를 이용하면 단일 모집단의 모평균에 대한 검정을 할 수 있다.

가설검정 절차

일반적으로 가설검정은 다음과 같은 절차에 의해서 수행한다.

- Step 1. 가설설정
- Step 2. 검정통계량 값 또는 유의확률의 계산
- Step 3. 유의수준 결정
- Step 4. 가설의 기각 여부 결정

RExcel에서 단일 모집단의 모평균에 대한 검정은 **Single-sample t-test** 메뉴를 이용하면 된다. RExcel에서 **Single-Sample t-test** 메뉴를 이용하기 위해서는 RExcel 초기화면에서 다음과 같이 선택한다.

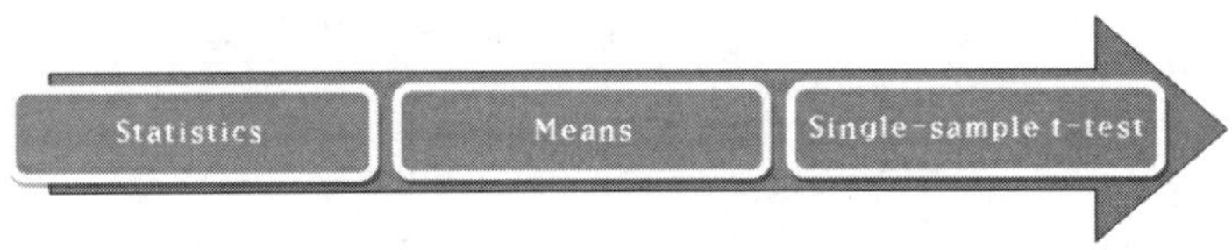

단일 모집단의 모평균을 검정하는 예를 들어보자. K대학교에서는 학생들의 평점의 평균이 3.0을 넘는다고 한다. 이러한 주장에 대해 전체 학생 중 임의로 추출된 64명의 평점 자료를 이용하여 학생들의 평균 평점이 3.0을 넘는다는 K대학교의 주장을 T검정을 사용하여 유의수준 5% 하에서 검정해보자.

이를 위해서, 귀무가설과 대립가설은 다음과 같이 설정할 수 있다. 여기서, μ는 K대학교 학생들의 평점의 모평균이다.

$$\begin{cases} H_0: & \mu \le 3.0 \\ H_1: & \mu > 3.0 \end{cases}$$

다음과 같은 《**Single-Sample t-Test**》 대화상자에서 검정하고자 하는 변수 즉, 평점(GPA)을 검정변수로 선택하고, 귀무가설이 $\mu \le 3.0$이므로 《**Single-Sample t-Test**》 대화상자의 **null hypothesis: mu=**에 3.0을 입력한다. 그리고 대립가설이 $\mu > 3.0$이므로 **Population mean > mu0**를 선택하고, 유의수준에 따라서 **Confidence Level**에 값을 입력하면 된다. **Confidence Level**은 신뢰수준을 나타내

는 것으로 유의수준 5%에서 검정한다는 것은 신뢰수준이 95%임을 의미한다. 따라서 **Confidence Level**에 **0.95**를 입력한 다음 **OK**를 선택한다. 결과 7.1은 모평균에 대한 검정 결과를 나타내고 있다.

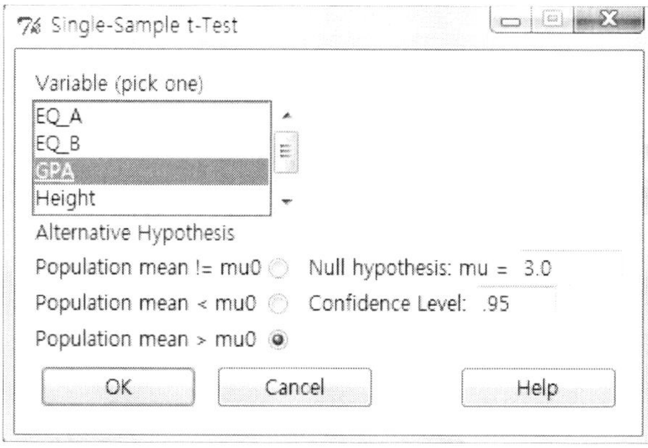

결과 7.1 단일 모집단의 모평균에 대한 검정-GPA

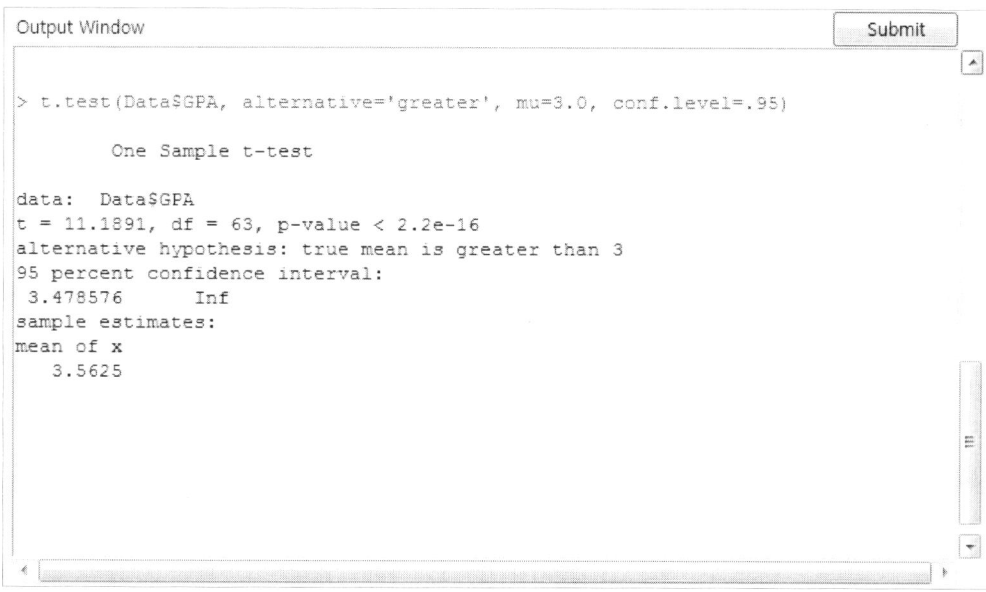


```
> t.test(Data$GPA, alternative='greater', mu=3.0, conf.level=.95)

        One Sample t-test

data:  Data$GPA
t = 11.1891, df = 63, p-value < 2.2e-16
alternative hypothesis: true mean is greater than 3
95 percent confidence interval:
 3.478576      Inf
sample estimates:
mean of x
   3.5625
```

R 결과분석

단일 모집단의 모평균에 대한 검정을 수행하면 결과 7.1과 같이 One Sample t-test 결과를 얻을 수 있다. 이를 살펴보면, 평점의 평균은 3.5625점이고 검정통계량 T값은 11.1891이다. 이 때 유의확률(p-value)은 0에 가까운 값을 가짐을 알 수 있다. 이 값을 이용하여 유의수준 5%에서 가설검정을 수행해 보자.

Step 1 가설설정

μ를 평점의 모평균이라 할 때 가설은 다음과 같다.

$$\begin{cases} H_0: & \mu \le 3.0 \\ H_1: & \mu > 3.0 \end{cases}$$

Step 2 검정통계량 T값 또는 유의확률의 계산

결과 7.1로부터 검정통계량 T값은 11.1891이고, 유의확률은 0에 가까운 값임을 알 수 있다.

Step 3 유의수준 α 결정

유의수준 α는 주어진 것처럼 0.05로 하자. 물론 이에 따른 기각역도 결정할 수 있다.

Step 4 가설의 기각 여부 결정

유의확률 값이 0에 가까운 값으로 설정한 유의수준 0.05보다 작기 때문에 귀무가설을 기각할 수 있다. 즉, K대학교 학생들의 평점의 평균은 3.0점보다 높다고 할 수 있다.

인체의 황금비

황금비 1.618은 긴 부분과 짧은 부분의 길이의 비가 전체와 긴 부분의 길이의 비와 같아지는 경우로써 고대 그리스 시대부터 가장 안정적이고 아름다운 느낌을 주는 비로 인식되어왔다. 고대 서양의 예술가들은 그림, 조각상, 꽃병 등 각종 예술작품에 이 황금비를 적용하였으며, 인체분석을 위한 이상적인 수단으로 여겼다. 황금비의 예로는 파르테논 신전, 피라미드, 레오나르도 다빈치의 Vitruvivus의 인체비례, 부석사의 무량수전, 신용카드, 피아노 건반 등이 있다.

위에서 설명한 황금비와 관련된 예를 살펴보자. K대학교 학생들의 신체비가 황금비를 이루는지를 알아보기 위해서 64명의 학생을 임의로 추출한 후 각 학생들의 키(Height)와 배꼽높이(Navel)를 측정하였다. 그리고 그 자료를 사용하여 키와 배꼽높이의 비를 생성하여야 하는데, 이미 4장에서 실습용 최종자료 **Data**에 이 변수가 생성되어 있으므로 이를 사용하면 된다. 이러한 키와 배꼽높이의 비를 구한 변수 비율(Ratio) 자료로부터 K대학의 학생들의 신체비가 황금비를 이루는지를 유의수준 5%에서 검정해 보도록 하자. 먼저, 이 예에서 귀무가설과 대립가설은 다음과 같다. 여기서, μ는 비율(Ratio)의 모평균이다.

$$\begin{cases} H_0: & \mu = 1.618 \\ H_1: & \mu \neq 1.618 \end{cases}$$

다음과 같은 **《Single-Sample t-Test》** 대화상자에서 검정하고자 하는 변수 즉, Ratio를 검정변수로 선택하고, 귀무가설이 $\mu = 1.618$이므로 **null hypothesis: mu=**에 **1.618**을 입력한다. 그리고 대립가설이 $\mu \neq 1.618$이므로 **Population mean !=mu0**를 선택하고, 유의수준에 따라서 **Confidence Level**에 0.95를 입력한다.

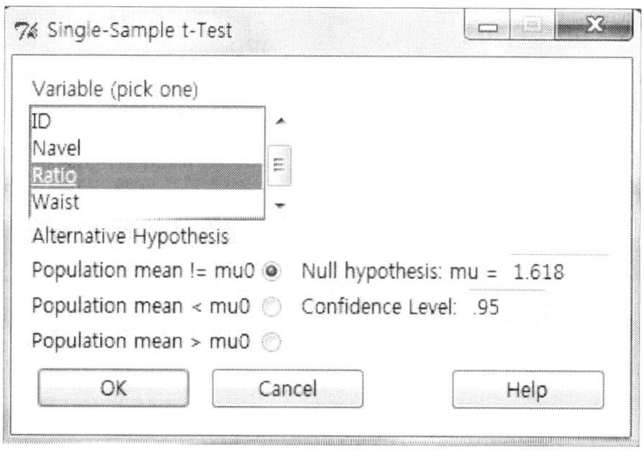

결과 7.2 단일 모집단의 모평균에 대한 검정 - Ratio

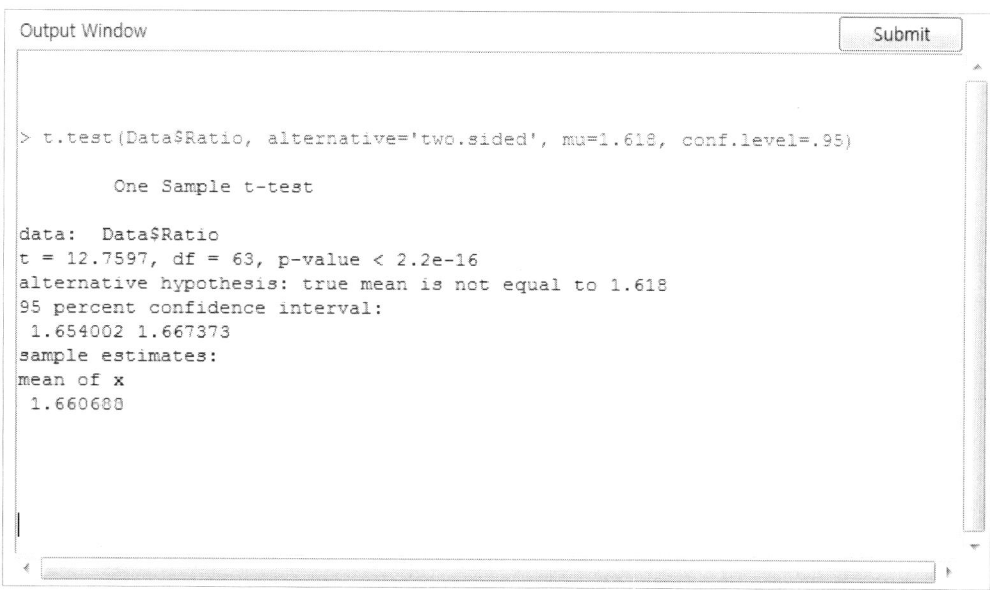


```
> t.test(Data$Ratio, alternative='two.sided', mu=1.618, conf.level=.95)

        One Sample t-test

data:  Data$Ratio
t = 12.7597, df = 63, p-value < 2.2e-16
alternative hypothesis: true mean is not equal to 1.618
95 percent confidence interval:
 1.654002 1.667373
sample estimates:
mean of x
 1.660680
```

R 결과분석

단일 모집단의 모평균에 대한 검정을 수행하면 결과 7.2와 같이 One Sample t-test 결과를 얻을 수 있다. 이를 살펴보면, 비율(Ratio)의 평균이 1.660688이고 95% 신뢰구간이 (1.654002, 1.667373)임을 알 수 있다. 그리고 결과에서 검정통계량 T값은 12.7597이고, 유의확률은 0에 가까운 값이다. 이 값을 이용하여 다음과 같이 가설검정을 수행할 수 있다.

Step 1 가설설정

μ를 비율(Ratio)의 모평균이라 할 때 가설은 다음과 같다.

$$\begin{cases} H_0: & \mu = 1.618 \\ H_1: & \mu \neq 1.618 \end{cases}$$

Step 2 검정통계량 T값 또는 유의확률의 계산

결과 7.2로부터 검정통계량 T값은 12.7597이고, 유의확률은 0에 가까운 값임을 알 수 있다.

Step 3 유의수준 α 결정

유의수준 α는 주어진 것처럼 0.05로 하자. 물론 이에 따른 기각역도 결정할 수 있다.

Step 4 가설의 기각 여부 결정

유의확률 값이 0에 가까운 값으로 설정한 유의수준 0.05보다 작기 때문에 귀무가설을 기각할 수 있다. 즉, K대학교 학생들의 신체는 황금비를 따르지 않는다고 할 수 있다.

7.2 독립표본에 대한 모평균 차의 검정

7.1절에서와 같이 K대학교 학생의 평점에 대한 평균점수가 3.0점보다 높다는 주장에 대한 검정을 할 경우도 있지만, K대학교 남학생과 여학생의 평점의 평균에 차이가 있는지에 대한 문제가 관심의 대상이 되는 경우가 있다. 이러한 경우 남학생 집단과 여학생 집단은 서로 독립인 두 모집단으로 볼 수 있으므로 각 모집단으로부터 추출된 표본은 서로 독립이다. 따라서 독립인 두 모집단의 모평균에 차이가

있는지를 검정하기 위해 각 모집단으로부터 추출된 독립표본을 이용할 수 있다. 이 절에서는 독립표본에 대한 모평균 차에 대한 검정방법을 살펴보자.

모평균이 μ_1이고 모분산이 σ_1^2인 정규분포를 따르는 모집단 A로부터 관측된 n_1개의 표본을 $X_1, X_2, \cdots, X_{n1}$이라 하고, 모평균이 μ_2이고 모분산이 σ_2^2인 정규분포를 따르는 모집단으로부터 관측된 n_2개의 표본을 $Y_1, Y_2, \cdots, Y_{n2}$라고 하자. 이 때, 각각의 표본으로부터 표본평균$(\overline{X}, \overline{Y})$과 표본분산 (S_1^2, S_2^2)을 구할 수 있다. 그림 7.3은 독립인 두 모집단과 표본의 관계를 설명한 것이다.

그림 7.3 독립인 두 모집단과 표본

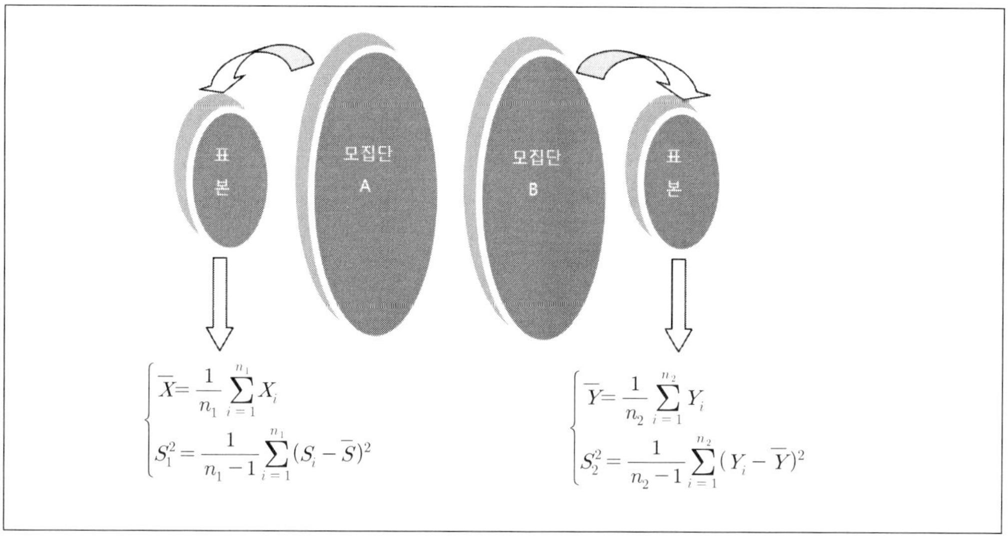

서로 독립인 두 모집단의 모평균이 동일한지의 여부를 검정하기 위한 검정통계량은 두 모집단의 모분산이 동일한지 여부에 따라 달라진다. 즉, 두 집단의 모평균이 동일하다는 귀무가설 $H_0 : \mu_1 = \mu_2$를 검정하기 위한 검정통계량은 두 모집단의 모분산이 같은 경우$(\sigma_1^2 = \sigma_2^2)$와 다른 경우$(\sigma_1^2 \neq \sigma_2^2)$의 두 가지 형태로 구분된다.

[두 모집단의 모분산이 같은 경우]

두 모집단의 모분산이 같은 경우 검정통계량 T는 자유도가 $n_1 + n_2 - 2$인 t분포를 따른다.

$$T = \frac{\overline{X} - \overline{Y}}{S_p\sqrt{\frac{1}{n_1} + \frac{1}{n_2}}} \sim t_{n_1+n_2-2}$$

단, $S_p^2 = \frac{(n_1-1)S_1^2 + (n_2-1)S_2^2}{n_1+n_2-2}$ 은 통합 분산추정량(pooled variance estimator)이다.

[두 모집단의 모분산이 다른 경우]

두 모집단의 모분산이 다른 경우 검정통계량 T는 자유도가 r인 근사적인 t분포를 따른다.

$$T = \frac{\overline{X} - \overline{Y}}{\sqrt{\frac{S_1^2}{n_1} + \frac{S_2^2}{n_2}}} \;\dot{\sim}\; t_r$$

단, $r = \frac{(S_1^2/n_1 + S_2^2/n_2)^2}{(S_1^2/n_1)^2/(n_1-1) + (S_2^2/n_2)^2/(n_2-1)}$ 이다.

두 모분산의 동일성 검정

두 모분산의 동일성검정(test of equality)을 위한 가설

$$\begin{cases} H_0: \ \sigma_1^2 = \sigma_2^2 \\ H_1: \ \sigma_1^2 \neq \sigma_2^2 \end{cases}$$

을 검정하기 위한 검정통계량은 $F = s_1^2/s_2^2$ 이다. 이 검정통계량 F는 귀무가설이 사실이라는 가정하에서 F분포를 따르는데, 이를 이용하면 두 모분산의 동일성에 대한 검정을 할 수 있다.

RExcel에서 독립표본에 대한 모평균 차의 검정은 **Independent samples t-test** 메뉴를 이용하면 된다. 그런데, **《Independent samples t-test》**대화상자에서 **Assume equal variances?**부분을 살펴보면 두 모분산이 동일한 경우와 동일하지 않은 두 가지 경우 중에 하나를 선택하여야 한다. 즉 RExcel에서 독립표본에 대한 모평균 차의 검정을 위해서는 먼저 두 집단에 대한 모분산의 동일성에 관한 검정을 수행한 후, 이 결과에 따라 두 모분산이 동일한지에 대한 정보를 **《Independent Samples t-Test》**대화상자에 제공해야 한다. 따라서 **Independent samples t-test** 메뉴를 설명하기 전에 두 모집단의 분산이 동일한지를 검정하기

위한 RExcel의 메뉴를 소개하고자 한다.

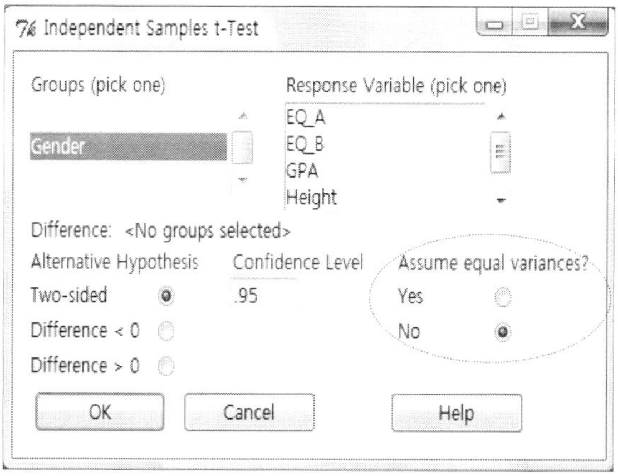

RExcel에서 두 모집단의 분산이 동일한지를 검정하기 위해서는 다음과 같이 ***Levene's test*** 메뉴를 선택하면 된다.

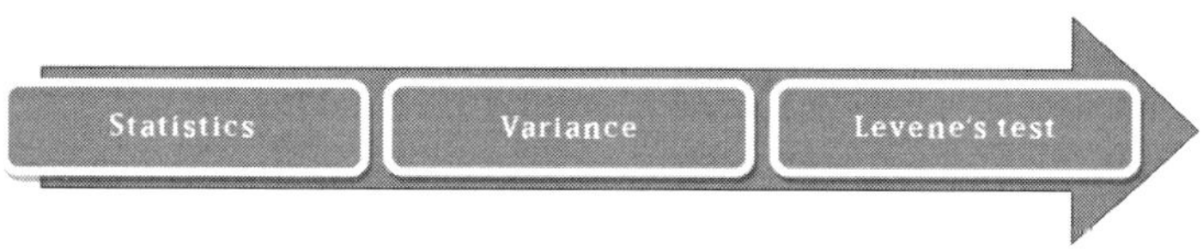

위와 같이 메뉴를 선택하면 《***Levene's Test***》대화상자를 얻을 수 있는데, 이를 사용하면 두 모집단의 분산이 동일한지를 검정할 수 있다.

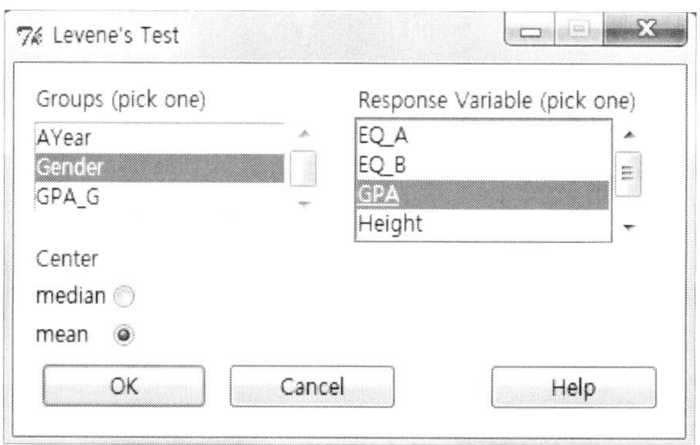

예를 들어서 남학생과 여학생의 평점자료에 대하여 두 집단의 모분산이 동일한지에 대한 검정을 수행하여 보자. 이를 위해서 《***Levene's Test***》대화상자에서의 **Groups**에서 성별(Gender)을 지정하고, ***Response variable***에서는 평점(GPA)을 지정한 후 **OK**를 선택하면 결과 7.3을 얻을 수 있다.

결과 7.3 두 모분산의 동일성 검정

Output Window Submit

```
> tapply(Data$GPA, Data$Gender, var, na.rm=TRUE)
         F          M
0.09919355 0.18306452

> leveneTest(Data$GPA, Data$Gender, center=mean)
Levene's Test for Homogeneity of Variance (center = mean)
      Df F value  Pr(>F)
group  1  3.2719 0.07532 .
      62
---
Signif. codes:  0 '***' 0.001 '**' 0.01 '*' 0.05 '.' 0.1 ' ' 1
```

R 결과분석

두 모집단의 분산이 동일한지에 대한 검정을 수행하면 결과 7.3을 얻을 수 있다. 결과를 살펴보면, 여학생 집단의 표준편차가 0.09919355이고 남학생은 0.18306452임을 알 수 있다. 그리고 결과에서 검정통계량 F값은 3.2719이고, 유의확률은 0.07532이다. 이 값을 이용하여 다음과 같이 가설검정을 수행할 수 있다.

Step 1 가설설정

다음과 같이 가설을 설정할 수 있다. 여기서 σ_1^2은 남학생 집단의 모분산이고, σ_2^2은 여학생 집단의 모분산이다.

$$\begin{cases} H_0: \ \sigma_1^2 = \sigma_2^2 \\ H_1: \ \sigma_1^2 \neq \sigma_2^2 \end{cases}$$

Step 2 검정통계량 값 또는 유의확률의 계산

결과 7.3으로부터 모분산의 동일성 검정을 위한 검정통계량 F값이 3.2719이고 유의확률이 0.07532임을 알 수 있다.

Step 3 유의수준 α 결정

유의수준 α를 0.05로 하자.

Step 4 가설의 기각 여부 결정

유의확률 값이 0.07532로 유의수준 0.05보다 크므로 귀무가설을 기각할 수 없다. 즉, 두 집단의 모분산이 동일하다고 할 수 있다.

이제, REXcel에서 독립표본에 대한 모평균 차의 검정을 수행하기 위해서 다음과 같이 **Independent samples t-test** 메뉴를 선택한다.

독립표본에 대한 모평균 차에 대한 검정의 예를 들어보자. K대학교 남학생의 평균 평점과 여학생의 평균 평점이 동일한지를 검정하기 위해서 남학생과 여학생 32명이 각각 임의로 추출되었고, 이들의 평점 자료를 얻었다고 하자. 이 자료를 이용하여 남학생과 여학생의 평균 평점에 차이가 있는지를 검정해 보자. 위에서 설명한 것처럼 **Independent samples t-test** 메뉴를 선택해서 얻게 되는 《**Independent Samples t-Test**》 대화상자를 사용한다.

먼저, 남학생과 여학생을 구분해 주는 집단변수인 성별(Gender)을 **Groups** 창에서 선택하고, 남학생과 여학생의 평점(GPA)의 평균이 동일하다고 할 수 있는지에 대한 검정이므로 **Response Variable**에서 **GPA**를 선택한다. 또한 대립가설을 선택하여야 하는데, 대립가설이 $H_1:\ \mu_1 \neq \mu_2$의 형태이므로 ***Alternative Hypothesis***에서 **Two-sided**를 선택하고, 유의수준에 따라서 **Confidence Level**에 값을 입력하면 된다. 끝으로 두 모집단의 분산이 동일한지에 대한 정보를 입력하여야 하는데, 앞에서 검정한 결과 두 집단의 분산이 동일하다는 결론을 얻었으므로 **Assume equal variances?**에서 **Yes**를 선택하면 결과 7.4를 얻을 수 있다.

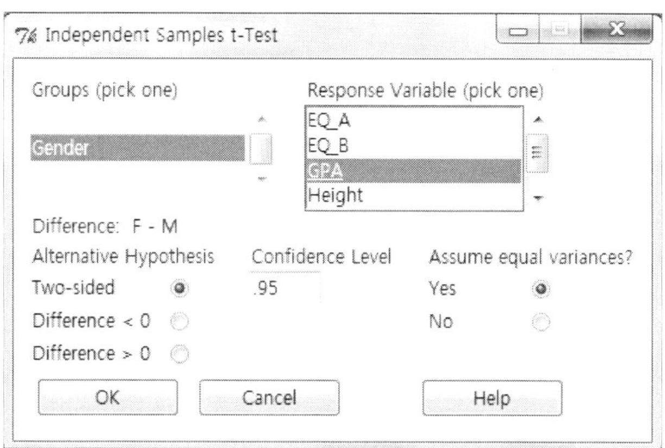

결과 7.4 평점(GPA)에 대한 독립표본 T검정- 양측검정

Output Window Submit

```
> t.test(GPA~Gender, alternative='two.sided', conf.level=.95, var.equal=TRUE,
+   data=Data)

        Two Sample t-test

data:  GPA by Gender
t = 3.1943, df = 62, p-value = 0.002204
alternative hypothesis: true difference in means is not equal to 0
95 percent confidence interval:
 0.1122609 0.4877391
sample estimates:
mean in group F mean in group M
         3.7125          3.4125
```

$\mathcal{R}$ 결과분석

독립표본 T검정을 수행한 결과 7.4를 살펴보면 여학생 집단의 평균 평점이 3.7125이고 남학생은 3.4125임을 알 수 있다. 그리고 결과에서 검정통계량 T값은 3.1943이고, 유의확률은 0.002204이다. 이 값을 이용하여 다음과 같이 남학생과 여학생의 평균 평점에 차이가 있는지에 대한 검정을 수행할 수 있다.

Step 1 가설설정

다음과 같이 가설을 설정할 수 있다. 여기서 μ_1은 여학생의 평균 평점이고, μ_2는 남학생의 평균 평점이다.

$$\begin{cases} H_0: \ \mu_1 = \mu_2 \\ H_1: \ \mu_1 \neq \mu_2 \end{cases}$$

Step 2 검정통계량 T값 또는 유의확률의 계산

결과 7.4에서 검정통계량 T값은 3.1943이고, 유의확률은 0.002204이다.

Step 3 유의수준 α 결정

유의수준 α는 주어진 것처럼 0.05로 하자. 물론 이에 따른 기각역도 결정할 수 있다.

Step 4 가설의 기각 여부 결정

유의확률 값이 0.002204로 유의수준 α보다 작으므로 귀무가설을 기각할 수 있다. 즉, 남학생과 여학생의 평균 평점에는 통계적으로 유의한 차이가 있다고 할 수 있다.

지금까지 양측가설에 대한 독립표본 T검정을 설명했는데, 이제 또 다른 예로써 단측검정에 대하여 살펴보도록 하자.

K대학교에서는 여학생들의 평균 평점이 남학생들보다 더 높다고 한다. 이러한 주장에 대해 전체 학생 중 임의로 추출된 64명의 평점 자료를 이용하여 이러한 K대학교의 주장을 독립표본 T검정을 사용하여 유의수준 0.05 하에서 검정해보자. 이 예에서, 귀무가설과 대립가설은 다음과 같은데, μ_1은 여학생의 평균 평점이고, μ_2는 남학생의 평균 평점이다.

$$\begin{cases} H_0: & \mu_1 = \mu_2 \\ H_1: & \mu_1 > \mu_2 \end{cases}$$

《**Independent Samples t-Test**》대화상자에서 다음과 같이 남학생과 여학생을 구분해 주는 집단변수(Gender), 검정하고자 하는 변수(GPA), 대립가설의 형태, 유의수준 그리고 등분산 여부 등과 관련된 정보를 선택하거나 입력하면 결과 7.5를 얻을 수 있다. 여기서 앞에서 설명한 양측검정과 다른 부분은 설정된 가설이 우단측 가설의 형태이므로 ***Alternative Hypothesis***에서 **Difference>0**으로 선택한 것이다.

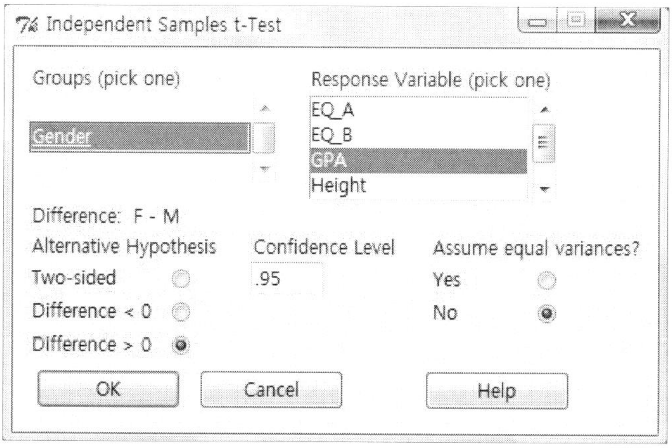

결과 7.5 평점(GPA)에 대한 독립표본 T검정- 우단측검정

Output Window Submit

```
> t.test(GPA~Gender, alternative='greater', conf.level=.95, var.equal=FALSE,
+   data=Data)

        Welch Two Sample t-test

data:  GPA by Gender
t = 3.1943, df = 56.97, p-value = 0.001143
alternative hypothesis: true difference in means is greater than 0
95 percent confidence interval:
 0.1429653       Inf
sample estimates:
mean in group F mean in group M
         3.7125          3.4125
```

$\mathcal{R}$ 결과분석

결과 7.5를 살펴보면 여학생 집단의 평균 평점이 3.7125이고 남학생은 3.4125임을 알 수 있다. 그리고 결과에서 검정통계량 T값은 3.1943이고, 유의확률은 0.001143이다. 이 값을 이용하여 다음과 같이 가설에 대한 검정을 수행할 수 있다.

Step 1 가설설정

다음과 같이 가설을 설정할 수 있다. 여기서 μ_1은 여학생의 평균 평점이고, μ_2는 남학생의 평균 평점이다.

$$\begin{cases} H_0: \ \mu_1 = \mu_2 \\ H_1: \ \mu_1 > \mu_2 \end{cases}$$

Step 2 검정통계량 T값 또는 유의확률의 계산

결과 7.5에서 검정통계량 T값은 3.1943이고, 유의확률은 0.001143이다.

Step 3 유의수준 α 결정

유의수준 α는 주어진 것처럼 0.05로 하자. 물론 이에 따른 기각역도 결정할 수 있다.

Step 4 가설의 기각 여부 결정

유의확률 값이 0.001143으로 주어진 유의수준 α보다 작으므로 귀무가설을 기각할 수 있다. 즉, 여학생의 평균 평점이 남학생의 평균 평점보다 더 높다고 할 수 있다.

7.3 대응표본에 대한 모평균 차의 검정

7.2절에서 서로 독립인 두 모집단의 모평균이 동일한지의 여부를 검정하는 방법에 대하여 설명하였다. 그러나 두 모평균의 비교에 있어서 두 모집단이 서로 독립이 아닐 경우에는 대응비교 방법을 사용해야 한다. 이 방법은 실험단위를 동질적인 쌍으로 묶은 다음 각 쌍을 임의로 추출하여 두 처리를 적용시키는 것이다. 이러한 자료에 의한 모평균 차의 검정이 대응비교에 의한 검정(paired test)이다. 대응비교에 의한 모평균 차의 검정을 위해서 정규모집단으로부터 n개의 대응표본(paired sample)인 $(X_1, Y_1), (X_2, Y_2), \cdots, (X_n, Y_n)$을 얻었다고 하자. 이로부터

$$D_1 = X_1 - Y_1,\ D_2 = X_2 - Y_2,\ \cdots,\ D_n = X_n - Y_n$$

을 구할 수 있으므로 대응표본에 대한 모평균 차의 검정은 귀무가설 $H_0 : \mu_d = 0$를 검정하는 문제가 된다. 따라서 이러한 검정의 문제는 7.1절에서 설명된 단일 모집단의 평균에 대한 검정방법으로 고려할 수 있다. 귀무가설 $H_0 : \mu_d = 0$를 검정하기 위한 검정통계량은 다음과 같이 정의된다.

$$T = \frac{\overline{D} - \mu_d}{\frac{S_d}{\sqrt{n}}} \sim t_{n-1}$$

여기서, $\overline{D} = \frac{1}{n}\sum_{i=1}^{n} D_i$, $S_d^2 = \frac{1}{n-1}\sum_{i=1}^{n}(D_i - \overline{D})^2$이다.

물론, 검정통계량 T는 귀무가설이 사실이라는 가정 하에서 자유도가 $n-1$인 t분포를 하므로 7.1절에서 설명한 것과 동일한 방법에 의해 검정할 수 있다.

RExcel에서 대응표본에 의한 모평균 차에 대한 검정을 수행하기 위해서는 다음과 같이 선택되는 **Paired t-test** 메뉴를 이용할 수 있다.

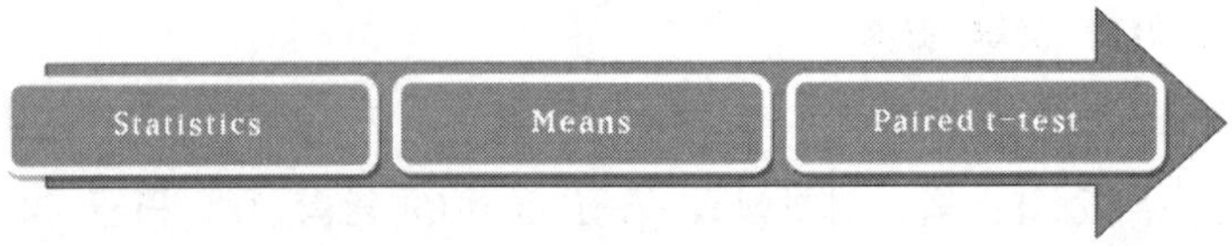

대응표본에 의한 모평균 차의 검정의 예를 들어보자. 감성지수를 높일 수 있는 프로그램이 개발되었다고 하자. 이 때, 이 프로그램에 의해서 연수를 받은 후의 학생들의 감성지수(EQ_A)가 받기 전의 감성지수(EQ_B) 보다 더 높아졌다고 할 수 있는지를 알아보기 위해 프로그램 연수 전후의 감성지수 사이에 통계적으로 유의한 차이가 있는지를 검정해보고자 한다. 64명의 학생들에 대해서 프로그램 연수 전의 감성지수(EQ_B)를 측정하고, 동일한 학생들에 대해 프로그램 연수 후의 감성지수(EQ_A)를 측정하여 자료를 얻었다고 하자. 이러한 문제에서 분석자는 "감성지수를 높이는 프로그램이 효과가 있는가? 즉, 프로그램 연수 후 학생들의 감성지수는 프로그램 연수전의 감성지수보다 더 높아졌다고 할 수 있는가?" 에 관심을 가지게 된다. 이러한 문제를 해결하기 위해서는 대응비교에 의한 모평균 차의 검정을 고려해야 한다.

연수 전후의 감성지수에 차이가 있는지를 검정하기 위한 것이므로 **《Paired t-Test》**대화상자에서 ***First variable***로 연수 후의 감성지수(EQ_A)를 선택하고 ***Second variable***로 연수 전의 감성지수(EQ_B)를 선택한다. 그리고 대립가설이 "프로그램 연수 후의 감성지수가 더 높다." 이므로 ***Alternative Hypothesis***에서 **Difference>0**을 선택하고 **OK**를 클릭하면 결과 7.6을 얻을 수 있다.

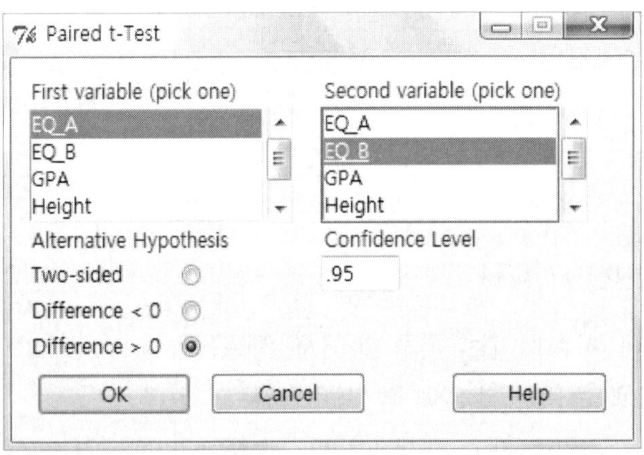

결과 7.6 대응표본 T검정 결과

```
Output Window                                                    Submit

> t.test(Data$EQ_A, Data$EQ_B, alternative='greater', conf.level=.95,
+   paired=TRUE)

        Paired t-test

data:  Data$EQ_A and Data$EQ_B
t = 5.6686, df = 63, p-value = 1.926e-07
alternative hypothesis: true difference in means is greater than 0
95 percent confidence interval:
 1.642495      Inf
sample estimates:
mean of the differences
              2.328125
```

$\mathcal{R}$ 결과분석

대응표본 T검정을 수행하면 결과 7.6과 같이 Paired t-test 결과를 얻을 수 있다. Paired t-test 결과를 살펴보면, 프로그램 연수 후와 전의 평균 감성지수의 차이가 2.328125이고, 검정통계량 T값은 5.6686이며, 유의확률은 0에 가까운 값임을 알 수 있다. 이 값을 이용하여 다음과 같이 가설검정을 수행할 수 있다.

Step 1 가설설정

다음과 같이 가설을 설정할 수 있는데, $\mu_d = \mu_A - \mu_B$이고, μ_A는 프로그램 연수 후의 평균 감성지수이며, μ_B는 프로그램 연수 전의 평균 감성지수다.

$$\begin{cases} H_0 : \mu_d = 0 (\text{프로그램 연수 전후의 감성지수에 차이가 없다.}) \\ H_1 : \mu_d > 0 (\text{프로그램 연수 후의 감성지수가 더 높다.}) \end{cases}$$

Step 2 검정통계량 값 또는 유의확률의 계산

결과 7.6으로부터 검정통계량 T값은 5.6686이고, 유의확률의 값은 0에 가까운 값임을 알 수 있다.

Step 3 유의수준 α결정

유의수준 α를 주어진 것처럼 0.05로 하자. 물론 이에 따른 기각역도 결정할 수 있다.

Step 4 가설의 기각 여부 결정

유의확률 값이 유의수준 α보다 작으므로 귀무가설을 기각한다. 즉, 개발된 프로그램 연수과정이 감성지수를 높이는 효과가 있다고 결론지을 수 있다.

모평균에 대한 검정과 관련된 메뉴

RExcel 메뉴	사용 목적
Statistics → Means → Single-sample t-test	단일 모집단의 평균에 대한 검정
Statistics → Variance → Levene's test	두 모분산의 동일성 검정
Statistics → Means → Independent samples t-test	독립표본에 대한 모평균 차의 검정
Statistics → Means → Paired t-test	대응표본에 대한 모평균 차의 검정

제 8장

범주형자료 분석

8.1 교차표 작성

관측 결과가 수치자료가 아닌 범주형(categorical type)자료인 경우에는 연속형자료에 대한 분석방법을 사용할 수 없다. 범주형자료는 성별이나 직업, 지역, 선호도 등과 같이 자료 값들이 수치적인 속성을 가지고 있지 않은 자료로서, 이러한 범주형 자료를 분석하기 위한 방법으로 적합도검정(goodness-of-fit test)과 독립성검정(test of independence), 동질성검정(test of homogeniety) 등이 있다.

표 8.1 이차원 교차표

열변수 / 행변수		B				전 체
		B_1	B_2	$\cdots$	B_l	
A	A_1	n_{11}	n_{12}	$\cdots$	n_{1l}	$n_{1\cdot}$
	A_2	n_{21}	n_{22}	$\cdots$	n_{2l}	$n_{2\cdot}$
	$\vdots$	$\vdots$	$\vdots$	$\cdots$	$\vdots$	$\vdots$
	A_k	n_{k1}	n_{k2}	$\cdots$	n_{kl}	$n_{k\cdot}$
전 체		$n_{\cdot 1}$	$n_{\cdot 2}$	$\cdots$	$n_{\cdot l}$	n

범주형 자료분석(categorical data analysis)의 대상이 되는 자료는 대부분 설문조사의 자료로서 도수분포표(frequency table) 또는 교차표(contingency table)의 형태로 먼저 정리된다. 그리고 교차표에서 분류 기준이 되는 변수에 따라 관측값들이 어떻게 분포하고 있는지를 판단하기 위한 분석방법으로 적합도 검정이나, 독립성검정, 동질성검정 방법이 사용된다. 이러한 분석방법들은 모두 카이제곱 분포를 따르는 검정통계량을 이용한다.

일반적으로 이차원 교차표는 표 8.1과 같은 형태로 나타낼 수 있다. 이러한 범주형자료를 분석하기 위해 사용되는 교차표를 얻기 위해서는 RExcel 초기화면에서 다음과 같은 메뉴를 선택한다.

Two-way table 메뉴를 선택해서 얻게 되는 **《Two-Way Table》**대화상자를 이용하면 쉽게 교차표를 작성할 수 있다. 우선, 교차표를 작성하고자 하는 두 변수를 각각 행과 열에 지정한다. 예를 들어 학년별, 성별 학생 수의 분포를 나타내는 교차표를 얻기 위해서 **《Two-Way Table》**대화상자에서 행 변수(Row variable)에 학년(AYear)을, 열 변수(Column variable)에 성별(Gender)을 선택한다. 만약, 행 퍼센트와 열 퍼센트 그리고 셀 퍼센트가 모두 필요 없다면 **No percentage**를 선택한다. 또한, 카이제곱 통계량이 필요 없다면 기본값으로 되어있는 **Chi-square test of independence** 부분의 선택을 해제하면 된다. 즉, 다음과 같이 **《Two-Way Table》**대화상자를 설정하면 결과 8.1과 같은 교차표를 얻을 수 있다.

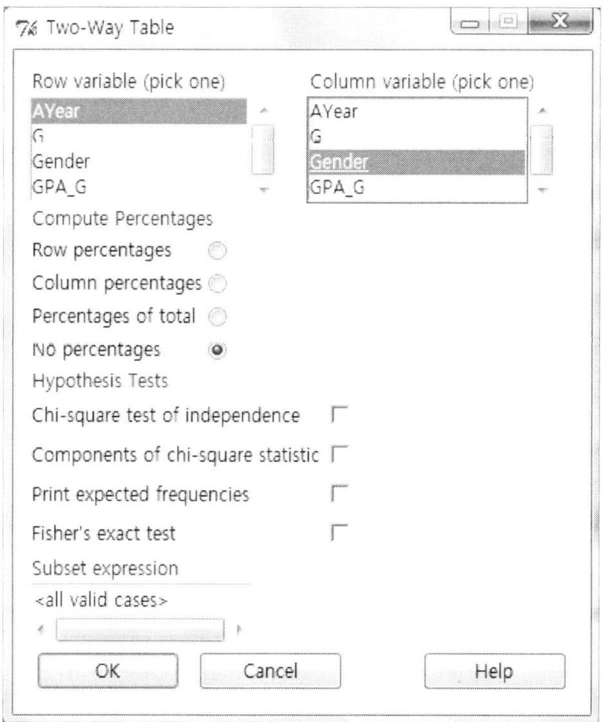

R 결과분석

결과 8.1의 학년별 성별 교차표에서 첫 번째 행의 빈도를 살펴보면, 1학년 학생 16명 중에 여학생 8명이고 남학생이 8명임을 알 수 있다. 2, 3, 4학년의 성별빈도는 2, 3, 4번째 행에 나타나 있음을 알 수 있으며, 더불어 1, 2, 3, 4학년들의 남녀

별 빈도가 동일하다는 사실도 알 수 있다.

결과 8.1 학년별 성별 교차표

```
Output Window                                            Submit

> .Table <- xtabs(~AYear+Gender, data=Data)

> .Table
       Gender
AYear    F M
  Year1  8 8
  Year2  8 8
  Year3  8 8
  Year4  8 8

> remove(.Table)
```

이제, 성별에 따른 학점의 분포를 나타내는 교차표를 작성하는데 있어서, 성별 학점의 구성비를 알 수 있도록 행에 대한 퍼센트를 함께 출력해 보는 방법에 대하여 알아보도록 하자. 《*Two-Way Table*》 대화상자에서 행 변수(Row variable)에 성별(Gender)을, 열 변수(Column variable)에 학점(GPA_G)을 선택한다. 그리고 행 퍼센트가 필요하기 때문에 **Row percentage**를 선택하고 **OK**를 선택하면 결과 8.2와 같은 도수분포표를 얻을 수 있다.

참고로 성별 학점의 분포를 나타내는 교차표를 작성할 때, 도수와 퍼센트뿐만이 아니라 카이제곱 검정통계량을 구할 때 이용되는 기대도수(expected frequency)를 산출하고 싶으면 《*Two-Way Table*》 대화상자에서 ***Print expected frequencies***를 선택하면 된다.

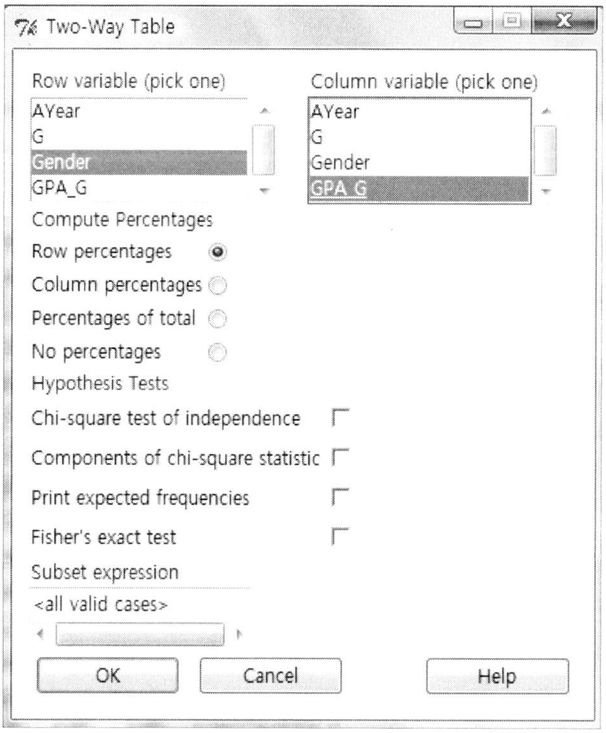

결과 8.2 성별 학점별 교차표

Output Window

```
> .Table <- xtabs(~Gender+GPA_G, data=Data)

> .Table
       GPA_G
Gender  A  B  C
     F  7 24  1
     M  3 24  5

> rowPercents(.Table) # Row Percentages
       GPA_G
Gender     A  B    C Total Count
     F 21.9 75  3.1   100    32
     M  9.4 75 15.6   100    32

> remove(.Table)
```

R 결과분석

Two-way table 메뉴를 수행하면 결과 8.2와 같이 성별 학점별 교차표를 얻을 수 있다. 교차표에서 첫 번째 행의 빈도를 살펴보면, 여학생 32명 중에 A학점의 학생이 7명이고, B학점이 24명, 그리고 C학점이 1명임을 알 수 있다. 또한 출력된 행 퍼센트로부터 이를 도수가 아닌 퍼센트로 살펴보면, 여학생 중에 A학점의 학생이 21.9%이고, B학점이 75%, 그리고 C학점이 3.1%라는 사실도 알 수 있다. 남학생에 대해서도 동일하게 결과의 내용들을 살펴볼 수 있다.

8.2 독립성 검정

(1) 원 자료를 사용한 독립성 검정

독립성 검정은 자료에 포함된 두 가지 특성 사이에 어떠한 연관관계가 있는지를 검정하는 방법으로 독립성 검정에서의 귀무가설은 "두 가지 특성들이 서로 독립(independent)이다"라는 것이다. 즉, 두 특성 사이에 연관관계가 없다는 것이다. 독립성 검정을 위해서 카이제곱 검정이 사용되며, 이를 위한 검정통계량 값과 유의확률 값은 8.1절에서 설명한 **Two-way table** 메뉴를 이용하여 얻을 수 있다. 독립성 검정을 위한 카이제곱 검정에서 유의해야 할 점은 분석 결과에 경고 메시지가 나타나는 경우이다. 이러한 경고 메시지는 카이제곱 검정이 교차표에 포함되는 각 칸의 기대도수(expected frequency)가 모두 5이상인 경우에만 의미있게 사용될 수 있으므로 이에 대한 경고 메시지를 알려주는 것이다. 즉, 자료의 수가 너무 작아서 기대도수가 5보다 작은 칸이 많은 경우 카이제곱 검정 결과를 신뢰할 수 없게 된다. 독립성 검정을 위해서는 8.1절에서와 동일하게 다음 메뉴를 선택함으로써 시작할 수 있다.

독립성 검정의 예로 성별(Gender)에 따라 합격여부(GPA_R)에 차이가 있는지를 살펴보고자 하는데, 이는 성별과 합격여부의 두 특성이 서로 독립인지를 검정하는 것

이라고 할 수 있다. 이러한 경우 귀무가설은 다음과 같다.

H_0 : 성별과 합격여부는 독립이다(상관이 없다).

위와 같은 독립성 검정을 하기 위해서는 《**Two-Way Table**》 대화상자에서 독립성 검정을 하고자 하는 두 변수 Gender(성별)와 GPA_R(합격여부)을 각각 행 변수(Row variable)와 열 변수(Column variable)에 지정한 후 카이제곱 통계량을 산출하기 위하여 디폴트로 되어있는 것처럼 **Chi-square test of independence**를 선택한다. 그리고 행 퍼센트를 산출하기 위해서 **Row percentage**를 선택하면 결과 8.3을 얻을 수 있다.

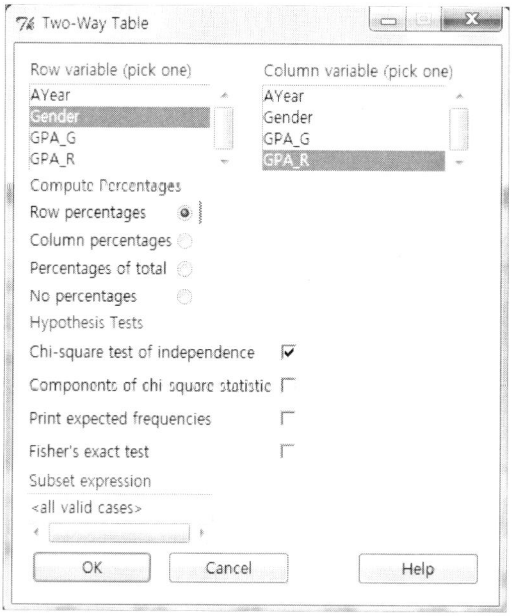

ℛ 결과분석

결과 8.3을 보면 성별 합격여부에 대한 교차표가 나타나 있고, Pearson의 카이제곱 검정통계량 값과 유의확률 값도 제공해 주는데, 카이제곱 검정통계량 값은 6.9264이고, 이 때의 유의확률 값은 0.008493임을 알 수 있다. 이러한 값을 이용하여 다음과 같이 가설검정을 수행할 수 있다.

Step 1 가설설정

다음과 같이 가설을 설정할 수 있다.

$$\begin{cases} H_0: \text{성별과 합격여부는 독립이다.} \\ H_1: \text{성별과 합격여부는 독립이 아니다.} \end{cases}$$

Step 2 검정통계량 값 또는 유의확률의 계산

결과 8.3으로부터 카이제곱 검정통계량 값은 6.9264이고, 유의확률의 값은 0.008493임을 알 수 있다.

Step 3 유의수준 α 결정

유의수준 α를 주어진 것처럼 0.05로 하자. 물론 이에 따른 기각역도 결정할 수 있다.

Step 4 가설의 기각 여부 결정

유의확률 값이 유의수준 α보다 작으므로 성별과 합격유무가 독립이라는 귀무가설을 기각할 수 있다. 즉, 성별에 따라 합격유무에는 차이가 있다고 결론지을 수 있다. 실제로 교차표의 결과를 보더라도 여학생의 합격률이 81.2%로 남학생의 합격률보다 훨씬 더 높음을 볼 수 있다.

결과 8.3 성별 합격여부의 교차표와 독립성 검정

Output Window Submit

```
> .Table
      GPA_R
Gender Fail Pass
     F    6   26
     M   16   16

> rowPercents(.Table) # Row Percentages
      GPA_R
Gender Fail Pass Total Count
     F 18.8 81.2   100    32
     M 50.0 50.0   100    32

> .Test <- chisq.test(.Table, correct=FALSE)

> .Test

        Pearson's Chi-squared test

data:  .Table
X-squared = 6.9264, df = 1, p-value = 0.008493
```

(2) 교차표를 사용한 독립성 검정

원 자료로부터 교차표를 생성함과 동시에 독립성 검정을 수행하는 경우도 있지만, 때로는 이미 만들어져 있는 교차표를 이용하여 독립성 검정을 수행하여야 하는 경우도 있다. 이러한 경우에는 다음 메뉴를 선택함으로써 시작할 수 있다.

예를 들어 앞에서 이미 성별 합격여부에 대한 교차표를 다음과 같이 작성하였는데, 원 자료가 아닌 이 교차표 결과를 사용하여 독립성 검정을 수행해 보자.

Gender	GPA_R	
	Fail	Pass
F	6	26
M	16	16

이를 위해서 《**Enter Two-Way Table**》대화상자에서 **Enter counts** 부분에 주어진 교차표의 도수를 각각 입력하면 된다. 이 때, 행 퍼센트와 열 퍼센트, 셀 퍼센트 그리고 기대도수 등이 필요하다면 함께 선택할 수 있다. 《**Enter Two-Way Table**》대화상자를 다음과 같이 지정한 다음 **OK**를 선택하면 결과 8.4를 얻을 수 있다.

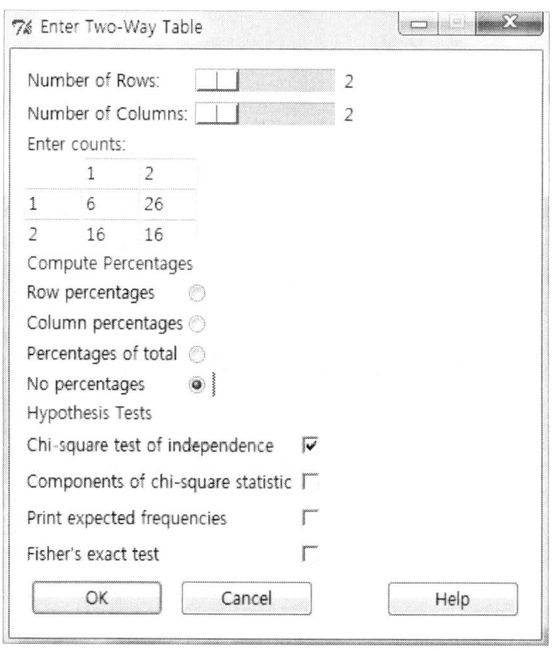

결과 8.4 성별 합격여부의 교차표와 독립성 검정

```
Output Window                                              Submit
> rownames(.Table) <- c('1', '2')

> colnames(.Table) <- c('1', '2')

> .Table  # Counts
   1  2
1  6 26
2 16 16

> .Test <- chisq.test(.Table, correct=FALSE)

> .Test

        Pearson's Chi-squared test

data:  .Table
X-squared = 6.9264, df = 1, p-value = 0.008493


> remove(.Test)
```

R 결과분석

결과 8.4를 보면 입력된 성별 합격여부의 교차표로부터 Pearson의 카이제곱 검정통계량 값과 유의확률 값이 산출되는 것을 알 수 있다. 물론 결과는 앞의 결과 8.3과 동일하다.

만약, 다음과 같이 주어지는 2*3 교차표에 대하여 독립성 검정을 수행해 보자. **《Enter Two-Way Table》** 대화상자에서 행의 수(Number of Rows)와 열의 수(Number of Columns)를 마우스를 사용하여 각각 2개와 3개로 조정하고 **Enter counts** 부분에 주어진 교차표의 도수를 각각 입력하면 결과 8.5를 얻을 수 있다.

성별	선호하는 상품		
	A	B	C
남	10	50	20
여	20	40	60

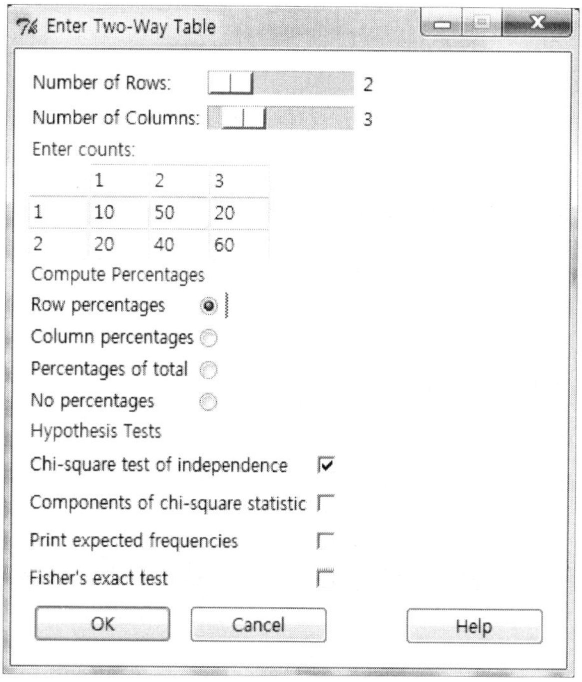

결과 8.5 성별에 따른 신상품 선호도의 교차표와 독립성 검정

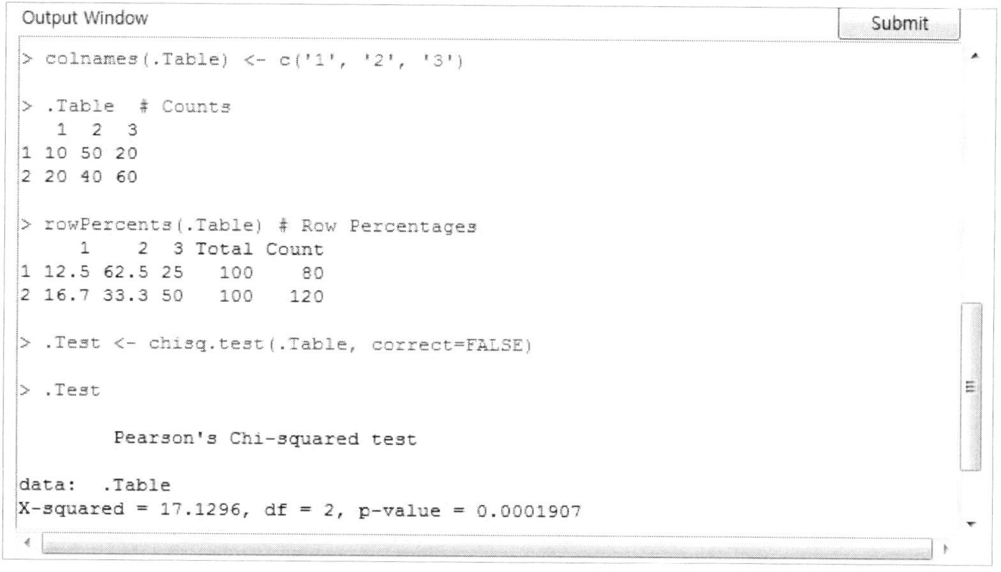

```
> colnames(.Table) <- c('1', '2', '3')

> .Table  # Counts
   1  2  3
1 10 50 20
2 20 40 60

> rowPercents(.Table) # Row Percentages
     1    2  3 Total Count
1 12.5 62.5 25   100    80
2 16.7 33.3 50   100   120

> .Test <- chisq.test(.Table, correct=FALSE)

> .Test

        Pearson's Chi-squared test

data:  .Table
X-squared = 17.1296, df = 2, p-value = 0.0001907
```

R 결과분석

결과 8.5를 보면 성별에 따른 신상품 선호도의 교차표로부터 Pearson의 카이제곱 검정통계량 값과 유의확률 값이 산출되는 것을 알 수 있는데, 카이제곱 검정통계량 값은 17.1296이고, 이 때의 유의확률 값은 0.0001907임을 알 수 있다. 이러한 값을 이용하여 다음과 같이 가설검정을 수행할 수 있다.

Step 1 가설설정

다음과 같이 가설을 설정할 수 있다.

$$\begin{cases} H_0: \text{성별과세 종류의 신상품에 대한 선호도는 독립이다.} \\ H_1: \text{성별과세 종류의 신상품에 대한 선호도는 독립이 아니다.} \end{cases}$$

Step 2 검정통계량 값 또는 유의확률의 계산

결과 8.5로부터 카이제곱 검정통계량 값은 17.1296이고, 유의확률의 값은 0.0001907임을 알 수 있다.

Step 3 유의수준 α결정

유의수준 α를 주어진 것처럼 0.05로 하자. 물론 이에 따른 기각역도 결정할 수 있다.

Step 4 가설의 기각 여부 결정

유의확률 값이 유의수준 α보다 작으므로 성별과 세 종류의 신상품에 대한 선호도는 독립이라는 귀무가설을 유의수준 0.05 하에서 기각할 수 있게 된다. 즉, 성별에 따라 신상품에 대한 선호도에 차이가 있다고 결론지을 수 있다. 실제로 결과 8.5의 교차표에서 보는 바와 같이 남자의 경우 B상품을 여자의 경우 C상품을 더 선호한다는 사실을 알 수 있다.

범주형자료 분석과 관련된 메뉴

RExcel 메뉴	사용 목적
Statistics → Contingency tables → Two-way table	교차표 작성
Statistics → Contingency tables → Two-way table	원 자료를 사용한 독립성 검정
Statistics → Contingency tables → Enter and analyze two-way table	작성된 교차표를 사용한 독립성 검정

제 9장

상관분석

9.1 산점도 작성

두 변수 간에 선형적인 관계가 존재하는지, 또한 존재한다면 어느 정도 강한 선형관계가 존재하는지를 파악하기 위한 통계적 분석방법을 상관분석(correlation analysis)이라고 한다. 두 변수 사이에 상관관계가 있는가를 알아보기 위해서 우선적으로 고려해야 하는 문제는 두 변수의 산점도(scatter plot)를 작성하는 것이다. 즉, 두 변수의 대응되는 자료들을 좌표평면에 점으로 표시하여 두 변수간의 관계를 대략적으로 파악하는 것이다. 그러나 산점도는 두 변수간에 존재하는 상관관계를 대략적으로만 분석할 수 있는 시각적인 방법이므로 이를 하나의 값으로 표현한 상관계수(correlation coefficient)에 의해서 상관관계를 분석한다.

그림 9.1 산점도의 형태

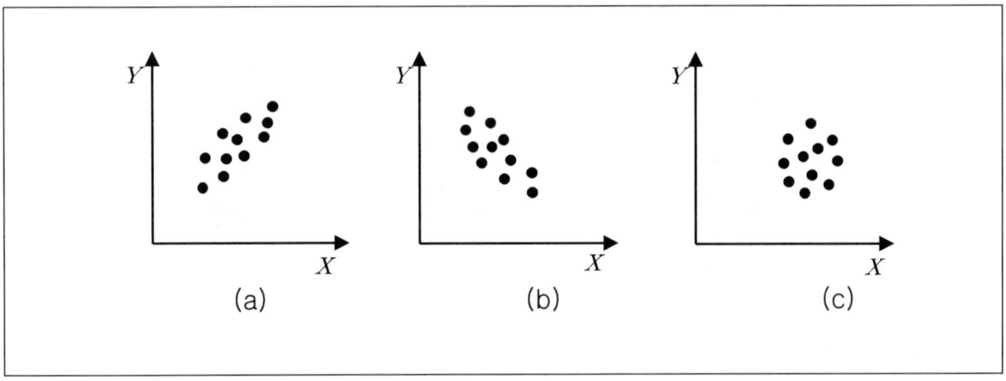

산점도는 두 변수의 대응되는 자료들을 좌표평면에 점으로 표시하여 작성하는데, 이를 이용하면 두 변수간의 선형적인 관계를 대략적으로 파악할 수 있다. 두 변수 X와 Y의 산점도는 그림 9.1과 같은 형태로 나타나게 된다. 산점도가 그림 9.1의 (a)와 같은 형태로 나타나는 경우는 한 변수의 값이 증가하면 다른 변수의 값도 증가하는 경향 즉, 양의 상관이 있는 것으로 판단할 수 있으며, (b)와 같은 형태를 보인다면 한 변수의 값이 증가하면 다른 변수의 값은 감소하는 경향 즉, 음의 상관이 있는 것이다. 그리고, (c)와 같은 형태의 산점도가 작성되는 경우에는 두 변수 사이에 선형관계를 찾아볼 수 없다는 것을 의미한다. 이러한 것을 무상관이라고 한다. 산점도에서 점들의 분포가 직선에 가까울수록 강한 상관관계를 가진다고 한다.

두 변수의 산점도를 작성하기 위해서는 RExcel 초기화면에서 다음의 메뉴를 선택함으로써 시작할 수 있다.

Scatterplot 메뉴를 선택하면 《**Scatterplot**》 대화상자가 나타나는데, 여기서 x축의 변수와 y축의 변수를 지정하면 산점도를 작성할 수 있다.
예를 들어 배꼽높이(Navel)와 키(Height)를 배꼽높이로 나눈 비(Ratio) 사이에 선형관계가 존재하는지를 알아보기 위한 산점도를 작성해보자. 먼저, 《**Scatterplot**》 대화상자에서 x축의 변수로 배꼽높이(Navel)를 지정하고, y축의 변수로 키를 배꼽높이로 나눈 비(Ratio)를 지정한다. 그리고 단순한 형태의 산점도를 원한다면 선택되어져 있는 기타 다른 옵션을 해제하고 **OK**를 선택한다.

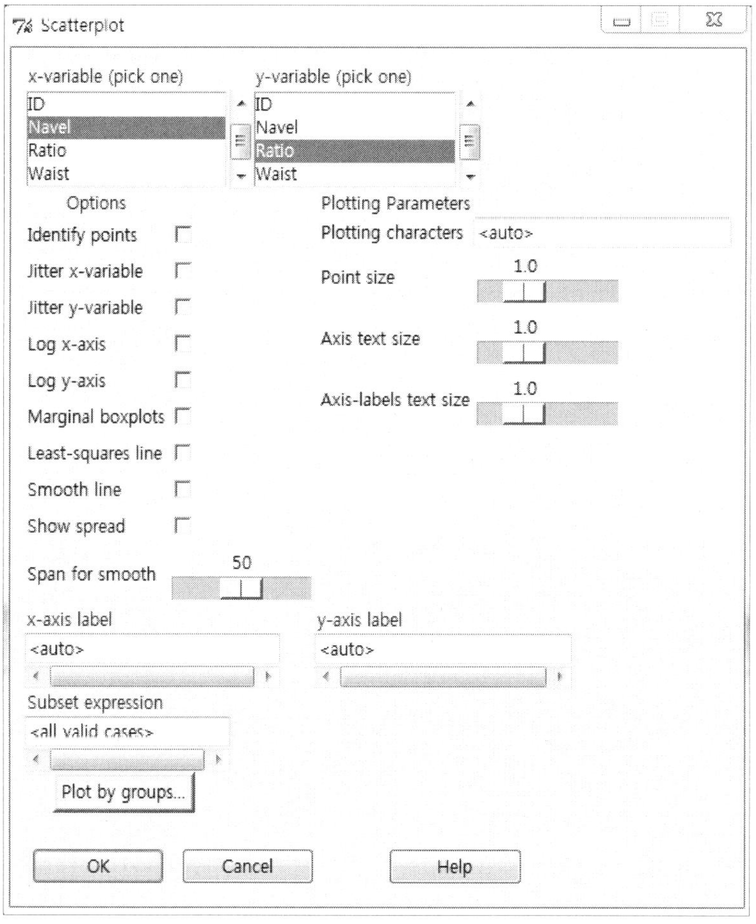

결과 9.1 배꼽높이(Navel)와 비(Ratio)의 산점도

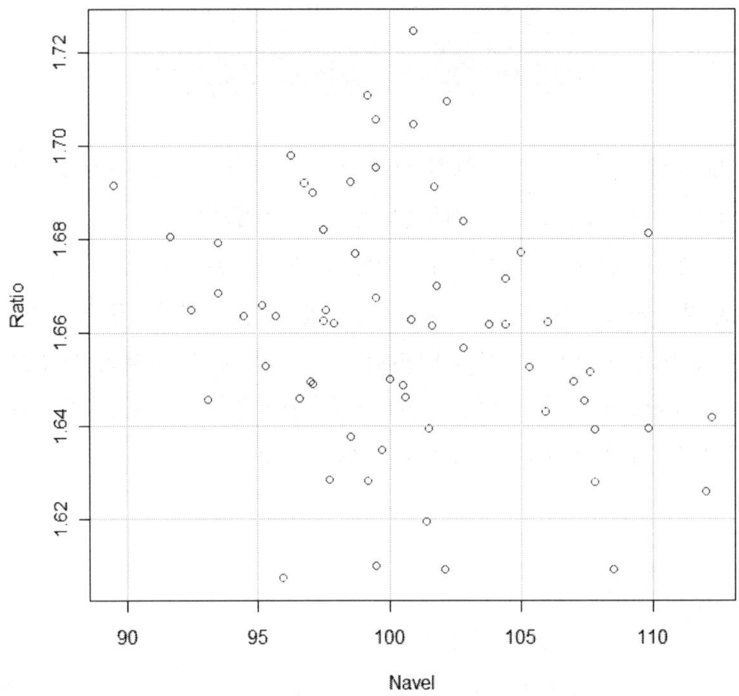

R 결과분석

결과 9.1의 산점도를 살펴보면 그림 9.1의 (b)와 비교적 비슷한 형태를 보이고 있다. 배꼽높이(Navel)가 커지면 키를 배꼽높이로 나눈 비(Ratio)가 작아지는 경향을 볼 수 있으나 점들의 분포가 직선에 가깝게 나타나지 않고 있다. 따라서 결과 9.1의 산점도로부터 배꼽높이(Navel)와 키를 배꼽높이로 나눈 비(Ratio) 사이에는 약한 음의 상관관계가 있는 것으로 판단할 수 있다.

배꼽높이(Navel)와 키를 배꼽높이로 나눈 비(Ratio)의 산점도를 작성하는 방법과 동일하게 결과 9.2에 나타난 키(Height)와 몸무게(Weight)의 산점도도 쉽게 작성할 수 있다. 결과 9.2의 산점도는 그림 9.1의 (a)와 같은 형태이며, 키(Height)가 커지면 몸무게(Weight)가 커지는 경향을 볼 수 있다. 즉, 키(Height)와 몸무게(Weight) 사이에는 양의 상관관계가 있는 것으로 판단할 수 있다.

결과 9.2 키(Height)와 몸무게(Weight)의 산점도 1

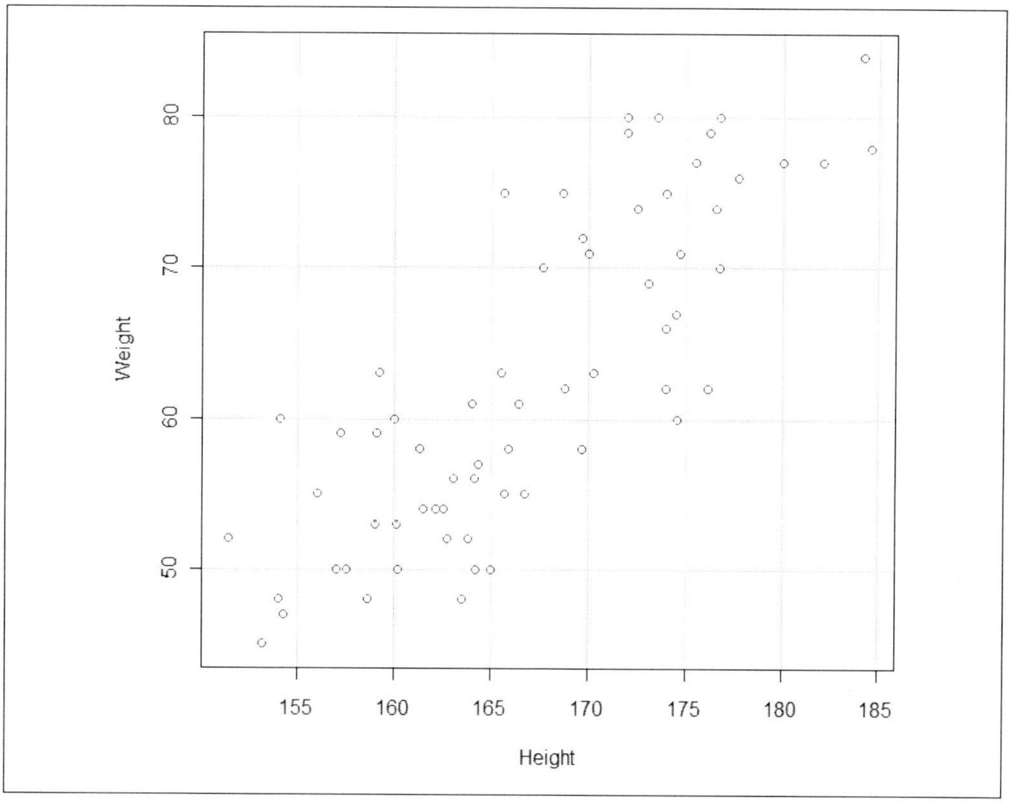

만약, 키(Height)와 몸무게(Weight)의 산점도를 작성하는데 있어서 축의 제목을 설정하고 싶거나, 최소제곱방법으로 추정된 회귀선을 산점도위에 표시하는 등의 옵션을 추가하고 싶으면 《**Scatterplot**》대화상자의 옵션을 사용하면 된다. 예를 들어, 《**Scatterplot**》대화상자에서 x축 변수와 y축 변수에 대한 상자그림을 출력하도록 하기 위해서 **Marginal boxplots**를 선택하고, 최소제곱방법으로 추정된 회귀직선을 작성된 산점도위에 표시하기 위해서 **Least-squares line**를 선택하였다. 그리고 x축과 y축의 제목을 측정단위와 함께 표시하기 위해서 각각 **Height of Students (Unit : cm)**와 **Weight of Students (Unit : kg)**로 지정하였다. 이렇게 지정한 후 **OK**를 선택하면 결과 9.3과 같은 산점도를 작성할 수 있다.

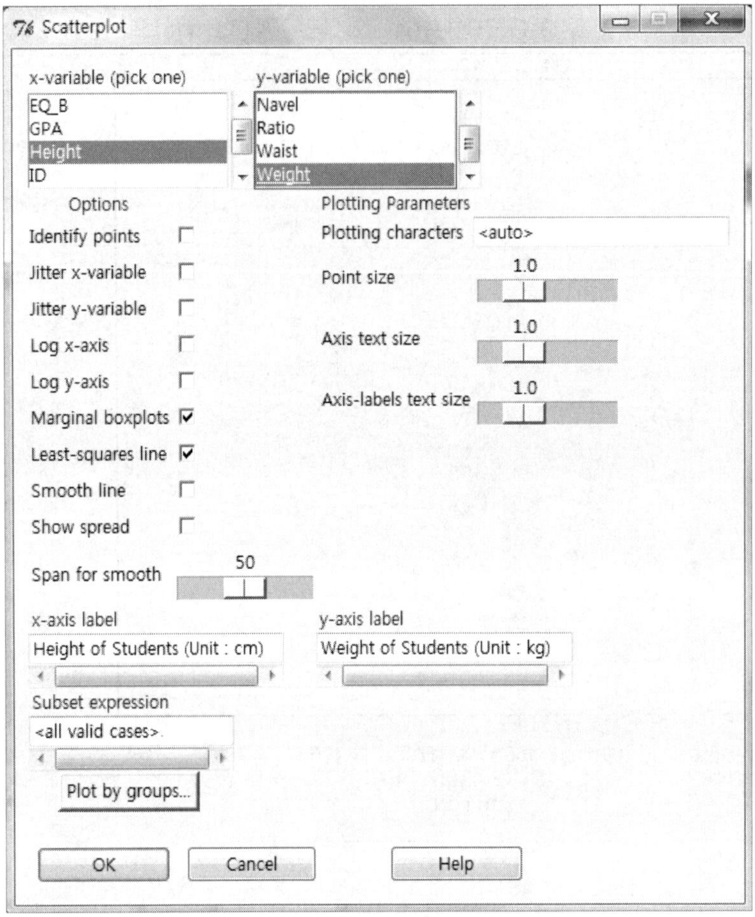

R 결과분석

결과 9.3의 산점도를 살펴보면 결과 9.2에서와 동일하게 키(Height)와 몸무게(Weight) 사이에는 양의 상관관계가 있는 것으로 판단할 수 있다. 더불어 최소제곱방법으로 추정된 단순선형회귀선을 산점도위에 표시가 되어 있으며, 몸무게와 키에 대한 상자그림이 작성되어 산점도와 함께 나타나 있음을 알 수 있다. 그리고 x축과 y축의 제목이 **《Scatterplot》** 대화상자에서 지정했던 것처럼 Height of Students (Unit : cm)와 Weight of Students (Unit : kg)로 나타나 있음을 알 수 있다.

결과 9.3 키(Height)와 몸무게(Weight)의 산점도 2

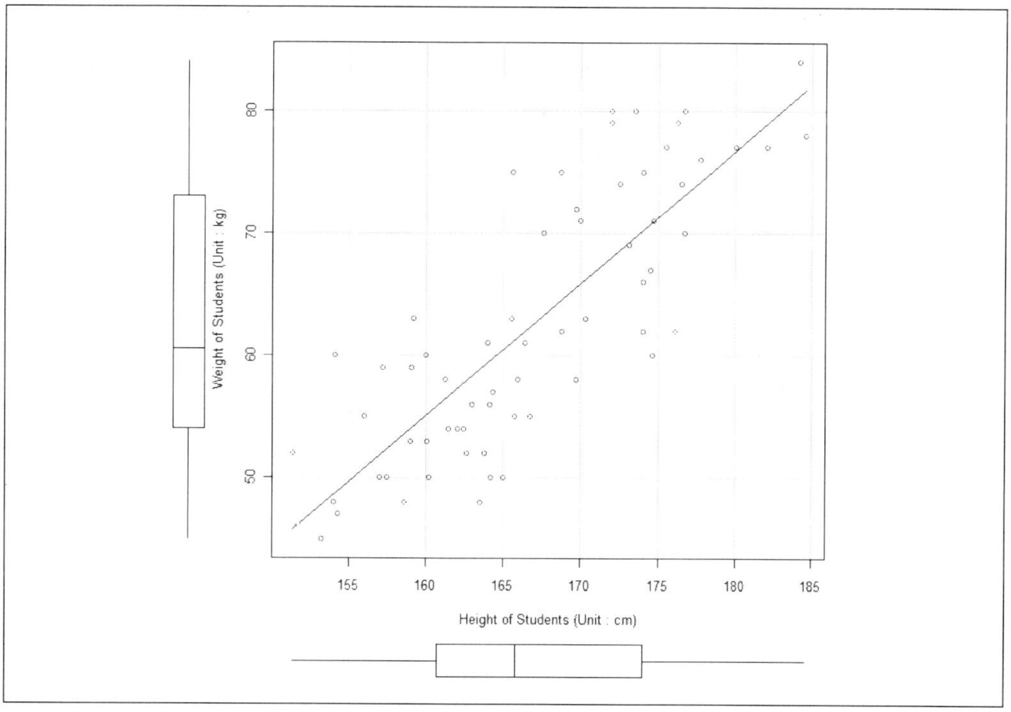

9.2 산점도 행렬 작성

Scatterplot 메뉴를 사용하면 두 변수 사이의 산점도를 작성하여 두 변수 간에 선형적인 관계가 존재하는지를 대략적으로 살펴볼 수 있다. 그러나 세 개 이상의 변수들에 대해서 이들 사이에 존재하는 선형적인 관계를 살펴보고자 할 때 이 변수들 사이의 산점도를 개별적으로 작성하여 선형관계를 살펴보는 것은 작성하는 과정과 분석하는 과정이 번거롭고 비효율적이라고 할 수 있다. 따라서 여러 변수 사이의 산점도를 동시에 작성하여 함께 선형관계를 살펴보는 것이 좋다. 이러한 경우 REXcel의 **Scatter matrix** 메뉴를 사용하여 산점도 행렬을 작성할 수 있는데 **Scatter matrix** 메뉴는 다음과 같이 선택한다.

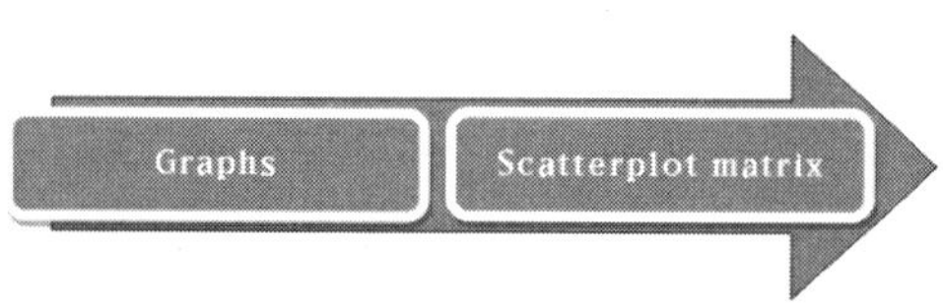

예를 들어 키(Height), 배꼽높이(Navel)와 키를 배꼽높이로 나눈 비(Ratio) 사이에 선형관계가 존재하는지를 알아보기 위한 산점도 행렬을 작성해보자. 이를 위해서 **《Scatterplot Matrix》** 대화상자에서 산점도 행렬을 작성하고자 하는 변수인 키(Height), 배꼽높이(Navel)와 키를 배꼽높이로 나눈 비(Ratio)를 지정하고 **OK**를 선택하면 결과 9.4를 얻을 수 있다.

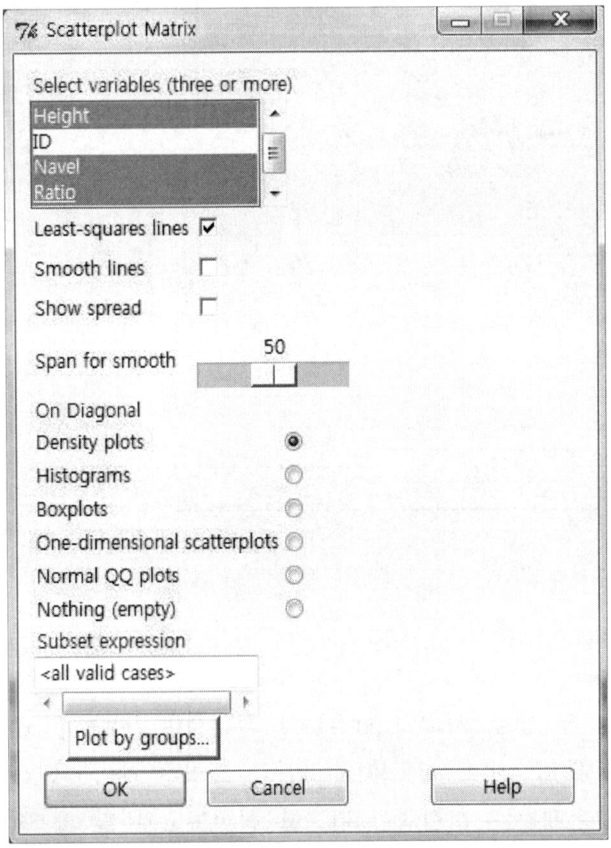

R 결과분석

결과 9.4에는 세 변수 키(Height), 배꼽높이(Navel)와 키를 배꼽높이로 나눈 비(Ratio)의 산점도 행렬이 나타나 있다. 이러한 산점도 행렬로부터 키와 배꼽높이의 산점도, 키와 비의 산점도, 배꼽높이와 비의 산점도를 각각 살펴볼 수 있다. 결과 9.4에서 대각선 방향에 있는 3개의 그래프는 각각 세 변수 키(Height), 배꼽높이(Navel)와 키를 배꼽높이로 나눈 비(Ratio)의 밀도함수를 나타내고, 이 변수들을 각각 x축과 y축으로 한 경우의 산점도가 나타나 있다.
키(Height)와 배꼽높이(Navel) 사이에는 강한 양의 상관관계가 나타나고 있으며, 배꼽높이(Navel)와 비(Ratio) 사이에는 음의 상관관계가 있는 것으로 보인다. 한편, 키(Height)와 비(Ratio) 사이에는 어떠한 상관관계도 나타나지 않는 것으로 보인다.

결과 9.4 키(Height), 배꼽높이(Navel)와 비(Ratio)의 산점도 행렬

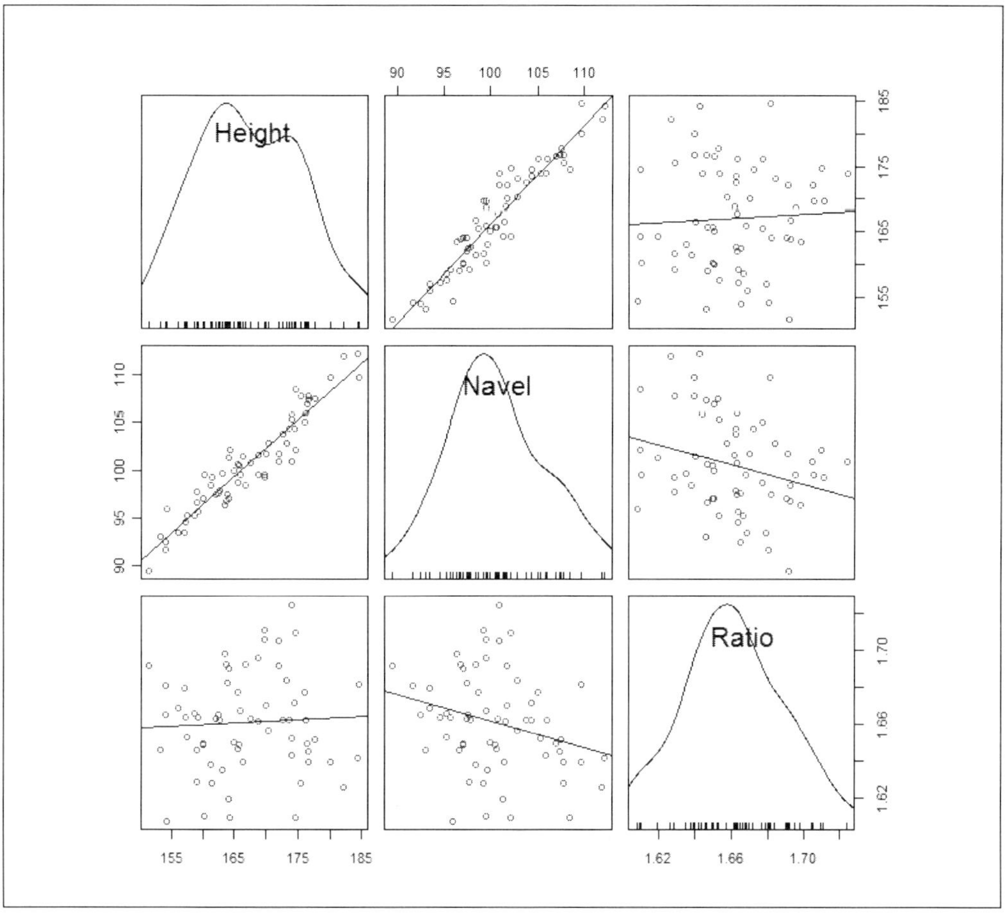

동일한 방법으로 ***Scatter matrix*** 메뉴를 사용해서 결과 9.5와 같은 키(Height), 허리둘레(Waist)와 몸무게(Weight)의 산점도 행렬도 작성할 수 있다.

결과 9.5 키(Height), 허리둘레(Waist)와 몸무게(Weight) 사이의 산점도 행렬

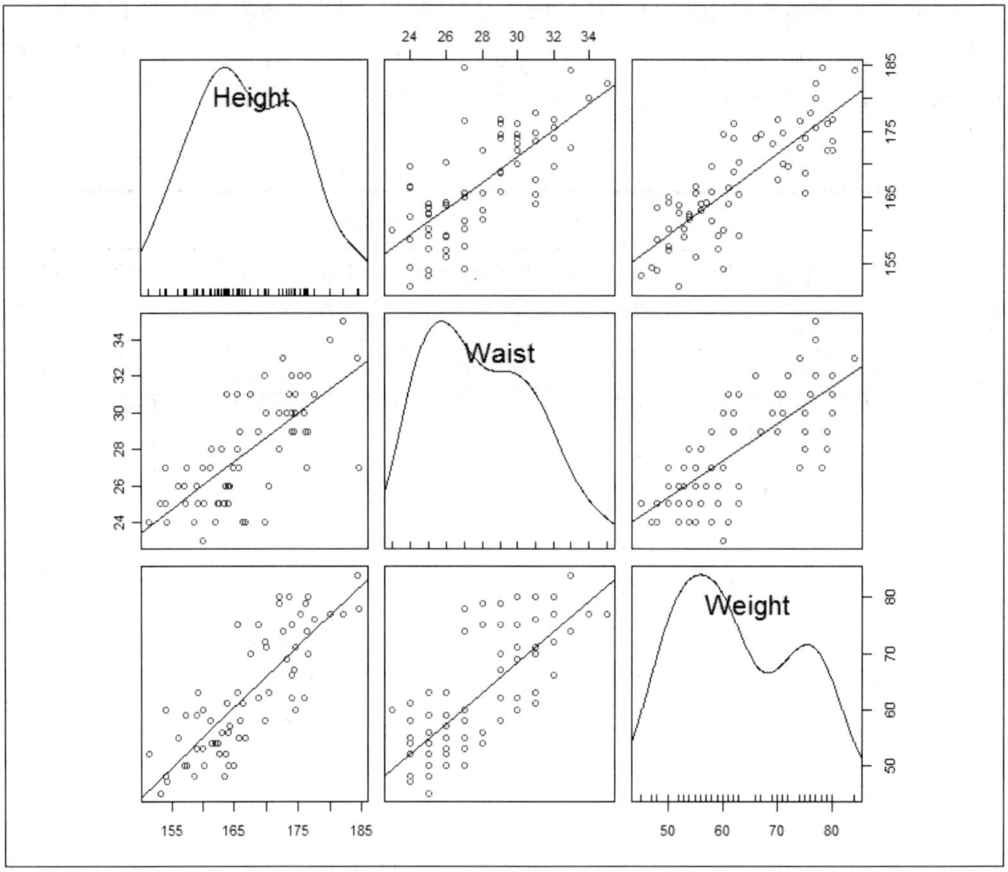

R 결과분석

결과 9.5에는 키, 허리둘레와 몸무게의 산점도 행렬이 나타나 있다. 이러한 산점도 행렬로부터 키와 배꼽높이의 산점도, 키와 키를 배꼽높이로 나눈 비(Ratio)의 산점도, 배꼽높이와 키를 배꼽높이로 나눈 비(Ratio)의 산점도를 각각 살펴볼 수 있는데, 세 변수 사이에 모두 양의 상관관계가 존재함을 알 수 있다.

9.3 상관계수

(1) 피어슨의 상관계수

두 변수의 산점도를 작성해보면 두 변수 사이에 선형관계가 존재하는지의 여부를 알 수 있으며, 선형관계가 존재하는 경우 어떠한 선형관계인지를 판단할 수 있다. 그러나 이러한 선형관계는 그래프로 표현되기 때문에 대략적으로만 분석할 수 있는 단점이 있다. 따라서 두 변수 사이에 존재하는 선형관계의 정도를 좀 더 정확하게 분석하기 위한 측도가 필요한데 이를 위해서 상관계수가 사용된다. 즉, 상관계수는 두 변수 사이에 존재하는 선형관계를 측정하기 위한 측도이며, 대표적으로 피어슨의 상관계수(Pearson correlation coefficient)가 많이 사용된다.

두 변수 사이에 어떠한 선형관계가 있는지를 파악하기 위해서 공분산(covariance)을 고려할 수 있다. 그런데, 공분산은 측정단위에 영향을 받고, 이 값의 범위를 알 수 없다는 단점이 있다. 이러한 공분산을 각 변수의 표준편차로 나누어 정의되는 피어슨의 상관계수는 측정단위에 영향을 받지 않으며, 이 값은 항상 -1과 1사이에 존재하게 된다. 일반적으로 피어슨의 상관계수를 간단히 상관계수라고 하며, r로 나타낸다. 두 변수 X와 Y사이의 상관계수 r은 다음과 같이 구해진다. 여기서, S_{xy}는 두 변수 X와 Y의 공분산이고, S_x와 S_y는 각각 두 변수 X와 Y의 표본표준편차이다.

$$r = \frac{S_{xy}}{S_x S_y} = \frac{\frac{1}{n-1}\sum_{i=1}^{n}(X_i-\overline{X})(Y_i-\overline{Y})}{\sqrt{\frac{1}{n-1}\sum_{i=1}^{n}(X_i-\overline{X})^2}\sqrt{\frac{1}{n-1}\sum_{i=1}^{n}(Y_i-\overline{Y})^2}}$$

▌▌▌▌▌▌▌ 상관계수의 성질

두 변수 사이의 선형적인 관계를 나타내는 측도인 상관계수 r은 다음과 같은 성질을 가진다.

① 상관계수의 값은 항상 $-1 \le r \le 1$이다.

② $0 < r < 1$일 때 두 변수는 양의 상관관계(한 변수가 증가하면 다른 변수도 증가하는 경향)를 가진다.

③ $-1 < r < 0$일 때 두 변수는 음의 상관관계(한 변수가 증가하면 다른 변수는 감소하는 경향)를 가진다.

④ $r = \pm 1$일 때 두 변수는 양의(또는 음의) 완전상관관계를 가진다.

⑤ $r = 0$일 때, 두 변수는 무상관이다. 이는 두 변수 사이에서 선형적인 관계를 찾아볼 수 없다는 것을 의미한다.

RExcel에서 피어슨의 상관계수를 얻기 위해서는 다음과 선택되어지는 **Correlation matrix** 메뉴를 이용한다.

예를 들어 키, 배꼽높이(Navel)와 키를 배꼽높이로 나눈 비(Ratio)에 대하여 피어슨의 상관계수를 얻기 위해서는《**Correlation Matrix**》대화상자의 ***Variables***에서 키(Height), 배꼽높이(Navel)와 키를 배꼽높이로 나눈 비(Ratio)를 선택하고 **Type of Correlation**에서 **Pearson product-moment**를 선택한다. 상관계수를 구하고자 하는 변spss 화면 구성에는 **Spearman**을 선택하여 스피어만의 순위상관계수를 구할 수 있다.

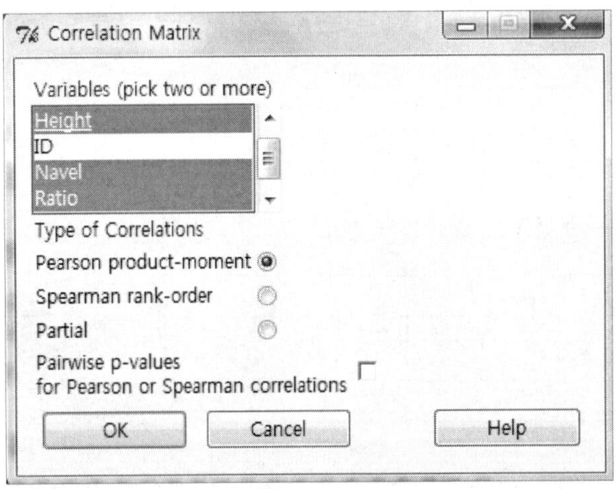

R 결과분석

결과 9.6으로부터 키(Height)와 배꼽높이(Navel)의 상관계수는 0.947이므로 강한 양의 상관관계가 있을 알 수 있다. 즉, 키(Height)가 커지면 배꼽높이(Navel)도 커지는 경향이 있다고 할 수 있다. 그리고 배꼽높이(Navel)와 키를 배꼽높이로 나눈 비(Ratio)의 상관계수는 -0.27로 음의 값을 가진다. 이는 두 변수 사이에 음의 상관관계가 존재한다는 것으로 배꼽높이(Navel)가 커지면 키를 배꼽높이로 나눈 비(Ratio)는 작아진다는 사실을 알 수 있다.

결과 9.6 키(Height), 배꼽높이(Navel)와 비(Ratio)에 대한 피어슨의 상관계수

```
Output Window                                                    Submit

> cor(Data[,c("Height","Navel","Ratio")], use="complete.obs")
           Height      Navel       Ratio
Height 1.00000000  0.9469535  0.05256056
Navel  0.94695351  1.0000000 -0.27087570
Ratio  0.05256056 -0.2708757  1.00000000
```

(2) 상관계수의 검정

표본자료를 이용하여 계산되는 피어슨의 상관계수 ρ의 값은 표본상관계수로 이 값을 이용하면, 모집단 상관계수에 대한 검정을 할 수 있다. 모집단 상관계수를 ρ라고 할 때 귀무가설 $H_0 : \rho = 0$를 검정하기 위한 검정통계량은 다음과 같다.

$$T = \frac{r - \rho}{\sqrt{(1 - r^2)/(n - 2)}} \sim t_{n-2}.$$

이 검정통계량 T는 귀무가설이 참이라는 가정하에서 자유도가 $n-2$인 t-분포를 따르므로 이를 이용하여 모집단 상관계수에 대한 검정을 할 수 있다. 모집단 상관계수에 대한 가설검정 절차가 다음에 설명되어 있다.

▌▌▌▌▌▌▌ 상관계수에 관한 가설검정 절차

모집단상관계수 ρ에 대한 가설검정은 다음과 같은 단계로 수행한다.

Step 1. 가설설정 : $\begin{cases} H_0 : \rho = 0 \\ H_1 : \rho \neq 0 \end{cases}$

Step 2. 검정통계량 값 또는 유의확률 값의 계산

Step 3. 유의수준 α 결정

Step 4. 가설의 기각 여부 결정 ▌▌▌▌▌▌▌

상관계수의 통계적 유의성을 검정하기 위해서는 RExcel에서 다음과 같이 선택되는 의 **Correlation test** 메뉴를 사용한다.

결과 9.6에서 키(Height)와 키를 배꼽높이로 나눈 비(Ratio)의 상관계수 값이 0.053으로 나타났다. 이 상관계수 값이 통계적으로 유의한 값인지를 검정해 보자. 이를 위해서 **Correlation test** 메뉴를 선택해서 얻게 되는 **《Correlation Test》**대화상자에서 상관계수의 유의성 검정을 하고자 하는 변수인 키(Height)와 키를 배꼽높이로 나눈 비(Ratio)를 선택하고, **Type of Correlation**에서 **Pearson product-moment**를 선택한다. 그리고 검정하고자 하는 가설이 $H_0 : \rho = 0$ 대 $H_1 : \rho \neq 0$이므로 ***Alternative Hypothesis***에서 ***Two-sided***를 선택하면 된다.

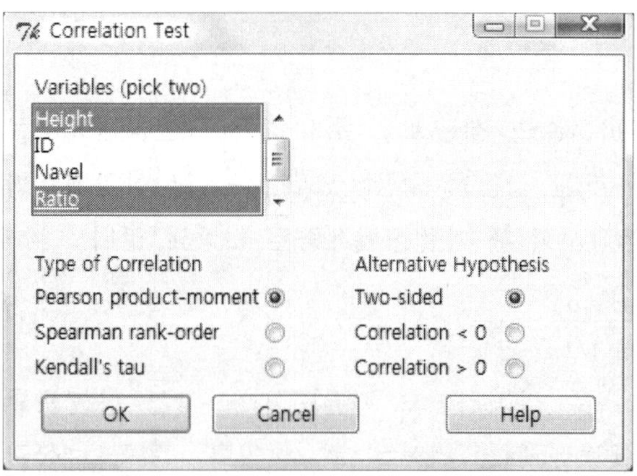

결과 9.7 상관계수의 검정

```
Output Window                                                    Submit

> cor.test(Data$Height, Data$Ratio, alternative="two.sided", method="pearson")

        Pearson's product-moment correlation

data:  Data$Height and Data$Ratio
t = 0.4144, df = 62, p-value = 0.68
alternative hypothesis: true correlation is not equal to 0
95 percent confidence interval:
 -0.1957782  0.2945641
sample estimates:
       cor
0.05256056
```

R 결과분석

결과 9.7을 보면 키(Height)와 키를 배꼽높이로 나눈 비(Ratio)의 상관계수는 0.053이다. 그런데, 실제로 이 상관계수 값이 통계적으로 유의한 값인지를 판단하기 위해서는 다음과 같이 모집단상관계수에 대한 가설검정을 수행하여야 한다.

Step 1 가설설정

다음과 같이 가설을 설정할 수 있다.

$$\begin{cases} H_0 : \rho = 0 (\text{키와키/배꼽높이의 비는 무상관이다.}) \\ H_1 : \rho \neq 0 (\text{키와키/배꼽높이의 상관계수는 0이 아니다.}) \end{cases}$$

Step 2 유의확률의 계산

결과 9.7로부터 유의확률 값이 0.68임을 알 수 있다.

Step 3 유의수준 α 결정

유의수준 α를 0.05로 하자.

Step 4 가설의 기각 여부 결정

유의확률 값이 유의수준 α보다 크므로 귀무가설을 기각할 수 없다. 따라서 키(Height)와 키를 배꼽높이로 나눈 비(Ratio)의 상관계수는 통계적으로 유의하지 않다. 즉, 이 두변수 사이에는 상관관계가 존재한다고 할 수 없다.

상관분석과 관련된 메뉴

RExcel 메뉴	사용 목적
Graphs → Scatterplot	산점도 작성
Graphs → Scatterplot matrix	산점도 행렬 작성
Statistics → Summaries → Correlation matrix	상관계수 산출
Statistics → Summaries → Correlation test	상관계수의 검정

제 10장

회귀분석

10.1 단순회귀분석

회귀분석(regression analysis)이란 독립변수(independent variable)와 종속변수(dependent variable) 사이의 관련성을 수학적 모형을 이용하여 측정된 변수들의 자료로부터 추정하고 분석하는 통계적 분석방법이다. 특히, 선형방정식에 의해서 독립변수와 종속변수 사이의 관계를 분석할 경우에 선형회귀분석(linear regression analysis)이라고 하며, 선형회귀분석은 하나의 독립변수가 있는 단순선형회귀분석(simple linear regression analysis)과 두 개 이상의 독립변수를 포함하는 다중선형회귀분석(multiple linear regression analysis)으로 구분할 수 있다.
일반적으로 회귀분석은 선형모형인 경우에 주로 사용되므로 단순선형회귀분석을 간단히 단순회귀분석, 다중선형회귀분석을 중회귀분석이라고 하며, 선형이 아닌 경우의 회귀분석을 비선형회귀(nonlinear regression)라고 한다.

독립변수와 종속변수

다른 변수에 영향을 끼치는 변수를 독립변수라고 하며, 독립변수에 의해 영향을 받는 변수로 실제 분석에서 관심 대상이 되는 변수를 종속변수라고 한다. 사회과학분야에서는 독립변수를 설명변수(explanatory variable)로, 종속변수를 반응변수(response variable)로 설명하기도 한다.

종속변수에 영향을 끼치는 독립변수가 하나인 단순선형회귀모형은 선형회귀분석의 가장 간단한 형태로 다음과 같은 모형을 가정한다.

$$y = \beta_0 + \beta_1 x + \epsilon$$

여기서, β_0와 β_1은 각각 회귀직선(regression line)의 절편과 기울기를 나타내는 값으로 자료로부터 추정해야 할 모집단 회귀계수(regression coefficient)이다. ϵ은 오차항(error term)으로 독립변수에 의해 설명될 수 없는 종속변수의 변동과 선형모형을 가정하는데서 기인하는 오류 등을 설명하는 부분이다. 일반적으로 오차항 ϵ은 평균이 0이고, 분산이 σ^2이며, 서로 독립인 정규분포를 한다고 가정한다.

위와 같은 단순선형회귀모형의 예를 고려해보자. 몸무게(Weight)에 영향을 미치는 변수로 키(Height)를 고려해 보자. 즉, 학생들의 키를 사용하여 몸무게를 설명하고자 하는 것이다. 이러한 관계를 선형회귀모형으로 표현하면 다음과 같다.

$$(\text{몸무게}) = \beta_0 + \beta_1 \times (\text{키}) + \epsilon$$

이러한 모형에서 몸무게(Weight)는 반응변수(종속변수)이고, 키(Height)는 몸무게를 설명하고자 하는 설명변수(독립변수)가 된다.

(1) 회귀계수의 추정

회귀분석에서 가장 먼저 고려되는 문제는 모집단 회귀계수 β_0와 β_1의 값을 추정하는 문제이다. 모집단 회귀계수를 추정하기 위한 방법은 일반적으로 최소제곱법(least square method)이 사용된다. 최소제곱법에 의해서 추정된 회귀계수를 각각 b_0와 b_1이라고 하면 추정된 회귀직선은

$$\hat{y} = b_0 + b_1 x$$

이 되고, 추정된 회귀직선으로부터 종속변수 y가 독립변수 x에 의해서 어떻게 설명 또는 예측되는지를 분석할 수 있다.

최소제곱법

주어진 자료로부터 모집단 회귀계수를 추정하기 위해서 일반적으로 사용하는 방법으로 오차들의 제곱합을 최소가 되도록 하는 b_0와 b_1을 모집단 회귀계수 β_0와 β_1의 추정값으로 사용하는 방법이 있는데 이를 최소제곱법이라 한다. 최소제곱법에 의해 추정되는 b_0와 b_1은 다음과 같다.

$$b_1 = \frac{\sum_{i=1}^{n}(x_i - \bar{x})(y_i - \bar{y})}{\sum_{i=1}^{n}(x_i - \bar{x})^2}, \quad b_0 = \bar{y} - b_1 \bar{x}$$

단순회귀분석에서 모형의 적합성을 검정하고, 모집단 회귀계수를 추정하기 위해서는 REXcel의 초기화면에서 다음과 같은 메뉴를 선택함으로써 시작할 수 있다.

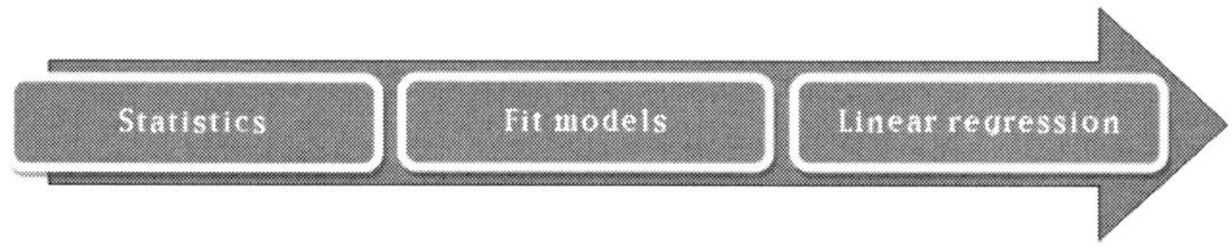

위와 같이 메뉴를 선택하면 다음과 같은 《Linear Regression》 대화상자가 나타나는데, 이를 이용하면 쉽게 회귀분석을 수행할 수 있다. 《Linear Regression》 대화상자에서 분석하고자 하는 변수를 각각 **종속변수(Response variable)**와 **설명변수(Explanatory variables)**에 지정하면 된다. 예를 들어 몸무게(Weight)를 키(Height)

를 사용하여 설명하고자 하는 단순회귀모형에서 회귀계수를 추정하고, 이를 이용하여 회귀직선을 추정하는 문제를 고려해보자.
키(Height)가 설명변수이고, 몸무게(Weight)가 반응변수인 단순회귀모형에 대한 회귀분석을 수행하기 위해서는 다음과 같이 **《Linear Regression》** 대화상자에서 몸무게(Weight)을 **Response variable**에 키(Height)를 **Explanatory variables**에 선택하고 **OK**를 클릭한다.
결과 10.1은 키가 몸무게에 어떠한 영향을 미치는지를 알아보기 위해 단순회귀분석을 수행한 결과이다. 이 때 이러한 선형회귀모형을 저장할 수 있는데, 여기서는 디폴트로 제공되는 **RegModel.1**이라는 이름으로 지정하였다. 따라서 나중에 이러한 키와 몸무게의 단순선형회귀모형이 필요할 경우에는 **RegModel.1**을 Active 모형으로 지정함으로써 간단히 사용할 수 있다. 특정 모형을 Active 모형으로 지정하는 방법은 REXcel의 초기화면의 **Model** 창에서 원하는 모형을 선택하면 된다.

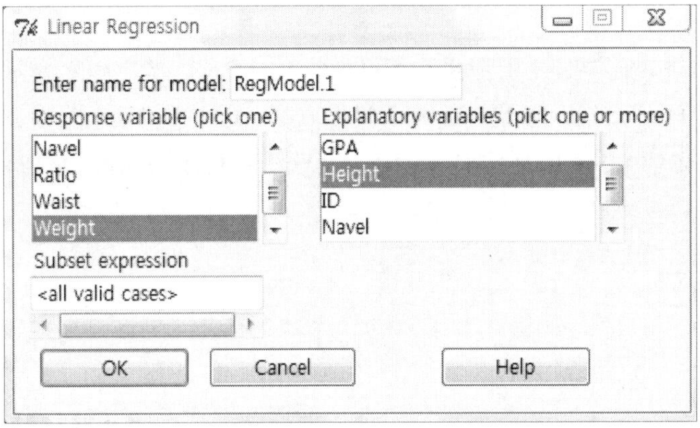

R 결과분석

회귀분석 결과 가장 먼저 고려해야 하는 부분은 설정된 회귀모형의 유의성에 대한 문제로 이에 대한 검정을 위해서는 F 검정통계량을 사용하면 된다. 결과 10.1에서 검정통계량 F값이 123.1이고, 이때의 유의확률 값이 0에 가까운 값이므로 적합된 선형회귀모형이 통계적으로 유의하다고 할 수 있다. 이 모형에서 몸무게(Weight)가 종속변수이고, 키(Height)는 독립변수이다.
다음으로 모집단 회귀계수 β_0와 β_1의 추정값 b_0와 b_1을 구해야 한다. 모집단 회귀계수 β_0와 β_1의 추정된 회귀계수는 결과에서 $b_0 = -117.94333, b_1 = 1.08127$임을 알

수 있다. 따라서 추정된 회귀직선은 다음과 같다.

$$(\widehat{몸무게}) = -117.94333 + 1.08127 \times (키)$$

이렇게 추정된 회귀직선을 이용하면 어떤 학생의 몸무게가 주어질 경우 이 학생의 몸무게를 추정할 수 있게 된다. 추정된 회귀직선에서 β_1에 대한 추정된 회귀계수인 $b_0=-117.94333$은 중요한 의미를 갖게 되는데, 이는 독립변수인 키(Height)가 한 단위 증가할 때 종속변수인 몸무게(Weight)가 얼마나 변화하게 되는지를 나타낸다. 즉, 키가 1단위 증가하면 몸무게가 1.08127만큼 증가하게 된다는 의미를 갖는다.

결과 10.1 몸무게(Weight)와 키(Height)의 단순선형회귀분석

Output Window Submit

```
> RegModel.1 <- lm(Weight~Height, data=Data)

> summary(RegModel.1)

Call:
lm(formula = Weight ~ Height, data = Data)

Residuals:
    Min      1Q  Median      3Q     Max 
-10.847  -3.679  -1.398   4.987  13.885 

Coefficients:
              Estimate Std. Error t value Pr(>|t|)    
(Intercept) -117.94333   16.29540  -7.238 8.33e-10 ***
Height         1.08127    0.09746  11.095 2.31e-16 ***
---
Signif. codes:  0 '***' 0.001 '**' 0.01 '*' 0.05 '.' 0.1 ' ' 1

Residual standard error: 6.242 on 62 degrees of freedom
Multiple R-squared: 0.665, Adjusted R-squared: 0.6596 
F-statistic: 123.1 on 1 and 62 DF,  p-value: 2.314e-16
```

한편, 앞에서 설명한 ***Linear Regression*** 메뉴의 결과에는 분산분석표가 나타나 있지 않은 것을 알 수 있다. 따라서 선형회귀모형에 대한 분산분석표를 얻고 싶으면 다음과 같이 선택되어지는 ***ANOVA table*** 메뉴를 사용한다.

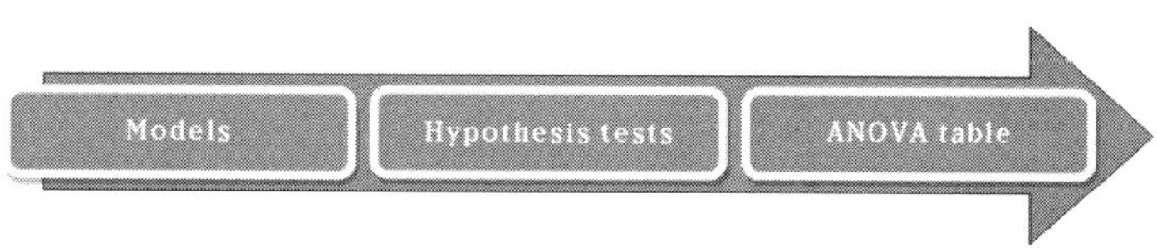

예를 들어 몸무게(Weight)와 키(Height)의 단순선형회귀모형에 대한 분산분석표를

얻고 싶으면, 다음과 같이 《*ANOVA* **table**》대화상자를 사용하면 된다.
그런데 《*ANOVA* **table**》대화상자에서 선형회귀모형을 지정하는 옵션이 없는 것을 알 수 있는데, 이는 *ANOVA* **table** 메뉴가 기본적으로 이미 지정이 되어있는 모형에 대해서만 제공하기 때문이다. 따라서 분산분석표를 작성하고자 하는 모형을 먼저 지정하여야 하는데, 이는 다음과 같이 RExcel 초기화면의 **Model** 부분에서 지정하면 된다.

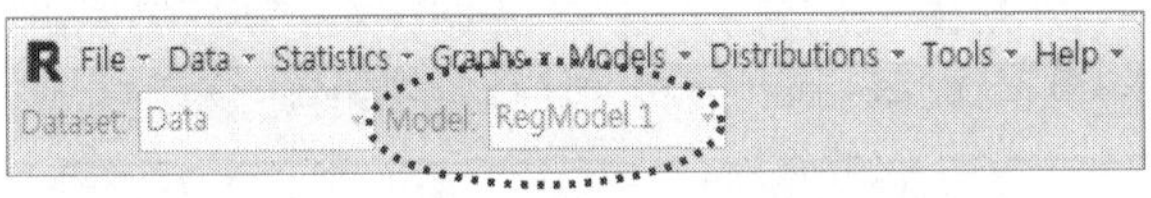

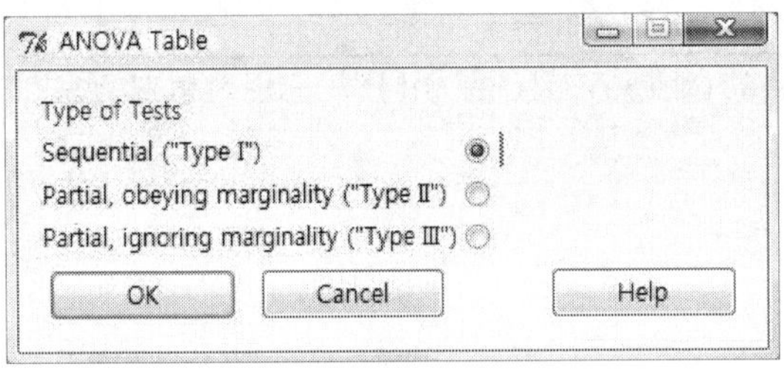

결과 10.2 몸무게(Weight)와 키(Height)의 단순선형회귀분석에서의 분산분석표

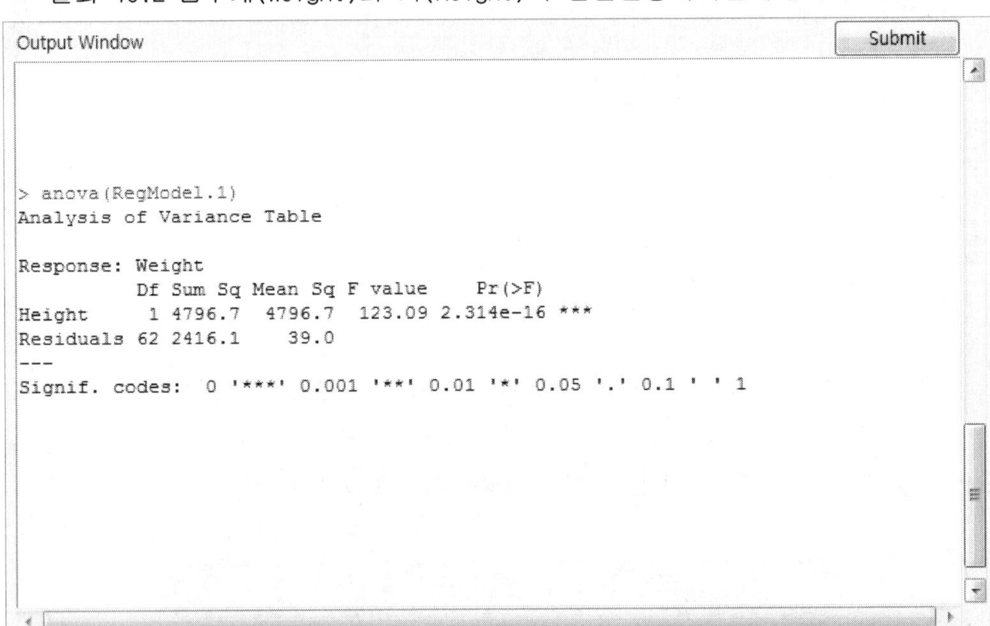

R 결과분석

결과 10.2로부터 몸무게와 키의 단순선형회귀분석에서의 분산분석표를 다음과 같이 작성할 수 있다.

구분	제곱합	자유도	평균제곱합	F값	p값
회귀	4796.1	1	4796.1	123.09	2.314e-16
오차	2416.1	62	39.0		
전체	7212.2	63			

위의 분산분석표로부터 F값 123.09이고, p값이 0에 가까운 값이므로 가정된 회귀모형이 의미가 있음을 알 수 있다.

결과 10.3 산점도와 추정된 회귀직선

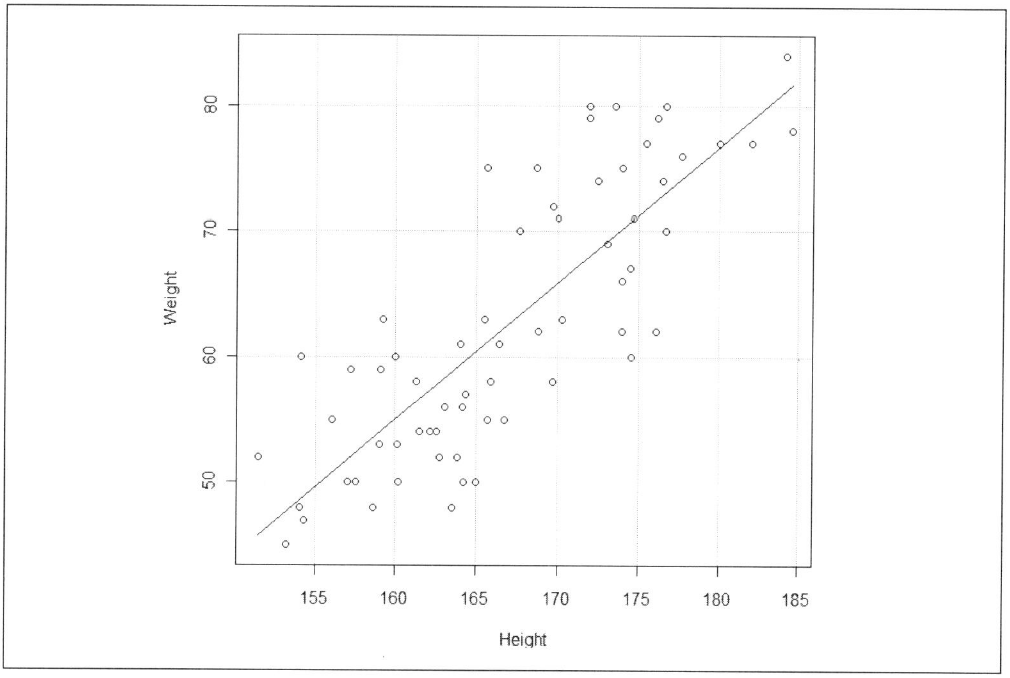

이제 추정된 회귀직선을 몸무게(Weight)와 키(Height) 사이의 산점도 위에 표시해 보자. 이를 위해서는 9장에서 설명했던 것처럼 다음과 같이 선택되는 **Scatterplot** 메뉴를 이용한다.

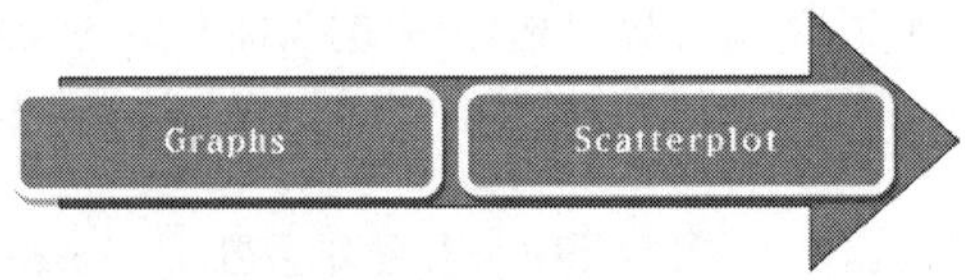

Scatterplot 메뉴를 선택하면 《**Scatterplot**》 대화상자가 나타나는데, 여기서 다음과 같이 x축의 변수로 키(Height)를 지정하고, y축의 변수로 몸무게(Weight)를 지정한다. 그리고 추정된 회귀직선이 산점도 위에 표시되도록 하기 위해서 **Least-square line**을 선택하고, **OK**를 선택한다. 그러면 결과 10.3과 같은 산점도를 얻을 수 있다.

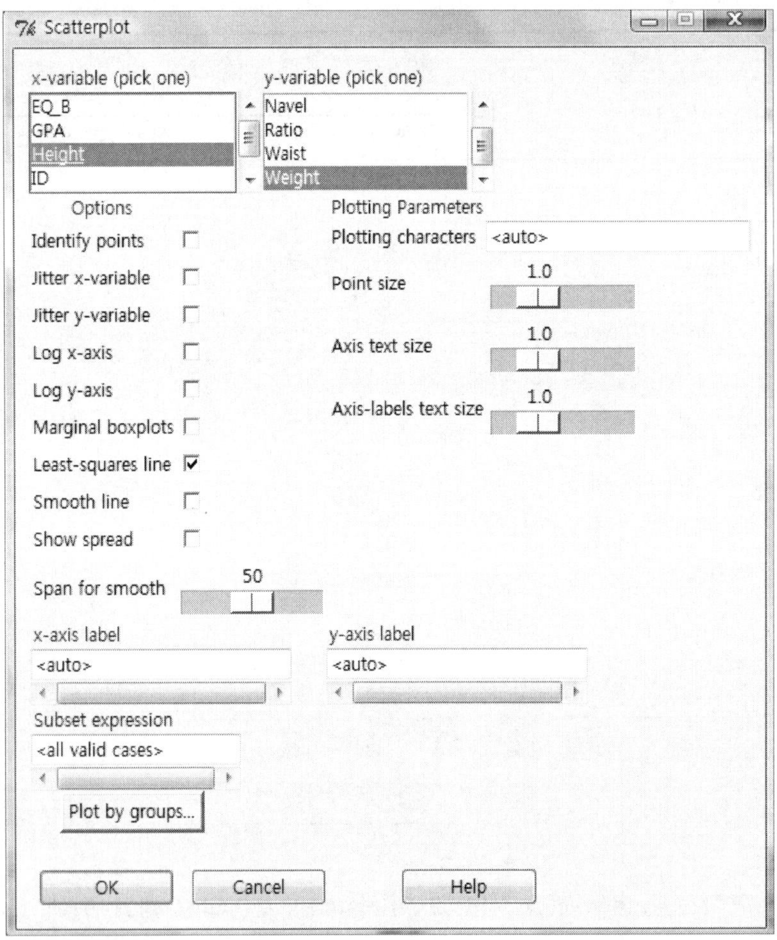

(2) 회귀모형의 유의성 검정

단순회귀모형에서 적합된 회귀모형이 통계적으로 유의하고, 모집단 회귀계수를 추정한 후에 관심을 갖게 되는 문제는 이와 같이 추정된 회귀계수의 통계적 유의성에 대한 문제이다. 단순회귀모형에서 관심이 되는 두 모집단 회귀계수 β_0와 β_1의 검정문제를 고려해 보자.

■β_0의 검정

단순선형회귀모형에서 절편을 나타내는 모집단 회귀계수 β_0의 검정문제를 고려해 보자. 자료에 의해 회귀직선이 추정되면, 실제로 추정된 회귀계수 값이 통계적으로 유의한 의미를 가지는지를 검정해야 하는데, 이를 위해서 $H_0 : \beta_0 = 0$와 같은 귀무가설을 검정하는 문제를 고려할 수 있다. β_0의 유의성을 검정하기 위해 다음과 같이 정의되는 검정통계량 T를 사용한다. 검정통계량 T는 귀무가설이 사실이라는 가정 하에서 자유도가 $n-2$인 t분포를 하므로 회귀계수 β_0에 대한 유의성 검정을 할 수 있다.

$$T = \frac{b_0 - \beta_0}{s\sqrt{\frac{1}{n} + \frac{\bar{x}^2}{\sum(x_i - \bar{x})^2}}} \sim t_{n-2}$$

만약, 회귀계수의 절편을 나타내는 β_0의 검정 결과 유의하지 않다는 결론을 얻으면, 절편을 포함하지 않는 회귀모형을 다시 적합시켜야 한다.

■β_1의 검정

앞에서 설명된 회귀모형의 절편에 대한 검정과 마찬가지로 기울기를 나타내는 모집단 회귀계수 β_1이 통계적으로 유의한 값을 가지는지에 대한 문제를 고려하기 위해서 가설 $H_0 : \beta_1 = 0$를 검정하는 문제를 살펴보자. β_1을 검정하기 위한 검정통계량 T는 다음과 같이 정의되며, 검정통계량 T는 귀무가설이 사실이라는 가정 하에서 자유도가 $n-2$인 t분포를 한다. 이로부터 회귀계수 β_1에 대한 유의성 검정을 할 수 있다.

$$T = \frac{b_1 - \beta_1}{\frac{s}{\sqrt{\sum(x_i - \bar{x})^2}}} \sim t_{n-2}$$

다음의 결과 10.4는 앞의 결과 10.1과 동일한 것으로 편의 상 여기서 다시 보여주고 있는데, 결과를 살펴보면 상수와 키(Height)에 대해 검정통계량 t값과 유의확률값이 나타나 있다. 이를 이용하여 β_0와 β_1에 대한 유의성 검정을 다음과 같이 수행할 수 있다.

결과 10.4 회귀계수의 유의성 검정

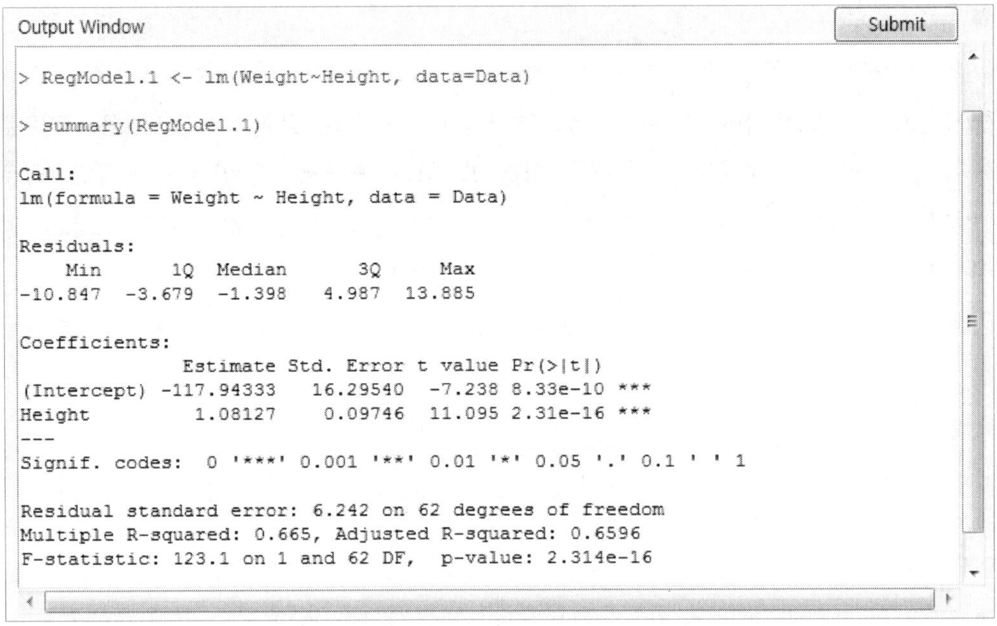
Output Window Submit

```
> RegModel.1 <- lm(Weight~Height, data=Data)

> summary(RegModel.1)

Call:
lm(formula = Weight ~ Height, data = Data)

Residuals:
    Min      1Q  Median      3Q     Max
-10.847  -3.679  -1.398   4.987  13.885

Coefficients:
             Estimate Std. Error t value Pr(>|t|)
(Intercept) -117.94333   16.29540  -7.238 8.33e-10 ***
Height         1.08127    0.09746  11.095 2.31e-16 ***
---
Signif. codes:  0 '***' 0.001 '**' 0.01 '*' 0.05 '.' 0.1 ' ' 1

Residual standard error: 6.242 on 62 degrees of freedom
Multiple R-squared: 0.665, Adjusted R-squared: 0.6596
F-statistic: 123.1 on 1 and 62 DF,  p-value: 2.314e-16
```

$\mathcal{R}$ 결과분석

결과 10.4를 이용하여 모집단 회귀계수 β_0와 β_1의 유의성 검정을 할 수 있다. 먼저 β_1에 대한 검정을 고려해 보자.

Step 1 가설설정

다음과 같이 가설을 설정할 수 있다.

$$\begin{cases} H_0 : \beta_1 = 0 \\ H_1 : \beta_1 \neq 0 \end{cases}$$

Step 2 검정통계량 T값 또는 유의확률의 계산

결과 8.1로부터 검정통계량 값은 11.095이고, 이때의 유의확률 값은 0에 가까운 값임을 알 수 있다.

Step 3 유의수준 α결정

유의수준 α를 0.05로 설정하자.

Step 4 가설의 기각 여부 결정

유의확률 값이 0에 가까운 값으로 유의수준 α보다 작으므로 귀무가설을 기각한다. 즉, 회귀계수 β_1는 통계적으로 유의하므로 추정된 회귀직선에서 추정값 $b_1 = 1.08127$이 통계적으로 유의함을 알 수 있다.

마찬가지 방법에 의해서 β_0에 대한 검정을 할 수 있다. 결과를 보면 β_0에 대한 유의확률이 매우 작음을 알 수 있다. 따라서 유의수준 α가 0.05인 경우 귀무가설 $H_0 : \beta_0 = 0$는 기각된다. 즉, 추정된 회귀계수 $b_0 = -117.94333$이 통계적으로 유의한 값이라고 할 수 있다.

이러한 결과를 바탕으로 추정된 회귀직선은 다음과 같다.

$$(\widehat{\text{몸무게}}) = -117.94333 + 1.08127 \times (\text{키})$$

---

(3) 회귀모형의 설명력

자료로부터 추정된 회귀직선이 실제로 전체 자료를 얼마나 잘 설명하고 있는지를 나타내는 측도로 결정계수(coefficient of determination)를 사용하며, 이는 다음과 같이 정의된다.

$$R^2 = \frac{SSR}{SST}$$

여기서, SST(total sum of squares)는 종속변수 y의 전체변동을 나타내는 값이고, SSR(residual sum of squares)은 y의 변동 중에서 회귀모형에 의해 설명되는 회귀변동을 나타내는 값으로 각각 다음과 같이 정의된다.

$$SST = \sum_{i=1}^{n} (y_i - \bar{y})^2$$

$$SSR = \sum_{i=1}^{n} (\hat{y}_i - \bar{y})^2$$

결정계수

결정계수 값은 다음과 같은 의미를 갖는다.

① $R^2=1$이면 모든 자료가 추정된 회귀직선 위에 존재한다는 것이다.

② $R^2=0$이면 독립변수 x와 종속변수y사이에 가정된 회귀모형이 유의하지 않다는 것을 의미한다. 즉, 두 변수 사이에는 어떠한 선형관계도 존재하지 않는다.

③ R^2의 값이 1에 가까울수록 더욱 유용한 회귀직선이 되며, 0에 가까워지면 추정된 회귀직선이 의미가 없다는 것이다.

④ 단순회귀모형에서 결정계수 값은 상관계수의 제곱과 같다.

결정계수는 y의 전체 변동 중에서 추정된 회귀직선에 의해 설명되는 변동의 비율을 나타내는 측도로 항상 $0 \le R^2 \le 1$을 만족하며, 적합된 회귀모형의 설명력을 나타내주는 측도이다.

다음의 결과 10.5는 앞의 결과 10.1과 동일한 것으로 편의 상 여기서 다시 보여주고 있는데, 결과를 살펴보면 회귀모형의 설명력을 해석할 수 있는 결정계수와 수정된 결정계수가 있음을 알 수 있다.

결과 10.5 결정계수

Output Window Submit

```
> RegModel.1 <- lm(Weight~Height, data=Data)

> summary(RegModel.1)

Call:
lm(formula = Weight ~ Height, data = Data)

Residuals:
    Min      1Q  Median      3Q     Max
-10.847  -3.679  -1.398   4.987  13.885

Coefficients:
             Estimate Std. Error t value Pr(>|t|)
(Intercept) -117.94333   16.29540  -7.238 8.33e-10 ***
Height         1.08127    0.09746  11.095 2.31e-16 ***
---
Signif. codes:  0 '***' 0.001 '**' 0.01 '*' 0.05 '.' 0.1 ' ' 1

Residual standard error: 6.242 on 62 degrees of freedom
Multiple R-squared: 0.665, Adjusted R-squared: 0.6596
F-statistic: 123.1 on 1 and 62 DF,  p-value: 2.314e-16
```

R 결과분석

몸무게(Weight)와 키(Height) 사이의 관계를 설명하기 위해서 자료로부터 추정된 회귀직선이 전체 자료를 어느 정도 설명하고 있는지를 판단하기 위한 측도로 결정계수 값이 사용된다. 결과 10.5에서 R제곱 값은 0.665이고, 수정된 R제곱 값은 0.6596이다.

일반적으로 결정계수 값은 종속변수를 설명하는데 영향을 미치지 않는 독립변수가 추가되어도 독립변수의 수가 증가되면 항상 커지는 경향이 있는데, 이러한 문제를 해결하여 제공되는 값이 수정된 결정계수 값이다. 따라서 실제 분석에서는 수정된 결정계수 값을 사용하여 회귀직선의 설명력을 분석해야 한다. 이 예에서 수정된 R 제곱 값은 0.6596로 추정된 회귀직선이 전체 자료를 약 66% 정도 설명하고 있음을 알 수 있다.

10.2 회귀진단

회귀분석은 앞에서 설명한 단순회귀모형에서의 기본 가정이 성립하는 경우에만 분석의 결과를 신뢰할 수 있다. 따라서 이러한 회귀모형의 기본 가정이 만족되는지를 분석하는 것은 매우 중요한 문제이며, 이는 잔차분석을 통한 회귀진단에 의해서 판단할 수 있다. 또한, 자료에 이상값이 포함된 경우 회귀선을 추정하는데 큰 영향을 미칠 수도 있으므로 이상값이 존재하는지를 파악하는 것 또한 중요한 문제인데 이를 위해서도 잔차분석이 필요하다.

(1) 추정치와 잔차

잔차(residual)는 관측치(y_i)와 회귀직선에 의한 예측값$(\hat{y_i})$의 차로써 e_i로 나타내는데, 종속변수의 측정 단위에 의존하게 되므로 잔차(e_i)를 잔차의 표준오차로 나눈 스튜던트화잔차(studentized residual)를 주로 사용한다. 따라서 회귀진단을 설명하기 전에 RExcel에서 예측값$(\hat{y_i})$, 잔차 그리고 스튜던트화잔차를 산출하는 방법에 대하여 살펴보고자 한다.

RExcel에서 예측값과 잔차를 산출한 후에 다른 분석에 사용하고자 하는 경우에는 다음과 같은 메뉴를 선택하면 된다.

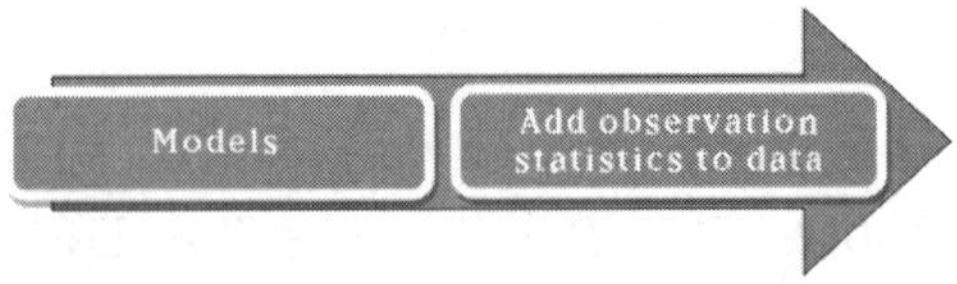

위의 ***Add observation statistics to data*** 메뉴를 사용하기 위해서는 다음과 같이 RExcel 초기화면의 **Model** 부분에서 회귀모형을 지정하여야 한다. 앞의 예에서 키(Height)가 독립변수이고, 몸무게(Weight)가 종속변수인 단순회귀모형을 **RegModel.1**로 지정하였으므로 이를 선택하면 된다.

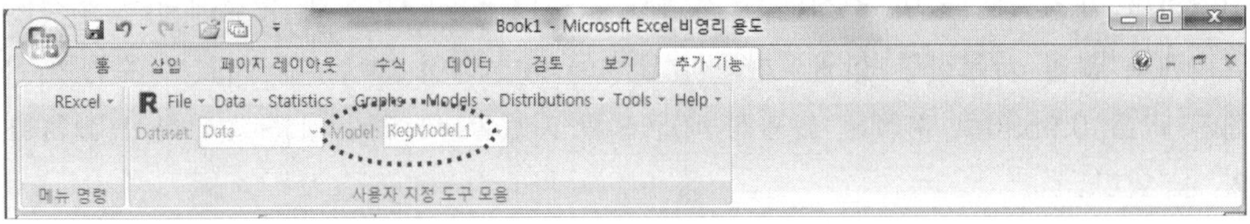

이제 ***Add observation statistics to data*** 메뉴를 선택해서 나타나는 다음과 같은 《***Add Observation Statistics to Data***》 대화상자에서 산출하고자 하는 항목을 선택하면 된다. 즉, 예측값은 ***Fitted values***를 선택하고, 잔차는 ***Residuals***를 선택하면 된다. 그리고 스튜던트화잔차를 산출하고 싶으면 ***Studentised residuals***를 선택하도록 한다.

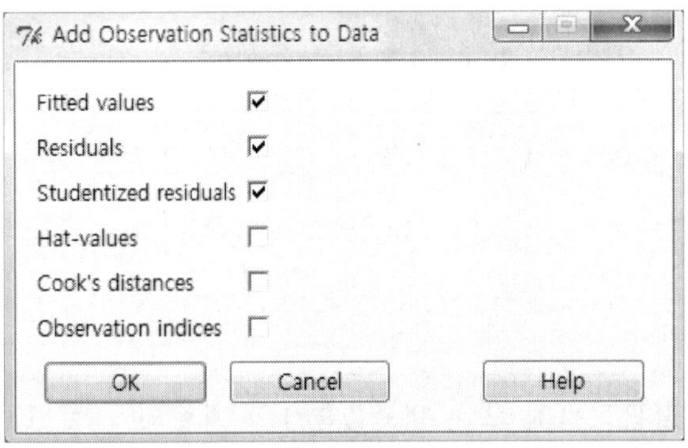

끝으로 ***Add observation statistics to data*** 메뉴를 사용해서 산출된 값들을 확인하기 위해서는 3장에서 설명한 것처럼 active 파일로 지정이 되어있는 R 자료를 워크시트로 불러오기 위해서 다음과 같이 오른쪽 마우스 버튼을 클릭하여 ***Get Active Dataframe*** 메뉴를 선택하면 된다.

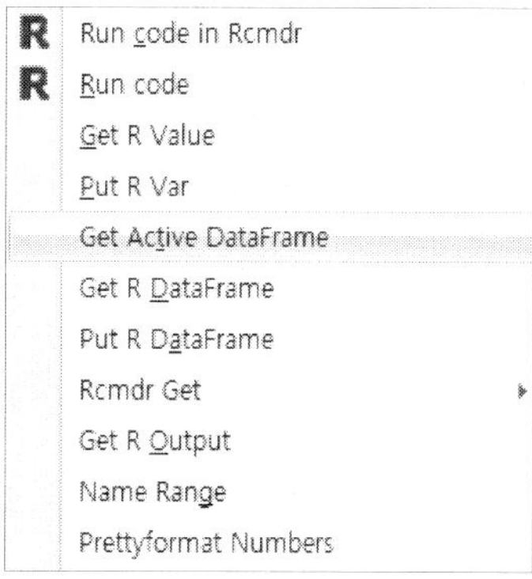

결과 10.6은 이렇게 해서 얻게 되는 키(Height)가 독립변수이고, 몸무게(Weight)가 종속변수인 단순회귀모형에서의 예측값(fitted.RegModel.1), 잔차(residuals.RegModel.1) 그리고 스튜던트화잔차(rstudent.RegModel.1)이다. 이를 사용하면 다음절에서 설명되는 잔차와 이상치에 대한 분석을 수행할 수 있다.

결과 10.6 추정치와 잔차

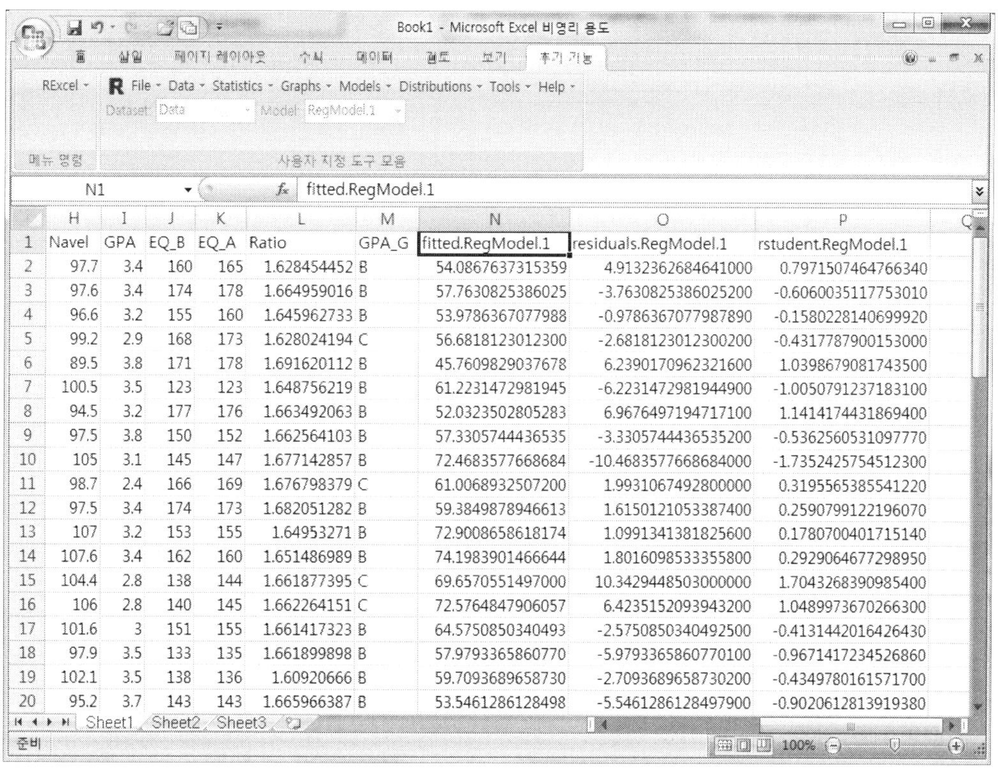

	H	I	J	K	L	M	N	O	P
1	Navel	GPA	EQ_B	EQ_A	Ratio	GPA_G	fitted.RegModel.1	residuals.RegModel.1	rstudent.RegModel.1
2	97.7	3.4	160	165	1.628454452	B	54.0867637315359	4.9132362684641000	0.797150746476634 0
3	97.6	3.4	174	178	1.664959016	B	57.7630825386025	-3.7630825386025200	-0.6060035117753010
4	96.6	3.2	155	160	1.645962733	B	53.9786367077988	-0.9786367077987890	-0.1580228140699920
5	99.2	2.9	168	173	1.628024194	C	56.6818123012300	-2.6818123012300200	-0.4317787900153000
6	89.5	3.8	171	178	1.691620112	B	45.7609829037678	6.2390170962321600	1.0398679081743500
7	100.5	3.5	123	123	1.648756219	B	61.2231472981945	-6.2231472981944900	-1.0050791237183100
8	94.5	3.2	177	176	1.663492063	B	52.0323502805283	6.9676497194717100	1.1414174431869400
9	97.5	3.8	150	152	1.662564103	B	57.3305744436535	-3.3305744436535200	-0.5362560531097770
10	105	3.1	145	147	1.677142857	B	72.4683577668684	-10.4683577668684000	-1.7352425754512300
11	98.7	2.4	166	169	1.676798379	C	61.0068932507200	1.9931067492800000	0.3195565385541220
12	97.5	3.4	174	173	1.682051282	B	59.3849878946613	1.6150121053387400	0.2590799122196070
13	107	3.2	153	155	1.64953271	B	72.9008658618174	1.0991341381825600	0.1780700401715140
14	107.6	3.4	162	160	1.651486989	B	74.1983901466644	1.8016098533355800	0.2929064677298950
15	104.4	2.8	138	144	1.661877395	C	69.6570551497000	10.3429448503000000	1.7043268390985400
16	106	2.8	140	145	1.662264151	C	72.5764847906057	6.4235152093943200	1.0489973670266300
17	101.6	3	151	155	1.661417323	B	64.5750850340493	-2.5750850340492500	-0.4131442016426430
18	97.9	3.5	133	135	1.661899898	B	57.9793365860770	-5.9793365860770100	-0.9671417234526860
19	102.1	3.5	138	136	1.60920666	B	59.7093689658730	-2.7093689658730200	-0.4349780161571700
20	95.2	3.7	143	143	1.665966387	B	53.5461286128498	-5.5461286128497900	-0.9020612813919380

(2) 이상값 식별

관찰값들 중에는 다른 관찰값들에 비해서 상당히 크거나 작은 값을 갖는 관찰값들이 있을 수 있는데 이러한 값을 이상값(outlier)이라고 한다. 이러한 이상값을 찾기 위해서 일반적으로 스튜던트화잔차를 이용한다. 스튜던트화잔차를 구해서 이 값의 절대값이 2이상이면 이상값일 가능성이 있다. 키(Height)와 몸무게(Weight)의 예에서 각 케이스별 스튜던트화잔차는 결과 10.7에 나타나 있는데, 이는 결과 10.6과 동일한 것인데, 다만 절대값이 2이상인 관측치를 볼 수 있도록 하였다.

결과 10.7 추정치와 잔차

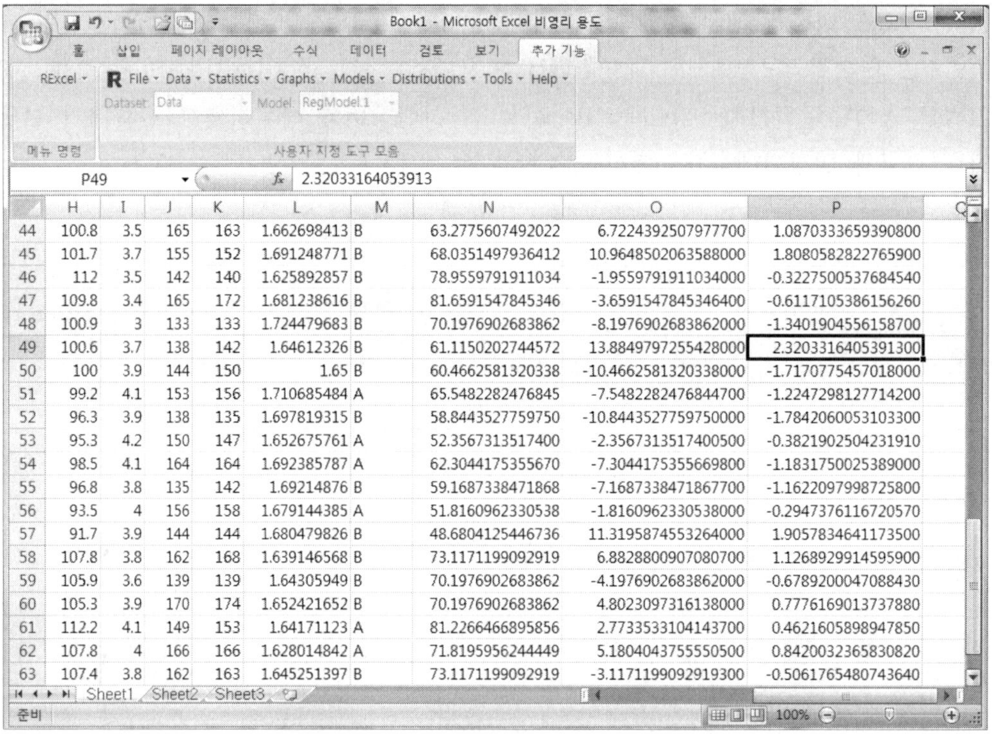

	H	I	J	K	L	M	N	O	P
44	100.8	3.5	165	163	1.662698413	B	63.2775607492022	6.7224392507977700	1.0870333659390800
45	101.7	3.7	155	152	1.691248771	B	68.0351497936412	10.9648502063588000	1.8080582822765900
46	112	3.5	142	140	1.625892857	B	78.9559791911034	-1.9559791911034000	-0.3227500537684540
47	109.8	3.4	165	172	1.681238616	B	81.6591547845346	-3.6591547845346400	-0.6117105386156260
48	100.9	3	133	133	1.724479683	B	70.1976902683862	-8.1976902683862000	-1.3401904556158700
49	100.6	3.7	138	142	1.64612326	B	61.1150202744572	13.8849797255428000	2.3203316405391300
50	100	3.9	144	150	1.65	B	60.4662581320338	-10.4662581320338000	-1.7170775457018000
51	99.2	4.1	153	156	1.710685484	A	65.5482282476845	-7.5482282476844700	-1.2247298127714200
52	96.3	3.9	138	135	1.697819315	B	58.8443527759750	-10.8443527759750000	-1.7842060053103300
53	95.3	4.2	150	147	1.652675761	A	52.3567313517400	-2.3567313517400500	-0.3821902504231910
54	98.5	4.1	164	164	1.692385787	A	62.3044175355670	-7.3044175355669800	-1.1831750025389000
55	96.8	3.8	135	142	1.69214876	B	59.1687338471868	-7.1687338471867700	-1.1622097998725800
56	93.5	4	156	158	1.679144385	A	51.8160962330538	-1.8160962330538000	-0.2947376116720570
57	91.7	3.9	144	144	1.680479826	B	48.6804125446736	11.3195874553264000	1.9057834641173500
58	107.8	3.8	162	168	1.639146568	B	73.1171199092919	6.8828800907080700	1.1268929914595900
59	105.9	3.6	139	139	1.64305949	B	70.1976902683862	-4.1976902683862000	-0.6789200047088430
60	105.3	3.9	170	174	1.652421652	B	70.1976902683862	4.8023097316138000	0.7776169013737880
61	112.2	4.1	149	153	1.64171123	A	81.2266466895856	2.7733533104143700	0.4621605898947850
62	107.8	4	166	166	1.628014842	A	71.8195956244449	5.1804043755550500	0.8420032365830820
63	107.4	3.8	162	163	1.645251397	B	73.1171199092919	-3.1171199092919300	-0.5061765480743640

R 결과분석

결과 10.7의 스튜던트화잔차를 살펴보면 관측치 48의 스튜던트화잔차 값의 절대값이 2보다 큰 것을 알 수 있다. 따라서 이 관측치는 이상값일 가능성이 있다고 할 수 있다.

(3) 오차항의 기본가정 검토

등분산성의 검토

먼저 오차항의 등분산성이 만족되는지를 검토하기 위해서는 독립변수와 스튜던트화 잔차 또는 예측값과 스튜던트화잔차의 산점도를 작성해본다. 작성된 산점도에서 스튜던트화잔차가 그림 10.8의 (a)와 같이 x축을 중심으로 랜덤하게 퍼져 있으면 등분산의 가정이 만족된다고 할 수 있다. 그러나 (b)와 같은 형태의 산점도는 오차항의 분산이 y의 증가함수라고 할 수 있으므로 오차항에 대한 등분산성의 가정이 만족되지 않는다.

그림 10.8 예측값과 스튜던트화잔차의 산점도

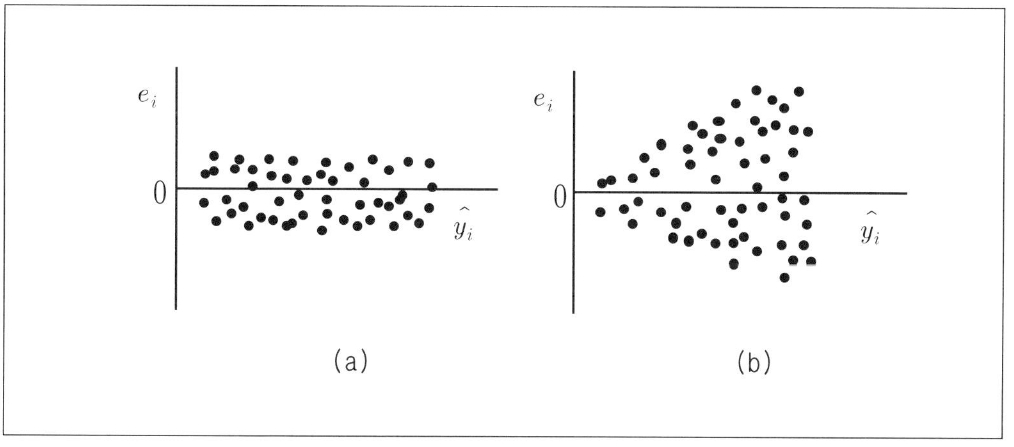

앞에서 고려한 몸무게(Weight)와 키(Height)를 이용한 단순선형회귀모형에 대하여 등분산성을 검토하여 보자. 이를 위해서는 스튜던트화잔차와 종속변수인 몸무게(Weight)의 예측값을 이용하여 산점도를 작성해야 한다. 따라서 9장에서 설명했던 것처럼 **Scatterplot** 메뉴를 선택해서 얻게 되는 《**Scatterplot**》 대화상자에서 종속변수인 몸무게(Weight)의 예측값인 **fitted.RegModel.1**를 x축에 지정하고, 스튜던트화잔차인 **rstudent.RegModel.1**를 y축에 지정하면 결과 10.9와 같은 산점도를 얻을 수 있다.

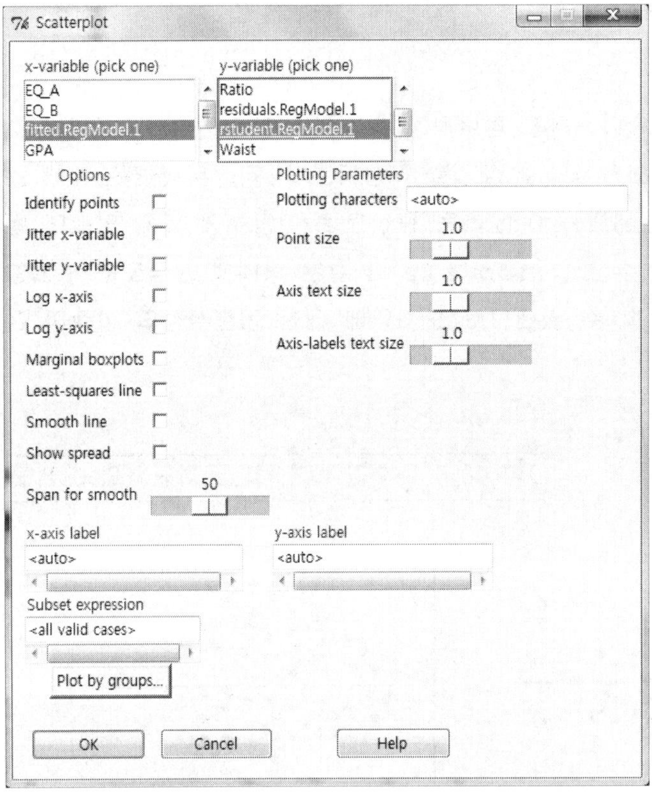

결과 10.9 예측값과 스튜던트화 잔차의 산점도

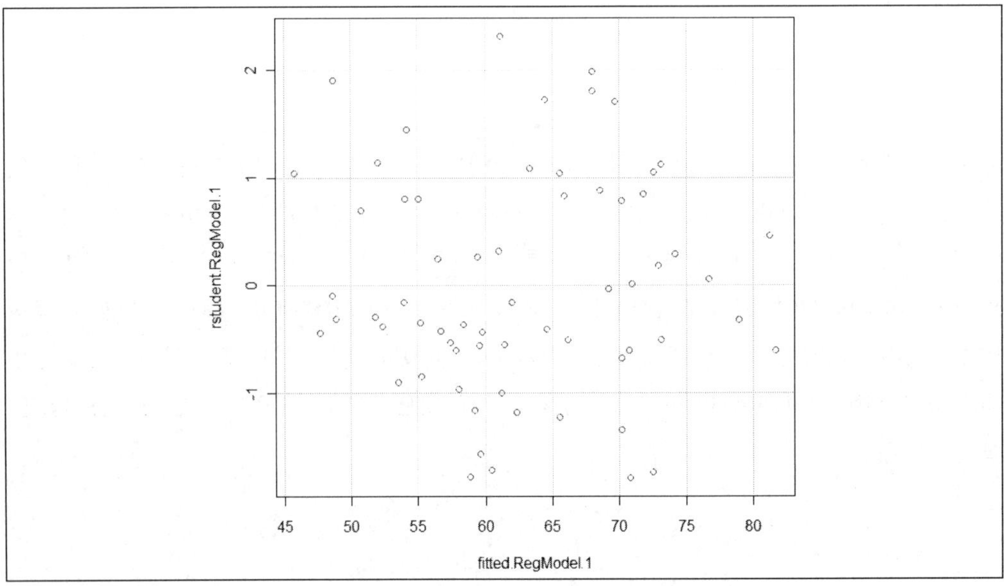

R 결과분석

오차항의 등분산성을 검토하기 위해서 결과 10.9와 같이 작성된 예측값과 스튜던트화잔차의 산점도를 살펴보면 0을 중심으로 비교적 랜덤하게 분포하고 있어 오차항의 등분산성을 가정한 모형에 모순이 없다고 할 수 있다.

정규성의 검토

선형회귀모형에서 오차항이 정규분포를 한다는 가정을 만족하지 못하면 의미 있는 회귀분석 결과가 될 수 없으므로 오차항의 정규성을 검토해 보아야 한다. 오차항의 정규성을 검토하기 위해서는 잔차 또는 스튜던트화잔차에 정규 Q-Q도표를 작성하거나 Shapiro-Wilk 통계량을 사용하여 검정하는 방법이 있다. 이에 대한 설명은 6장에서 자세히 다루었으므로 이를 참조하면 된다. 작성된 정규 Q-Q도표가 그림 10.1의 (a)와 같이 직선에 가까우면 오차항이 정규분포를 한다고 할 수 있으나, (b)와 같이 직선이 아니고 양 끝부분이 급격하게 변하는 경우에는 오차항의 분포가 정규분포보다 꼬리 부분이 두꺼운 분포를 따른다고 할 수 있다.

그림 10.1 정규확률도

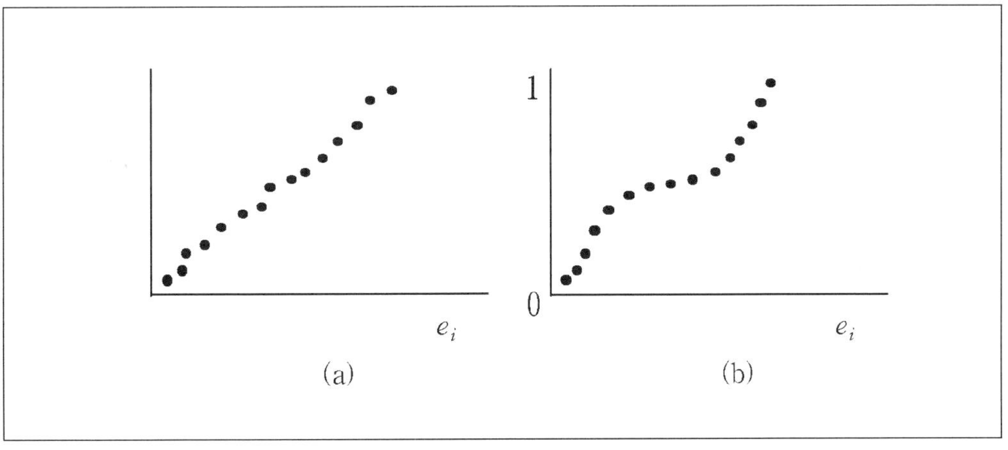

다음과 같이 선택되는 REcxel의 **Quantile-comparison plot with test** 메뉴를 사용하면 정규 Q-Q도표와 Shapiro-Wilk 통계량을 함께 얻을 수 있다.

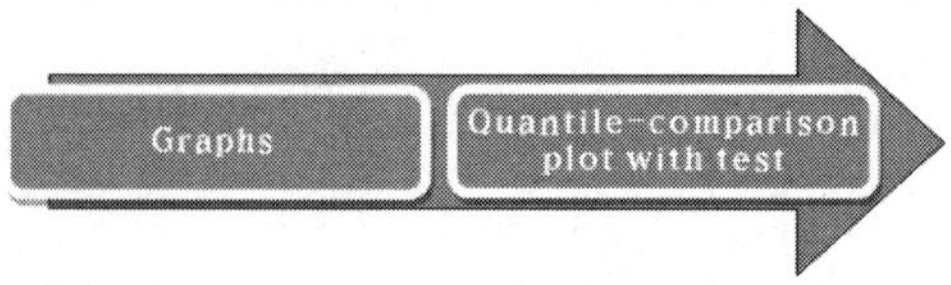

예들 들어 오차항이 정규성을 만족하는지를 알아보기 위해서 다음과 같이 《**Quantil-Comparison(QQ) Plot**》 대화상자의 ***Variable***에서 스튜던트화잔차인 **rstudent.RegModel.1**를 선택하고, **Distribution**에서는 **Normal**을 선택하며, ***Shapiro-Wilk test of normality***를 지정하면 된다. 그러면 결과 10.10의 정규 Q-Q도표와 결과 10.11의 Shapiro-Wilk 통계량을 한 번에 얻을 수 있다.

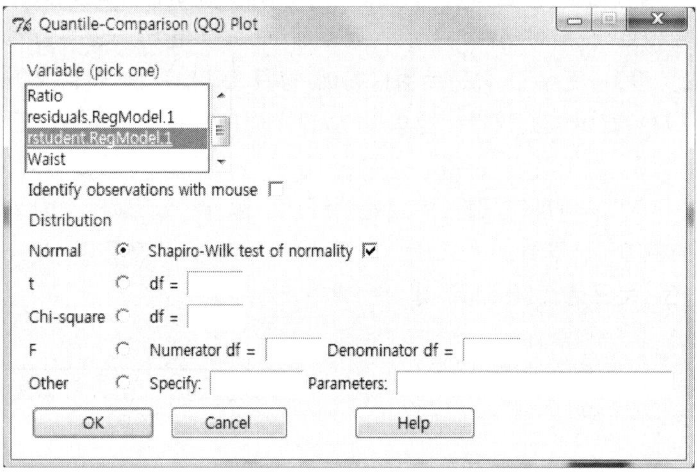

R 결과분석

6장에서 설명한 것처럼 오차항이 정규성을 만족하는지를 다음과 같은 방법으로 살펴볼 수 있다.

방법 1) 정규 Q-Q도표 : 결과 10.10의 정규 Q-Q도표를 보면 어느 정도 직선에 가깝게 나타나는 것을 볼 수 있으므로 오차항이 정규성을 만족한다고 할 수 있다.

방법 2) 검정통계량에 의한 방법

오차항의 정규성을 검정하기 위하여 결과 10.11의 Shapiro-Wilk 통계량을 사용할 수 있다. 이 통계량의 유의확률은 0.1331로 유의수준 $\alpha = 0.05$ 하에서 정규분포를 따른다는 귀무가설을 기각할 수 없다. 즉, 오차항은 정규분포를 따른다고 할 수 있으므로 오차항의 정규성이 만족된다.

결과 10.10 스튜던트화 잔차의 정규 Q-Q도표

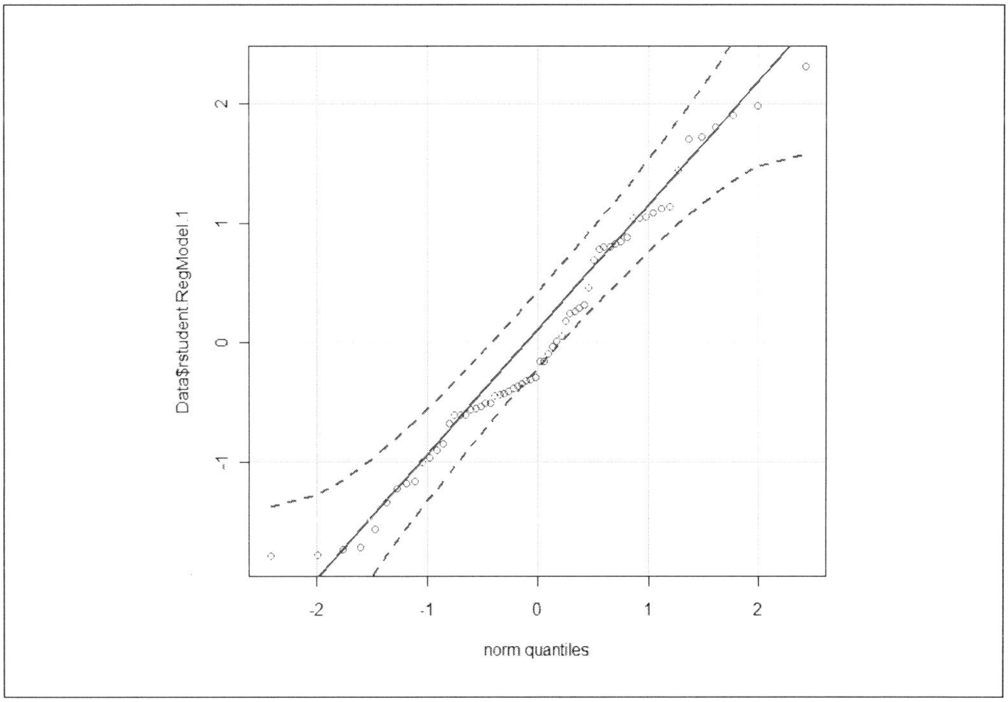

결과 10.11 스튜던트화 잔차의 정규성 검정

Output Window　　Submit

```
> qq.plot(Data$rstudent.RegModel.1, dist= "norm", labels=FALSE)

> shapiro.test(Data$rstudent.RegModel.1)

        Shapiro-Wilk normality test

data:  Data$rstudent.RegModel.1
W = 0.9708, p-value = 0.1331
```

선형성의 검토

선형회귀분석은 기본적으로 독립변수 X와 종속변수 Y사이에 선형관계가 존재한다는 가정 하에 고려되는 분석방법이다. 따라서 회귀모형의 선형성을 검토할 필요가 있다. 이를 검토하기 위한 방법으로 잔차 또는 스튜던트화잔차와 독립변수(또는 종속변수)의 산점도를 작성한다. 이러한 산점도의 전체적인 형태를 파악하여 선형성의 가정에 대한 타당성을 검토하게 된다. 잔차의 산점도가 그림 10.2의 (a)와 같이 0을 중심으로 완전히 랜덤하게 나타나면 선형성을 만족한다고 할 수 있다. 그러나 잔차의 산점도가 (b)와 같이 나타나는 경우에는 선형보다는 2차 곡선 형태의 비선형 회귀모형을 적합시키는 것이 더 타당하다고 할 수 있다.

그림 10.2 스튜던트화잔차의 산점도

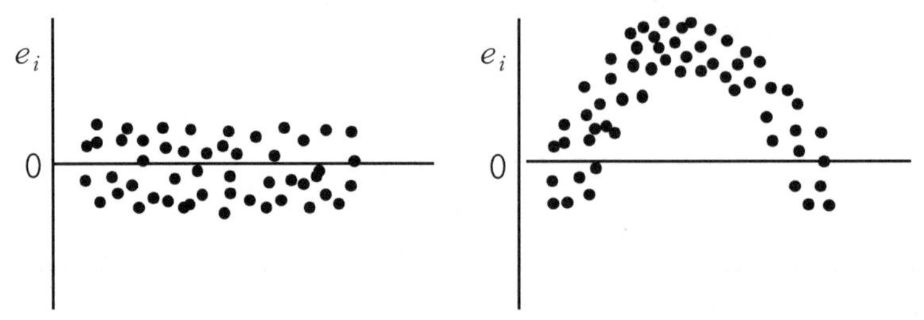

(a) (b)

앞에서 고려한 몸무게(Weight)와 키(Height)를 이용한 단순회귀모형에 대하여 선형성을 검토하여 보자. 이를 위해서는 스튜던트화잔차와 종속변수 몸무게(Weight)를 이용하여 산점도를 작성해야 하는데, 9장에서 설명한 **Scatterplot** 메뉴를 선택해서 얻게 되는 《**Scatterplot**》 대화상자가 종속변수 몸무게(Weight)를 x축에, 스튜던트화잔차인 **rstudent.RegModel.1**를 y축에 선택하면 결과 10.12를 얻을 수 있다.

R 결과분석

결과 10.12의 스튜던트화잔차와 반응변수인 몸무게와의 산점도를 살펴보면 0을 중심으로 비교적 랜덤하게 분포하고 있다고 할 수 있으므로, 설명변수인 키(Height)와 반응변수인 몸무게(Weight) 사이에 선형관계가 있다고 한 기본적인 가정이 타당하다고 할 수 있다.

결과 10.12 스튜던트화 잔차와 종속변수의 산점도

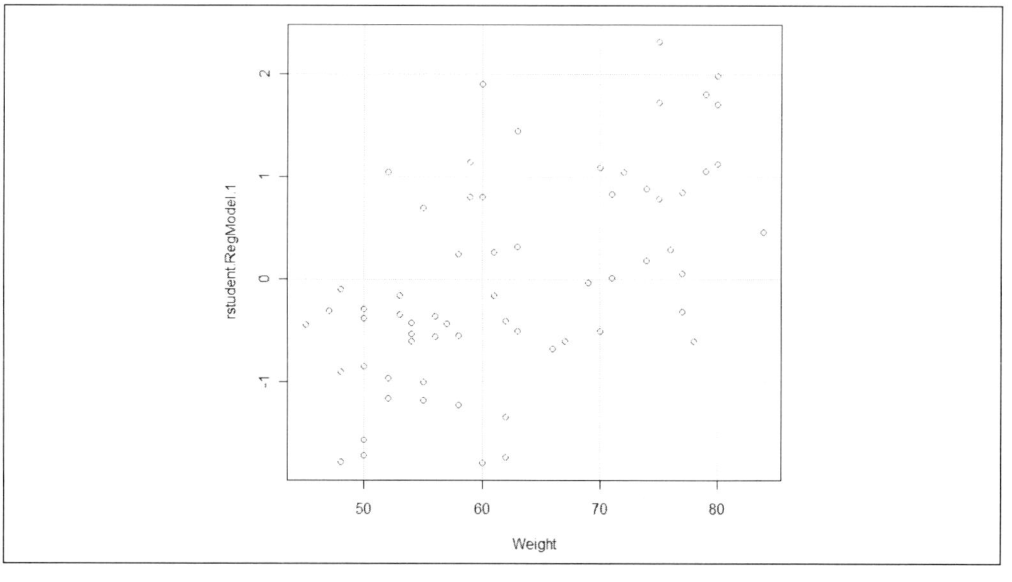

10.3 중회귀분석

종속변수에 영향을 미치는 독립변수가 두 개 이상인 경우 10.1절에서 설명된 단순회귀모형을 다음과 같은 중회귀모형으로 확장할 수 있다.

$$y = \beta_0 + \beta_1 x_1 + \beta_2 x_2 + \cdots + \beta_p x_p + \epsilon$$

여기서, β_0는 회귀직선의 절편을 나타내는 회귀계수이고, $\beta_1, \beta_2, \cdots, \beta_p$는 각각 p개 독립변수에 대한 회귀계수이다. 오차항 ϵ에 대한 기본가정은 단순회귀모형과 동일하다. 이러한 중회귀모형의 예를 고려해보자. 앞의 단순회귀모형의 예에서 몸무게(Weight)에 영향을 미치는 변수로 키(Height) 뿐 아니라 다른 변수들을 고려해 볼 수 있다. 즉, 키 외에 허리둘레(Waist)나 키를 배꼽높이로 나눈 비(Ratio)와 같은 변수들이 몸무게에 어떻게 영향을 미치는지를 알아보기 위해 이 3개의 변수를 독립변수로 하는 중회귀모형을 다음과 같이 설정할 수 있다.

$$(\text{몸무게}) = \beta_0 + \beta_1 \times (\text{키}) + \beta_2 \times (\text{허리둘레}) + \beta_3 \times (\text{키/배꼽높이비}) + \epsilon$$

여기서, 종속변수는 단순회귀모형에서와 마찬가지로 몸무게이며, 3개의 독립변수로 키, 허리둘레, 키를 배꼽높이로 나눈 비(Ratio)를 고려하였다.

(1) 중회귀모형의 추론

위와 같이 설정된 중회귀모형에 대해서 10.1절의 단순회귀모형에 대한 추론과 마찬가지 방법으로 각 회귀계수 $\beta_0, \beta_1, \beta_2, \beta_3$를 추정하고, 추정된 회귀계수의 통계적 유의성을 검정하여 모형에 유의한 회귀계수만을 포함하도록 회귀직선을 추정한다. 또한, 결정계수를 이용하여 추정된 회귀직선의 설명력을 구할 수 있다.
중회귀분석을 위한 RExcel의 사용방법은 단순회귀분석과 동일하게 다음과 같이 **Linear Regression** 메뉴를 선택함으로써 시작할 수 있다.

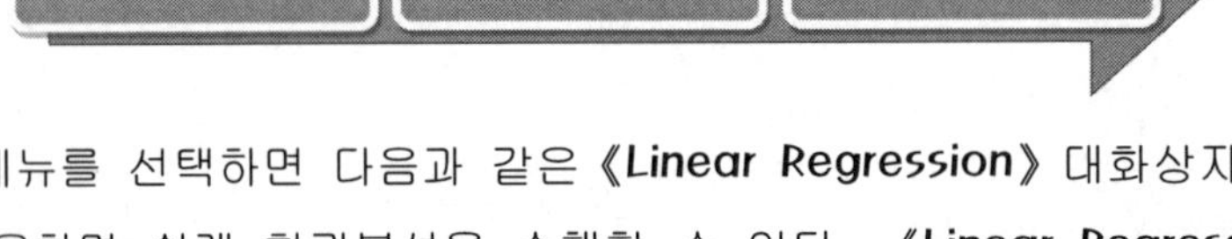

위와 같이 메뉴를 선택하면 다음과 같은《**Linear Regression**》대화상자가 나타나는데, 이를 이용하면 쉽게 회귀분석을 수행할 수 있다.《**Linear Regression**》대화상자에서 몸무게(Weight)을 **Response variable**에 키(Height), 허리둘레(Waist)나 키를 배꼽높이로 나눈 비(Ratio)를 **Explanatory variables**에 선택하고, 모형의 이름으

로 **RegModel.2**라고 입력한 후 **OK**를 클릭한다. 그러면 결과 10.13을 얻을 수 있다.

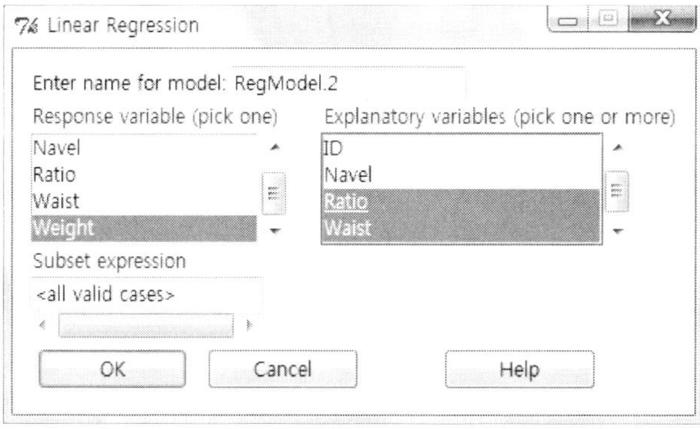

결과 10.13 다중선형회귀분석

```
Output Window                                                    Submit
> summary(RegModel.2)

Call:
lm(formula = Weight ~ Height + Ratio + Waist, data = Data)

Residuals:
    Min      1Q  Median      3Q     Max
-10.660  -3.725  -1.141   4.064  13.768

Coefficients:
             Estimate Std. Error t value Pr(>|t|)
(Intercept) -153.0555    47.1369  -3.247  0.00191 **
Height         0.7629     0.1311   5.817 2.48e-07 ***
Ratio         33.0897    27.4533   1.205  0.23282
Waist          1.1960     0.3607   3.315  0.00156 **
---
Signif. codes:  0 '***' 0.001 '**' 0.01 '*' 0.05 '.' 0.1 ' ' 1

Residual standard error: 5.8 on 60 degrees of freedom
Multiple R-squared: 0.7202, Adjusted R-squared: 0.7062
F-statistic: 51.47 on 3 and 60 DF,  p-value: < 2.2e-16
```

R 결과분석

먼저, 결과 10.13으로부터 설정된 중회귀모형에 대한 적합성을 검정해보면 검정통계량 F값이 51.47이고, 이에 대한 유의확률 값이 0에 가까운 값으로 적합된 중회귀모형이 유의하다고 할 수 있다. 또한 결과에는 3개 독립변수에 대한 회귀계수의 추정값이 제시되어 있고, 이에 대한 유의확률이 나타나 있다. 먼저 키의 회귀계수에 대한 추정값은 0.7629이고, 이때의 유의확률 값은 0에 가까운 값으로 키가 적합된 회귀모형에 유의한 영향을 끼치는 변수임을 알 수 있다. 두번째로 비(Ratio)의 회귀계수에 대한 결과를 살펴보면, 추정값은 33.0897이고, 이때의 유의확률 값은 0.23282이다. 유의수준 5%에서 회귀모형의 추정값에 대한 추론을 하는 경우 비(Ratio)에 대한 유의확률 값이 0.05보다 크므로 이 변수는 적합시킨 회귀모형에 유의한 영향을 끼치는 변수가 아님을 알 수 있다. 마지막으로 허리둘레에 대한 회귀계수의 추정값은 1.960이고, 이때의 유의확률 값은 0.001560이므로 허리둘레는 유의한 변수이다. 또한, 추정된 회귀모형에 의한 설명력은 수정된 R제곱 값이 0.7062이므로 자료를 70.62% 설명하고 있음을 알 수 있다.

---

(2) 변수선택법

종속변수에 영향을 미치는 독립변수가 많은 경우 모든 독립변수들을 포함하여 회귀모형을 적합시키면, 실제로는 영향을 미치지 않는 변수가 포함되어 추정된 회귀모형의 설명력을 떨어뜨리거나 종속변수에 중요한 영향을 미치는 변수가 추정된 회귀직선에서 제외되는 경우가 발생한다. 따라서 고려할 수 있는 모든 독립변수들의 조합을 모형에 고려해 봄으로써 최적의 모형을 찾는 것이 중요하다. 그러나 모든 독립변수들의 조합을 구하고, 이들에 대해 회귀모형을 적합시킨 후 이들을 비교하는 문제는 쉽지 않으므로 적합된 모형들을 비교하기 위해서 여러 가지 측도들을 고려한다. 일반적으로 중회귀분석에서 최적의 회귀모형을 찾는 방법으로 변수선택법(variable selection method)이 사용된다. 중회귀분석에서 최적의 모형을 선택하기 위한 변수선택법은 설정된 회귀모형에 유의한 영향을 미치는 독립변수들을 모형에 포함시키는 방법에 따라 3가지 방법으로 구분된다.

■앞으로부터 선택(forward selection)

독립변수들 중에서 가장 큰 영향을 미치는 변수를 하나씩 추가해 가면서 주어진 유의수준에서 더 이상 중요한 변수가 없다고 판단될 때의 모형을 최적 모형으로 선택한다. 이 방법을 사용하는 경우 앞 단계에서 한번 선택된 변수는 모형에서 제거되지 않는다.

■뒤로부터 제거(backward elimination)

모든 독립변수들을 포함하는 모형을 적합시킨 상태에서 모형에 가장 영향력이 적은 변수부터 하나씩 제거해 가면서 주어진 유의수준에서 더 이상 제거할 변수가 없을 때의 모형을 최적 모형으로 선택한다. 이 방법을 사용하는 경우 앞 단계에서 제거된 변수는 다시 모형에 포함될 수 없다.

■단계별 회귀(stepwise regression)

앞으로부터 선택하는 방법과 뒤로부터 제거하는 방법은 앞에서 설명한 바와 같이 앞 단계에서 한 번 추가 또는 제거된 변수는 다음 단계에서 다시 고려되지 않는다. 그러므로 변수들 사이에 존재하는 관계에 의해 어느 특정 변수가 같이 포함되면 변수의 영향력이 커지는 경우 또는 특정변수가 포함되면 선택된 변수의 중요성이 현저하게 떨어지는 경우를 고려하지 못하는 문제점이 있다. 단계별 회귀는 이러한 문제점을 해결할 수 있는 방법으로 앞으로부터 선택하는 방법에서 변수를 추가할 때 앞 단계에서 선택된 변수가 새로운 변수가 추가되어도 중요성을 상실하지 않는지를 단계별로 확인하여 최적의 모형을 선택하는 방법이다.

RExcel에서 이러한 변수선택 방법을 사용하기 위해서는 다음과 같이 **Stepwise model selection** 메뉴를 선택하면 된다.

이제 주어진 모든 독립변수(키, 키를 배꼽높이로 나눈 비, 허리둘레)들을 고려하여 최적의 모형을 찾기 위한 방법으로 변수선택법을 이용하는 예를 살펴보자. 먼저, **Stepwise model selection** 메뉴를 이용하기 전에 RExcel 초기화면의 Model부분에서 키, 키를 배꼽높이로 나눈 비, 허리둘레가 포함된 다중선형모형을 선택하여야 한다. 그리고 다음과 같이 《**Stepwise model selection**》대화상자에서 변수선택방법과 선택기준을 선택하면 된다. 선택할 수 있는 변수선택방법으로는 앞으로부터 선택(forward), 뒤로부터 제거(backward), 단계별 회귀(backward/forward 또는 forward/backward) 등이 있다. 여기서는 변수선택방법으로 **forward/backward**를 선택하였으며, 선택된 최종모형이 결과 10.14에 나타나 있다.

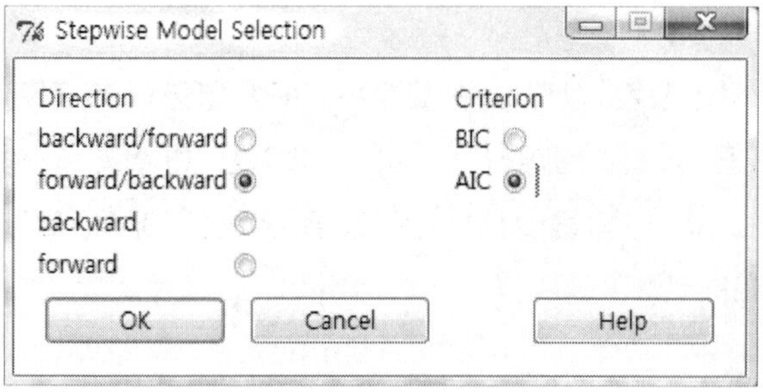

.

결과 10.14 변수선택법

Output Window

```
> stepwise(RegModel.1, direction='forward/backward', criterion='AIC')

Direction:  forward/backward
Criterion:  AIC

Start:  AIC=304.38
Weight ~ 1

         Df Sum of Sq    RSS    AIC
+ Height  1    4796.7 2416.1 236.38
+ Waist   1    3946.2 3266.5 255.69
<none>                7212.7 304.38
+ Ratio   1      79.3 7133.4 305.67

Step:  AIC=236.38
Weight ~ Height

         Df Sum of Sq    RSS    AIC
+ Waist   1     348.7 2067.3 228.41
<none>                2416.1 236.38
+ Ratio   1      27.8 2388.2 237.64
- Height  1    4796.7 7212.7 304.38

Step:  AIC=228.41
Weight ~ Height + Waist

         Df Sum of Sq    RSS    AIC
<none>                2067.3 228.41
+ Ratio   1     48.87 2018.5 228.88
- Waist   1    348.71 2416.1 236.38
- Height  1   1199.20 3266.5 255.69

Call:
lm(formula = Weight ~ Height + Waist, data = Data)

Coefficients:
(Intercept)       Height        Waist
   -99.6875       0.7789       1.1567
```

$\mathcal{R}$ 결과분석

결과 10.14는 단계선택 방법에 의한 변수선택법의 각 단계별로 결과와 최종적으로 적합된 결과를 제공해준다. 결과로부터 단계선택 방법을 이용한 최적모형은 키(Height)와 허리둘레(Waist)를 포함하는 회귀모형이 된다. 즉 최종적으로 적합된 다중선형회귀모형은 다음과 같음을 알 수 있다.

$$\widehat{(\text{체중})} = -99.6875 + 0.7789 \times (\text{키}) + 1.1567 \times (\text{허리둘레})$$

10.4 가변수를 포함한 회귀분석

앞에서 살펴본 단순회귀모형과 중회귀모형에 대한 분석에서는 모두 독립변수가 키, 허리둘레 등과 같은 양적변수(quantitative variable)인 경우만을 고려하였다. 그런데, 경제 및 사회 문제 등에서 관심의 대상이 되는 변수들은 이러한 양적인 형태만 가지는 것이 아니라 성별과 같이 질적변수(qualitative variable)들을 포함하는 경우가 많이 있다. 이러한 질적인 변수들도 양적인 변수들과 마찬가지로 선형회귀모형의 독립변수로 고려될 수 있으므로 이 절에서는 독립변수에 질적인 변수가 포함된 경우에 대해 살펴보자. 예를 들어 앞에서 살펴 본 몸무게(Weight)와 관련된 선형회귀모형에서 독립변수로 키(Height)와 함께 질적변수인 성별(Gender)을 추가하여 분석해 보자. 여기서, 성별은 여자인 경우에 "F"로 남자인 경우에 "M"으로 입력되어 있으므로 이를 다음과 같이 가변수(dummy variable)를 이용하여 다시 정의할 수 있는데, 이러한 가변수를 지시변수라고도 한다.

$$\text{Gender\_n} = \begin{cases} 1, & \text{성별이 F이면} \\ 0, & \text{성별이 M이면} \end{cases}$$

일반적으로 독립변수로 사용할 질적변수의 수준의 개수가 m개 이면 $(m-1)$개의 가변수가 필요하게 된다. 여기서는 성별 변수가 갖는 수준이 2(남자와 여자)이므로 1개의 가변수만 있으면 된다. 따라서 고려하고자 하는 회귀모형은 다음과 같이 설정할 수 있다.

$$\text{몸무게} = \beta_0 + \beta_1 \times \text{키} + \beta_2 \times \text{Gender\_n} + \epsilon$$

이제, RExcel를 이용해서 위와 같은 회귀식을 추정하여 보자. 먼저, 가변수인 **Gender_n**을 생성해야 하는데, 4장에서 설명했던 것처럼 ***Record variables*** 메뉴를 선택해서 얻게 되는 《**Record Variables**》 대화상자에서 다음과 같이 입력한다.

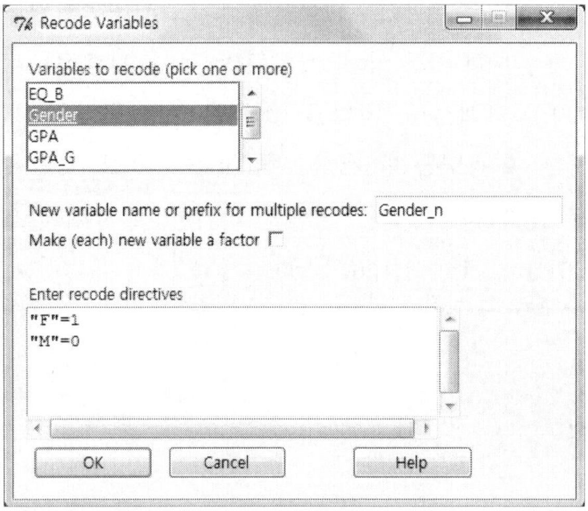

위와 같이 입력한 후 **OK**를 클릭한 다음 RExcel에서 자료를 불러오면 결과 10.15에서 볼 수 있는 것처럼 새로운 변수인 가변수 **Gender_n**이 생성되었음을 알 수 있다.

결과 10.15 가변수의 생성

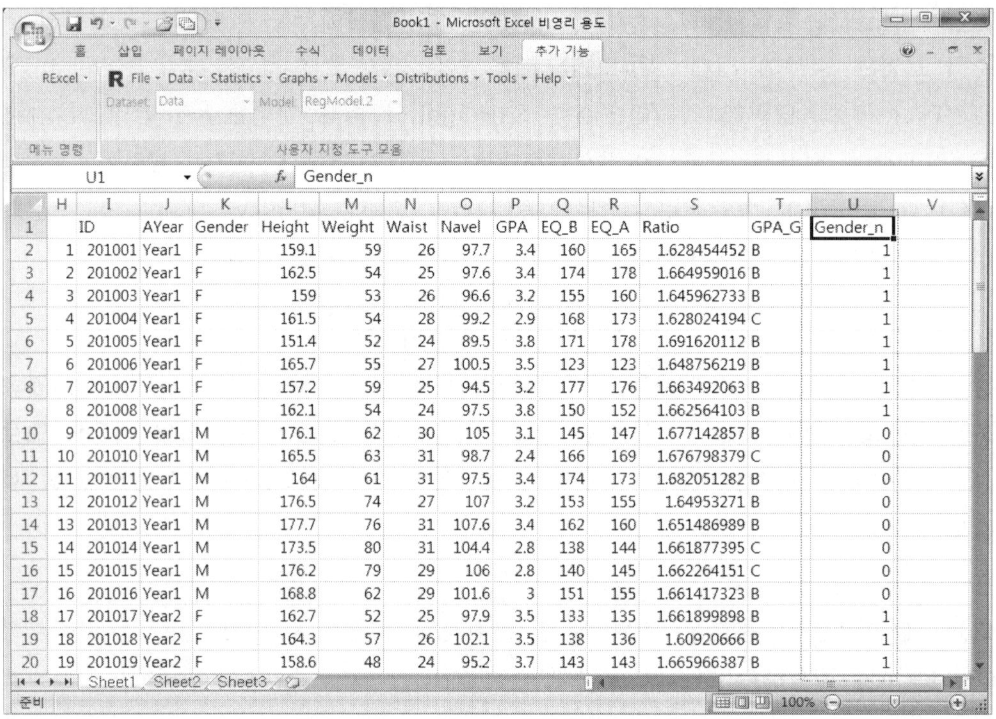

	H	I	J	K	L	M	N	O	P	Q	R	S	T	U
1		ID	AYear	Gender	Height	Weight	Waist	Navel	GPA	EQ_B	EQ_A	Ratio	GPA_G	Gender_n
2	1	201001	Year1	F	159.1	59	26	97.7	3.4	160	165	1.628454452	B	1
3	2	201002	Year1	F	162.5	54	25	97.6	3.4	174	178	1.664959016	B	1
4	3	201003	Year1	F	159	53	26	96.6	3.2	155	160	1.645962733	B	1
5	4	201004	Year1	F	161.5	54	28	99.2	2.9	168	173	1.628024194	C	1
6	5	201005	Year1	F	151.4	52	24	89.5	3.8	171	178	1.691620112	B	1
7	6	201006	Year1	F	165.7	55	27	100.5	3.5	123	123	1.648756219	B	1
8	7	201007	Year1	F	157.2	59	25	94.5	3.2	177	176	1.663492063	B	1
9	8	201008	Year1	F	162.1	54	24	97.5	3.8	150	152	1.662564103	B	1
10	9	201009	Year1	M	176.1	62	30	105	3.1	145	147	1.677142857	B	0
11	10	201010	Year1	M	165.5	63	31	98.7	2.4	166	169	1.676798379	C	0
12	11	201011	Year1	M	164	61	31	97.5	3.4	174	173	1.682051282	B	0
13	12	201012	Year1	M	176.5	74	27	107	3.2	153	155	1.64953271	B	0
14	13	201013	Year1	M	177.7	76	31	107.6	3.4	162	160	1.651486989	B	0
15	14	201014	Year1	M	173.5	80	31	104.4	2.8	138	144	1.661877395	C	0
16	15	201015	Year1	M	176.2	79	29	106	2.8	140	145	1.662264151	C	0
17	16	201016	Year1	M	168.8	62	29	101.6	3	151	155	1.661417323	B	0
18	17	201017	Year2	F	162.7	52	25	97.9	3.5	133	135	1.661899898	B	1
19	18	201018	Year2	F	164.3	57	26	102.1	3.5	138	136	1.60920666	B	1
20	19	201019	Year2	F	158.6	48	24	95.2	3.7	143	143	1.665966387	B	1

이제, 앞에서 설명한 **Linear Regression** 메뉴를 이용하여 가변수 **Gender_n**을 포함하는 회귀분석을 수행할 수 있다.

《**Linear Regression**》대화상자에서 몸무게(Weight)를 **Response variable**에 키(Height)와 성별(Gender_n)를 **Explanatory variables**에 선택하고, 모형의 이름을 **RegModel.3**라고 입력한 후 **OK**를 클릭한다. 그러면 결과 10.16과 같이 가변수를 포함한 회귀분석 결과를 얻을 수 있다.

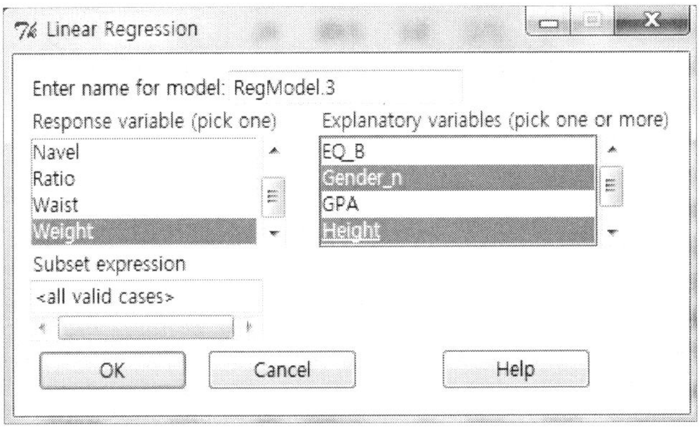

결과 10.16 가변수를 포함한 회귀분석

Output Window

```
> summary(RegModel.3)

Call:
lm(formula = Weight ~ Gender_n + Height, data = Data)

Residuals:
     Min       1Q   Median       3Q      Max
-12.0864  -3.5054  -0.3823   3.6750  10.1025

Coefficients:
            Estimate Std. Error t value Pr(>|t|)
(Intercept) -36.0919    23.7898  -1.517    0.134
Gender_n     -9.4876     2.1970  -4.318 5.88e-05 ***
Height        0.6196     0.1372   4.516 2.94e-05 ***
---
Signif. codes:  0 '***' 0.001 '**' 0.01 '*' 0.05 '.' 0.1 ' ' 1

Residual standard error: 5.508 on 61 degrees of freedom
Multiple R-squared: 0.7435, Adjusted R-squared: 0.735
F-statistic: 88.39 on 2 and 61 DF,  p-value: < 2.2e-16
```

$\mathcal{R}$ 결과분석

결과 10.16을 이용하여 다음과 같이 추정된 회귀식을 구할 수 있다.

$$(\widehat{\text{몸무게}}) = -36.0919 + 0.6196 \times \text{키} - 9.4876 \times \text{Gender\_n}$$

그리고 위의 추정된 회귀식을 다음과 같이 표현할 수도 있다.

$$(\widehat{\text{몸무게}}) = \begin{cases} -36.0919 + 0.6196 \times \text{키} - 9.4876, \text{ 여학생인 경우} \\ -36.0919 + 0.6196 \times \text{키}, \text{ 남학생인 경우} \end{cases}$$

회귀분석과 관련된 메뉴

RExcel 메뉴	사용 목적
Statistics → Fit models → Linear regression	회귀분석 수행
Models → Hypothesis tests → ANOVA table	분산분석표 작성
Graphs → Scatterplot	추정된 회귀선을 포함한 산점도 작성
Models → Add observation statistics to data	예측값과 잔차 구하기
Graphs → Quantile-comparison plot with test	오차항의 정규성 검토
Models → Stepwise model selection	변수선택

제 11장

일원분산분석

11.1 일원분산분석

7장에서는 두 개의 독립적인 정규모집단의 모평균을 검정하기 위해서 t-검정을 이용한 분석방법을 다루었는데, 이 장에서 설명하고자 하는 분산분석(Analysis of Variance : ANOVA)은 세 개 이상의 정규모집단의 모평균에 차이가 있는지를 검정하는 방법이다(그림 11.1 참조). 분산분석은 요인(factor)별 모평균에 차이가 있는지를 검정하는 방법으로 요인의 수가 1개인 일원분산분석(one-way ANOVA)과 요인의 수가 2개인 이원분산분석(two-way ANOVA)으로 구분된다.

그림 11.1 모평균 차이 검정

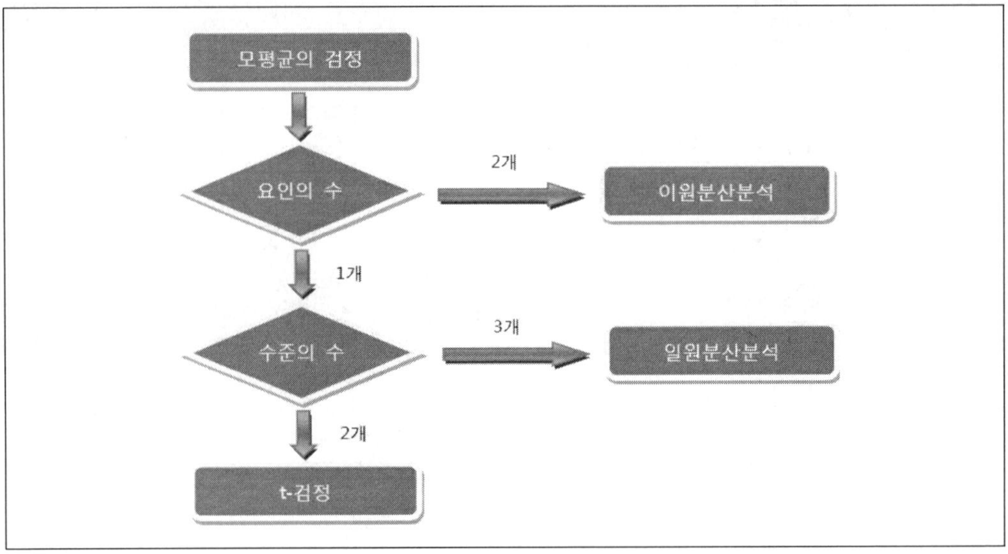

일원분산분석은 요인의 수가 1개인 경우, 3개 이상의 수준으로 구분되는 정규모집단의 모평균에 차이가 있는지를 검정하기 위해 사용되는 방법으로 검정하고자 하는 종속변수와 요인을 나타내는 변수(범주형 변수)를 이용하여 요인별 평균을 구한 다음 이들 평균 사이에 통계적으로 유의한 차이가 있는지를 검정하는 방법이다. 분산분석에서 귀무가설은 다음과 같이 설정된다.

$H_0 : p$개 모집단의 모평균이 모두 동일하다.

$$(\mu_1 = \mu_2 = \cdots = \mu_p)$$

분산분석 결과 귀무가설이 기각된다는 것은 p개 모집단의 모평균 중에서 어느 하나라도 같지 않다는 것을 의미하는 것이므로 p개 모집단의 모평균 중 구체적으로 어느 모집단의 모평균 사이에 통계적으로 유의한 차이가 있는지를 알수 없기 때문에 이를 위해서는 11.2절에서 설명하는 사후분석을 수행하여야 한다.

일원분산분석을 수행하기 위해서는 RExcel 초기화면에서 다음의 메뉴를 선택하면 된다.

위와 같이 **One-way ANOVA** 메뉴를 선택해서 얻게 되는 《**One-Way Analysis of Variance**》 대화상자에서 **Response Variable**에는 검정하고자 하는 변수를 지정하고 **Groups**에는 수준변수를 지정하는데 주어진 요인의 각 수준에 따라 구분된 집단의 모평균에 차이가 있는지를 검정하게 된다. 여기서 지정되는 수준변수는 반드시 범주형 변수이이야 한디.

예를 들어 학년별로 평점에 차이가 있는지를 알아보자. 먼저 분산분석을 수행하기 전에 학년별 평점의 평균을 구하고, 상자그림을 작성하여 학년별로 평점의 평균이 어떠한 형태를 하는지를 분석할 수 있다. 학년별 평점의 평균과 표준편차는 《**Numerical summaries**》 대화상자를 사용하면 되고, 결과 11.1을 얻을 수 있다.

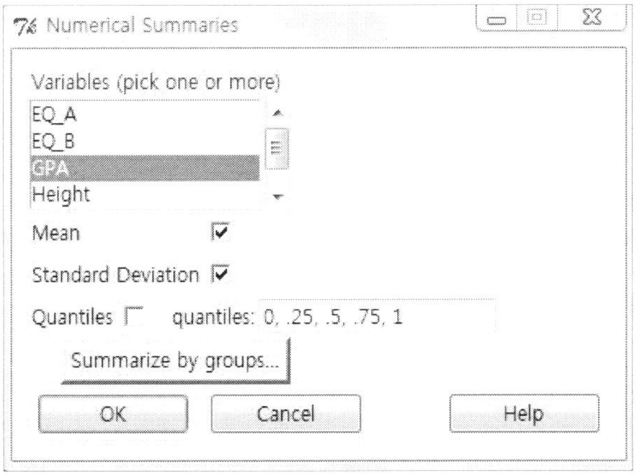

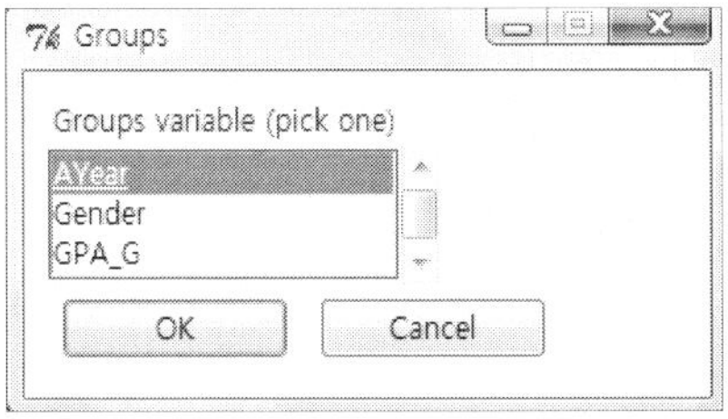

결과 11.1 수준별 평균과 표준편차

```
Output Window                                              Submit

> numSummary(Data[,"GPA"], groups=Data$AYear, statistics=c("mean", "sd"),
+   quantiles=c(0,.25,.5,.75,1))
         mean        sd  n
Year1 3.20625 0.3714274 16
Year2 3.47500 0.3974921 16
Year3 3.66250 0.2704934 16
Year4 3.90625 0.1730848 16
```

또한, 《**Boxplot**》 대화상자를 사용하여 결과 11.2와 같이 학년별 평점의 상자그림을 작성할 수 있다. 결과 11.1과 11.2로 부터 학년이 올라갈수록 평균평점이 커진고 있다는 사실을 알 수 있어서, 학생들의 평점이 학년에 따라 통계적으로 유의한 차이가 있을 것으로 생각되는데, 구체적으로 일원분산분석을 통해서 이러한 사실을 확인할 수 있을 것이다.

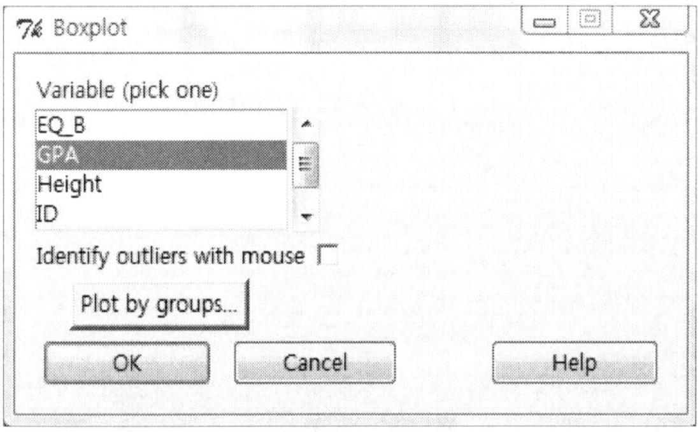

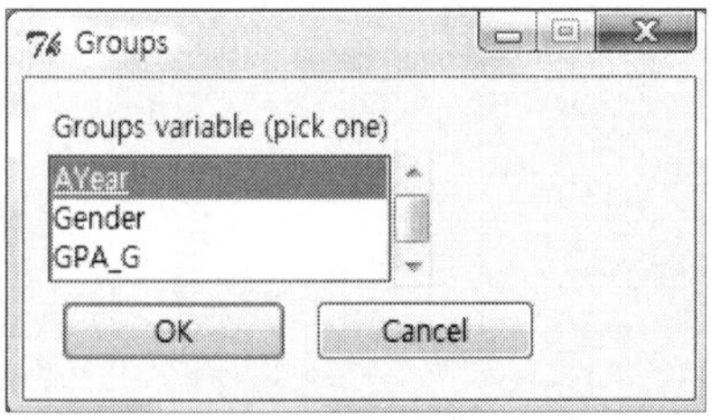

결과 11.2 수준별 상자그림

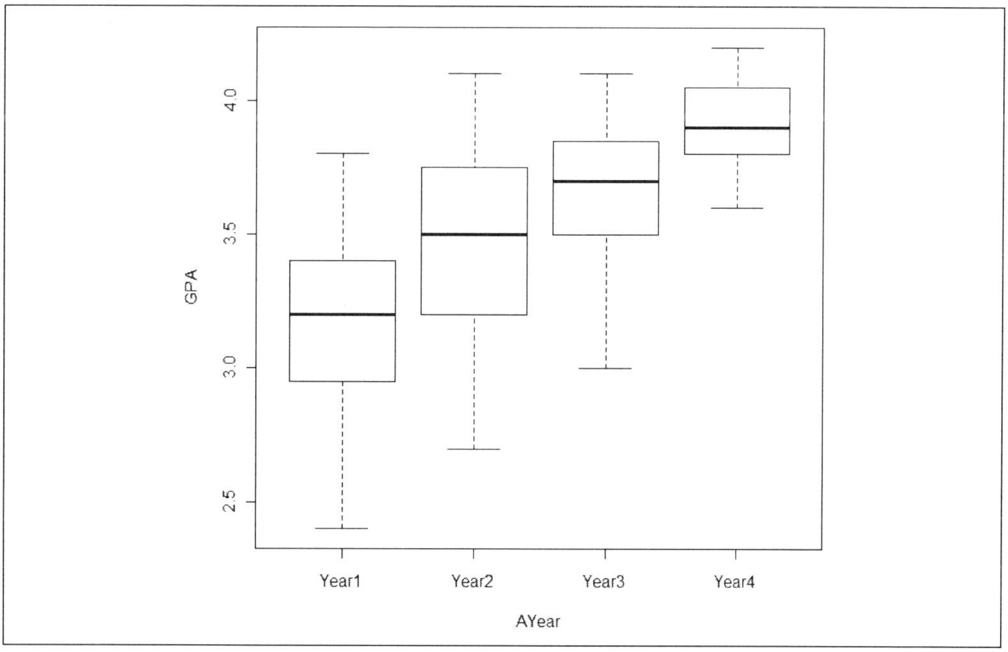

이제, 학년별로 평점에 차이가 있는지를 알아보기 위해서 분산분석을 수행하도록 하자. 이러한 경우 분산분석을 위한 귀무가설은 $\mu_1, \mu_2, \mu_3, \mu_4$를 각각 1학년, 2학년, 3학년, 4학년의 평균평점이라 할 때 "학년별로 평점의 평균점수에 차이가 없다." 즉, $H_0 : \mu_1 = \mu_2 = \mu_3 = \mu_4$이다. 여기서, 수준을 나타내는 변수는 학년(AYear)으로 이 변수는 명목형 변수이고, 실제로 모평균의 차이를 검정하고자 하는 변수는 평점(GPA)이다. 따라서 다음과 같이 《**One-Way Analysis of Variance**》대화상자에서 **Groups**에는 ***AYear***를 선택하고 **Response Variable**에는 ***GPA***를 선택하여 입력한 후 **OK**를 클릭하면 된다.

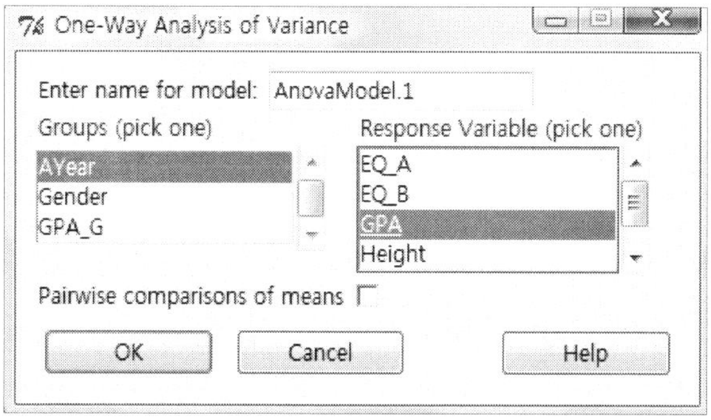

결과 11.3 일원분산분석

Output Window

```
> AnovaModel.1 <- aov(GPA ~ AYear, data=Data)

> summary(AnovaModel.1)
            Df Sum Sq Mean Sq F value    Pr(>F)
AYear        3 4.2038 1.40125  14.045 4.822e-07 ***
Residuals   60 5.9862 0.09977
---
Signif. codes:  0 '***' 0.001 '**' 0.01 '*' 0.05 '.' 0.1 ' ' 1

> numSummary(Data$GPA , groups=Data$AYear, statistics=c("mean", "sd"))
         mean        sd  n
Year1 3.20625 0.3714274 16
Year2 3.47500 0.3974921 16
Year3 3.66250 0.2704934 16
Year4 3.90625 0.1730848 16
```

R 결과분석

결과 11.3에는 분산분석표와 학년별 평점의 평균과 표준편차의 값들이 나타나 있음을 알 수 있다. 이 결과를 사용하여 요인을 나타내는 학년 변수의 4개 수준인 4개의 학년별로 평점의 평균점수에 차이가 없다는 귀무가설에 대한 통계적 가설검정을 수행할 수 있다. 즉, F-검정통계량 값이 14.045이고, 이때의 유의확률 값은 0에 가까운 값이므로 유의수준 0.01 하에서 귀무가설을 기각할만한 충분한 근거가 있다고 할 수 있다. 따라서 학생들의 평점은 학년에 따라 통계적으로 유의한 차이가 있다고 결론지을 수 있다.

11.2 사후분석

세 개 이상의 독립적인 정규모집단의 모평균에 차이가 있는지를 검정하기 위한 분산분석에서의 귀무가설은 “$H_0 : p$개 모집단의 모평균이 모두 동일하다.” 이므로 분산분석을 수행한 결과 귀무가설이 기각된다는 것은 p개 모집단의 모평균 중에서 어느 하나라도 같지 않다는 것을 의미하는 것이다. 따라서 p개 모집단의 모평균 중 구체적으로 어느 모집단의 모평균 사이에 통계적으로 유의한 차이가 있는지를 알기 위해서는 2단계 분석을 수행하여야 하는데, 이러한 분석을 사후분석이하고 한다. 사후분석은 다중비교(multiple comparison) 분석방법을 사용한다. 물론, 설정된 귀무가설이 통계적으로 유의하지 않는 경우, 즉 귀무가설이 기각되지 않는 경우에는 다중비교를 수행할 필요가 없다.
분산분석에서 고려되는 다중비교 방법에는 여러 가지가 있다. 최소유의차를 이용하여 분석하는 LSD 검정법, Tukey의 표준화 검정법, Duncan과 Scheffe, Dunnet의 방법 등이 있다. 이러한 다중비교방법의 결과가 모두 동일하게 나타나지 않으므로 이들 각 방법의 결과를 종합하여 결론을 내리는 것이 좋으며, 일반적으로 LSD와 Duncan의 방법은 민감하고, Scheffe의 방법은 이보다 둔감하다고 알려져 있다.
11.1절에서 학년별로 평점에 차이가 있는지를 알아보기 위해서 분산분석을 수행하였는데, 그 결과 학생들의 평점은 학년에 따라 통계적으로 유의한 차이가 있다고 결론지을 수 있었다. 따라서 다중비교를 통한 사후분석을 수행하여야 하는데, 이를 위해서는 다음과 같이 《**One-Way Analysis of Variance**》 대화상자에서 **Pairwise comparisons of means**를 선택하면 된다.

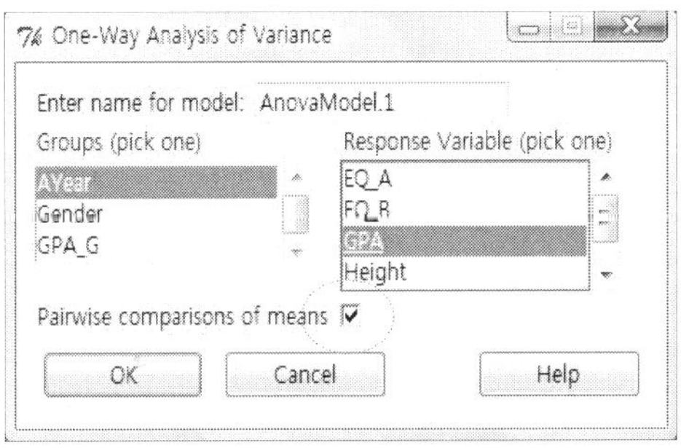

R 결과분석

F-검정통계량 값이 14.045이고, 이때의 유의확률 값은 0에 가까운 값이므로 유의수준 0.01 하에서 학생들의 평점은 학년에 따라 통계적으로 유의한 차이가 있다고 결론지을 수 있다. 따라서 이러한 경우에는 사후분석을 통해서 어느 학년 사이에 실제로 평점의 평균에 차이가 있는지를 살펴볼 필요가 있다. 결과로부터 1학년과 3학년 그리고 1학년과 4학년의 평균평점에는 차이가 있으며, 1학년과 2학년의 평균평점에는 차이가 없는 것으로 나타났음을 알 수 있다. 또한, 2학년과 3학년은 차이가 없으나 2학년과 4학년은 차이가 있는 것을 나타났다. 끝으로 3학년과 4학년의 평균평점에는 차이가 없는 것으로 나타났다. 결국, 결과 11.4-1의 마지막 부분에

나타나 있는 부분을 참조하여 다음과 같이 그룹을 만들 수 있다.

1학년	2학년	3학년	4학년
A	AB	BC	C

결과 11.4-1 일원분산분석의 사후분석

```
Output Window                                                    Submit
> AnovaModel.2 <- aov(GPA ~ AYear, data=Data)

> summary(AnovaModel.2)
            Df Sum Sq Mean Sq F value    Pr(>F)
AYear        3 4.2038 1.40125  14.045 4.822e-07 ***
Residuals   60 5.9862 0.09977
---
Signif. codes:  0 '***' 0.001 '**' 0.01 '*' 0.05 '.' 0.1 ' ' 1

> numSummary(Data$GPA , groups=Data$AYear, statistics=c("mean", "sd"))
         mean        sd  n
Year1 3.20625 0.3714274 16
Year2 3.47500 0.3974921 16
Year3 3.66250 0.2704934 16
Year4 3.90625 0.1730848 16

> .Pairs <- glht(AnovaModel.2, linfct = mcp(AYear = "Tukey"))

> summary(.Pairs) # pairwise tests

         Simultaneous Tests for General Linear Hypotheses

Multiple Comparisons of Means: Tukey Contrasts


Fit: aov(formula = GPA ~ AYear, data = Data)

Linear Hypotheses:
                   Estimate Std. Error t value Pr(>|t|)
Year2 - Year1 == 0   0.2688     0.1117   2.407  0.08676 .
Year3 - Year1 == 0   0.4563     0.1117   4.086  < 0.001 ***
Year4 - Year1 == 0   0.7000     0.1117   6.268  < 0.001 ***
Year3 - Year2 == 0   0.1875     0.1117   1.679  0.34369
Year4 - Year2 == 0   0.4312     0.1117   3.862  0.00156 **
Year4 - Year3 == 0   0.2437     0.1117   2.183  0.13987
---
Signif. codes:  0 '***' 0.001 '**' 0.01 '*' 0.05 '.' 0.1 ' ' 1
(Adjusted p values reported -- single-step method)
Multiple Comparisons of Means: Tukey Contrasts

Fit: aov(formula = GPA ~ AYear, data = Data)

Quantile = 2.6433
95% family-wise confidence level

Linear Hypotheses:
                   Estimate lwr      upr
Year2 - Year1 == 0  0.26875 -0.02644  0.56394
Year3 - Year1 == 0  0.45625  0.16106  0.75144
Year4 - Year1 == 0  0.70000  0.40481  0.99519
Year3 - Year2 == 0  0.18750 -0.10769  0.48269
Year4 - Year2 == 0  0.43125  0.13606  0.72644
Year4 - Year3 == 0  0.24375 -0.05144  0.53894

> cld(.Pairs) # compact letter display
Year2 Year3 Year4 Year1
 "ab"  "bc"   "c"   "a"
```

결과 11.4-2 일원분산분석의 사후분석

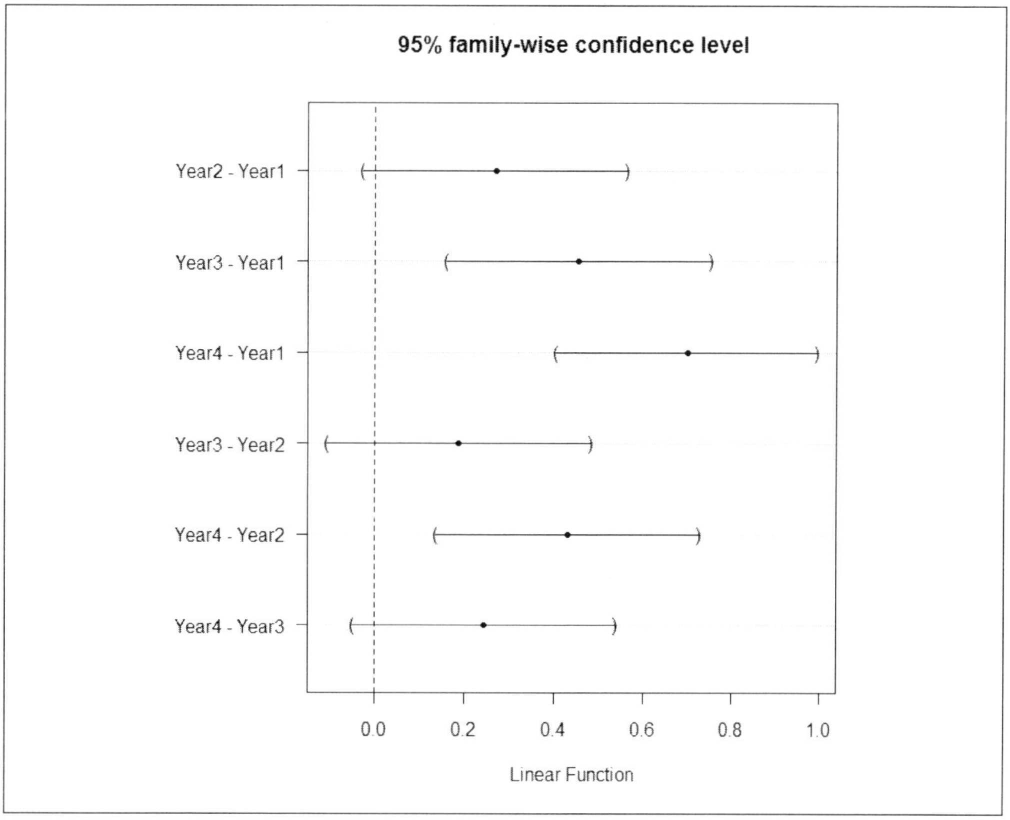

일원분산분석과 관련된 메뉴

RExcel 메뉴	사용 목적
Statistics → Means → One-way ANOVA	일원분산분석
Statistics → Means → One-way ANOVA	사후분석

RExcel 기초통계분석 메뉴 1 To 52

1 엑셀 워크시트를 사용하여 R 자료 생성하기

2 R 자료편집기를 사용하여 R 자료 생성하기

3 텍스트 파일의 R 자료 생성

4 R 자료 저장하기

5 R 자료 불러오기

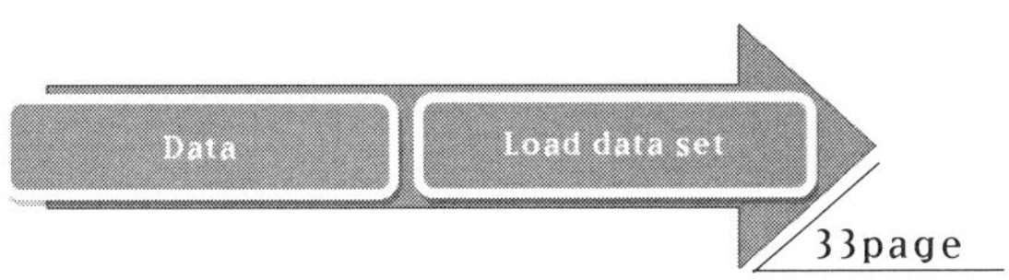

6 R 자료를 워크시트로 읽기

7 자료 파일 합치기

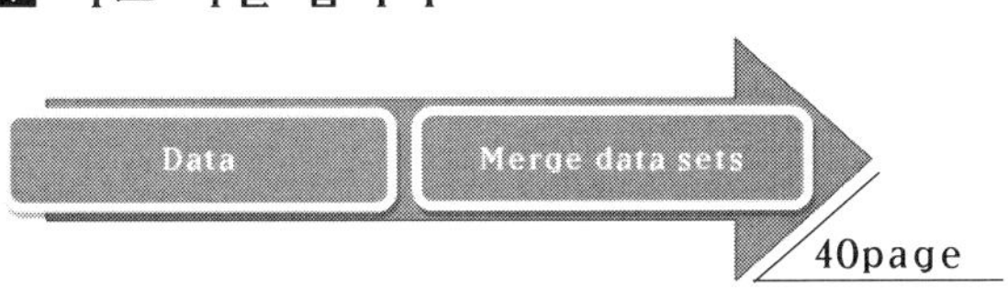

RExcel 기초통계분석 메뉴 1 To 52

8 케이스 선택하기 / 변수 선택하기

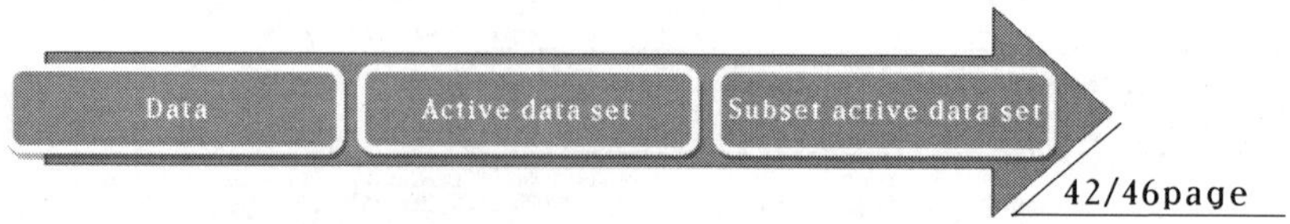

9 Active자료에서 변수의 확인

10 요약변수를 갖는 자료생성

11 여러 변수를 하나의 변수로 생성하기

12 변수의 연산

13 변수의 재정의

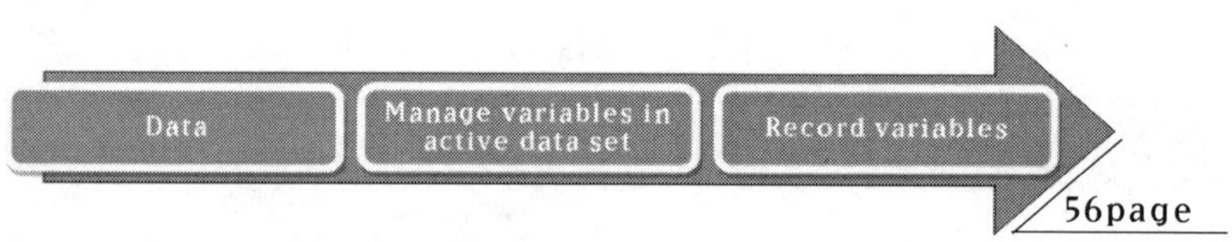

14 관측번호 변수의 생성

RExcel 기초통계분석 메뉴 1 To 52

15 표준화변수 생성

Data → Manage variables in active data set → Standardize variables

60page

16 그룹(요인)변수 생성

Data → Manage variables in active data set → Convert numeric variables to factors

61page

17 변수의 삭제

Data → Manage variables in active data set → Delete variables from data set

64page

18 변수의 이름변경

Data → Manage variables in active data set → Rename variables

65page

19 이항분포의 확률밀도함수와 분포함수의 그래프 작성

Distributions → Discrete distributions → Binomial distributions → Plot binomial distribution

70page

20 이항분포의 확률계산

Distributions → Discrete distributions → Binomial distributions → Binomial probabilities

72page

21 이항분포의 누적확률계산

Distributions → Discrete distributions → Binomial distributions → Binomial tail probabilities

73page

RExcel 기초통계분석 메뉴 1 To 52

22 정규분포의 확률밀도함수와 분포함수의 그래프 작성

Distributions → Continuous distributions → Normal distributions → Plot normal distribution

74page

23 정규분포의 확률계산

Distributions → Continuous distributions → Normal distributions → Normal Probabilities

76page

24 정규분포에서 우측(또는 좌측) 확률을 만족하는 값 산출

Distributions → Continuous distributions → Normal distributions → Normal quantiles

78page

25 도수분포표 작성

Statistics → Summaries → Frequency distributions

87page

26 막대그래프 작성

Graphs → Bar graph

89page

27 원도표 작성

Graphs → Pie chart

91page

28 히스토그램 작성

Graphs → Histogram

93page

RExcel 기초통계분석 메뉴 1 To 52

29 줄기-잎 그림 작성

Graphs → Stem-and-leaf display

94page

30 상자그림 작성

Graphs → Boxplot

96page

31 기술통계량 산출

Statistics → Summaries → Numerical summaries

100page

32 정규 Q-Q도표 작성

Graphs → Quantile-comparison plot

104page

33 정규성 검정을 위한 Shapiro-Wilk 통계량 산출

Statistics → Summaries → Shapiro-Wilk test of normality

106page

34 정규 Q-Q도표 작성과 Shapiro-Wilk 통계량 산출

Graphs → Quantile-comparison plot with test

107page

35 단일 모집단의 평균에 대한 검정

Statistics → Means → Single-sample t-test

114page

RExcel 기초통계분석 메뉴 1 To 52

36 두 모분산의 동일성 검정

Statistics → Variance → Levene's test

121page

37 독립표본에 대한 모평균 차의 검정

Statistics → Means → Independent samples t-test

123page

38 대응표본에 대한 모평균 차의 검정

Statistics → Means → Paired t-test

128page

39 교차표 작성

Statistics → Contingency tables → Two-way table

134page

40 원 자료를 사용한 독립성 검정

Statistics → Contingency tables → Two-way table

138page

41 작성된 교차표를 사용한 독립성 검정

Statistics → Contingency tables → Enter and analyze two-way table

141page

42 산점도 작성

Graphs → Scatterplot

149page

RExcel 기초통계분석 메뉴 1 To 52

43 산점도 행렬 작성

Graphs → Scatterplot matrix

153page

44 상관계수 산출

Statistics → Summaries → Correlation matrix

158page

45 상관계수의 검정

Statistics → Summaries → Correlation test

160page

46 단순회귀분석 / 중회귀분석 / 가변수를 포함한 회귀분석

Statistics → Fit models → Linear regression

165/186/191page

47 분산분석표 작성

Models → Hypothesis tests → ANOVA table

167page

48 추정된 회귀선을 포함한 산점도 작성

Graphs → Scatterplot

170page

49 예측값과 잔자 구하기

Models → Add observation statistics to data

176page

RExcel 기초통계분석 메뉴 1 To 52

50 오차항의 정규성 검토

Graphs → Quantile-comparison plot with test

182page

51 변수선택

Models → Stepwise model selection

189page

52 일원분산분석 및 사후분석

Statistics → Means → One-way ANOVA

199/202page

참고문헌

[1] Richard M. heiberger and Erich Neuwirth(2009). *R Through Excel*, Springer.

[2] 김진경, 박진호, 박헌진, 이재준, 전홍석, 황진수(2008). *통계학 - 엑셀을 이용한 분석*, 자유아카데미.

[3] 김재희(2008). *R을 이용한 통계 프로그래밍 기초*, 자유아카데미.

[4] 양경숙, 김미경(2007). *R 입문 및 기초 프로그래밍*, 자유아카데미.

[5] 이기성, 한성실, 정기문(2006). *한글SPSS 통계자료분석*, 자유아카데미.

[6] 정기문, 한성실(2007). *SAS를 활용한 통계자료분석 실습*, 자유아카데미.

저자•••

정기문 경성대학교 정보통계학과 교수

•••주요저서

한글SPSS 통계자료분석(공저), 2006(자유아카데미)

SAS를 활용한 통계자료분석 실습(공저), 2007(자유아카데미)

52개 메뉴를 활용한

REXcel 기초통계분석

| 저 자 정 기 문
| 발 행 인 주 정 희
| 발 행 처 자유아카데미
| 주 소 경기도 파주시 교하읍 문발리 527-2
파주출판문화정보산업단지
| 전 화 031-955-1321
| F A X 031-955-1322
| 홈페이지 www.freeaca.com
| 전자우편 main@freeaca.com(대표)
editor@freeaca.com(편집)
| 등 록 제406-2003-017호, 1980. 7. 12
| 제1판1쇄 2011년 9월 30일 발행
| 정 가 15,000원

저자와의
협의하에
인지생략

ISBN 978-89-7338-907-0 93310